U0571062

汪文华 / 主编

教之乐，研之果

JIAO ZHI LE YAN ZHI GUO

——小学英语教学的思考与实践

吉林文史出版社

图书在版编目（CIP）数据

教之乐，研之果：小学英语教学的思考与实践 / 汪文华主编. — 长春：吉林文史出版社，2020.7

ISBN 978-7-5472-7069-1

Ⅰ.①教… Ⅱ.①汪… Ⅲ.①英语课—课堂教学—教学研究—小学 Ⅳ.①G623.312

中国版本图书馆CIP数据核字（2020）第135468号

教之乐，研之果：小学英语教学的思考与实践

JIAOZHILE YANZHIGUO XIAOXUE YINGYU JIAOXUE DE SIKAO YU SHIJIAN

著 作 者：汪文华
责任编辑：程 明
封面设计：姜 龙
出版发行：吉林文史出版社有限责任公司
电 话：0431-81629369
地 址：长春市福祉大路5788号
邮 编：130117
网 址：www.jlws.com.cn
印 刷：北京政采印刷服务有限公司
开 本：170mm×240mm 1/16
印 张：15.75 字 数：284千字
印 次：2022年6月第1版 2022年6月第1次印刷
书 号：ISBN 978-7-5472-7069-1
定 价：45.00元

编 委 会

成长的见证

汪文华老师是我校资深的英语教师，是香洲区英语学科带头人和珠海市名教师。她的著作《教之乐，研之果——小学英语教学的思考与实践》即将出版，受其委托，若说为本书作序，我真不敢当，毕竟自己是个外行。感谢汪老师对我的信任，当我认真拜读了她的作品后，觉得很荣幸能为本书写上几句心里话。

作为小学一线英语教师，如果没有爱心和童心，没有积极向上的事业心，是不可能写出这样一本书的。从书中的"成长篇""支教篇"到"提升篇"可以清楚地看出，汪老师之所以能成为学科带头人和名师，不正体现了她一直以来热爱教育事业并孜孜不倦"以教为乐"的精神追求吗？

新加坡前总理李光耀在自己的回忆录中说："新加坡双语之路是我一生的挑战。"众所周知，新加坡社会主要由华人组成，有着世界公认的良好的教育体系，它成功地把焦点放在让每个人通晓至少两种语言。我国的双语之路又何尝不是这样呢？随着我国改革开放的发展，教育必须培养大批能够掌握一定外语水平的人才，英语更是率先在全国大、中、小学教育中开始普及。但毕竟英语跟汉语是两种完全不同的语言，所以客观地说，学习英语对于大多数学生来说是有一定困难的，也是比较被动的。特别是珠海的小学生，很多在家里习惯讲家乡话，即广东方言，如白话、潮汕话、雷州话或客家话等。学生的普通话还没说好，又要让他们学英语，其难度可想而知。值得庆幸的是，珠海的地理位置有得天独厚的语言交流环境，走出国门，更有广阔的天地。因此，英语教学也成了广大英语教师一生的追求。如令人尊敬的沈玉华、古瑛若、鲍当洪、刘庆珍等英语教学专家们。而汪文华正是这样一位英语教学专家。

我非常敬佩汪老师对英语教学的热爱与执着，不管以前是在陕西神木市的初中或高中任教，还是后来到广东珠海经济特区的小学任教，她都在认真研究学生、研究教材、研究教学方法，以提高学生的学习兴趣，提高课堂教学效率。跟她同事多年可知，汪老师一直非常关注孩子学习英语的听力、口语和阅读，寓教于乐，她的课堂生动活泼、轻松愉快，学生非常喜欢。同时她认真做课题研究，追求做学者型的老师，教学成果有目共睹。作为党员教师，她还主动请缨，在阳江支教的岁月里，为山区的孩子带去学习英语的快乐。正如她自己所说："做一个快乐的、幸福的、有追求的老师是我一辈子的理想。"汪老师对英语教学的热情、激情和奉献精神，正是《教之乐，研之果——小学英语教学的思考与实践》最有价值的东西。

学生由于在童年就打下了良好的英语基础，因此对未来的学习也产生了深远的影响。我们高兴地看到，从香洲七小毕业的不少学生，上了初中和高中后，英语水平快速提高，考上大学的学生，有的还选择了英语专业，甚至出国留学。他们消除了语言障碍，学习如鱼得水，非常自信。如今不少校友已经成为国家和社会的栋梁之材。自成立"汪文华小学英语名师工作室"后，汪老师更是积极发挥名师的辐射作用，并带领她的团队为香洲教育勤奋工作，成效显著。著名作家王宏甲曾说："可以肯定，世界上除了已经广泛使用的英语之外，中文将会成为世界上被广泛使用的语言文字。"如今中国的孔子学院在全世界受到广泛欢迎，一大批熟练掌握英语的中国青年教师又在全球传播中国文化而做出积极贡献。我想：这也应该是汪文华老师最感到幸福和骄傲的事吧。

《教之乐，研之果——小学英语教学的思考与实践》不仅是汪老师自己的教学经验总结，在某种意义上还是香洲和珠海英语教学模式的成功体现，更是她关注未来，培养一批又一批优秀英语教师的美好愿望。在汪老师的带领下，其工作室成员努力探索，书中的22篇教学设计和22篇教学论文说明，在信息化环境下的英语教学新模式又取得丰硕成果。所以本书还是青年教师不断成长的有力证明。衷心希望她的这部用心之作能为广大英语教师喜欢并从中受益。

陈文强
2019年11月 于珠海

上 篇 成长篇

小荷才露尖尖角

中 篇 支教篇

我在支教路上等你

下 篇　提升篇

我的团队我的伙伴

小荷才露尖尖角

一个人一辈子只要做好一件事，并且几十年来一直做着一件相同的事情，一生只朝着一个方向前行，从未退缩，不曾改变，就是对自己最好的交代，无怨无悔。

时间是如此之快，从教生涯已三十余载，当我还是个青春少女的时候对教师就非常羡慕，因父亲是医生，母亲就特别希望家里有一个人能从医，不辜负父亲留下的满箱子的医书。那个年代没有多少人愿意做老师，可是我却偏偏喜欢当孩子王，喜欢站在讲台前的那神气劲儿，能面对满教室的学生，于是我偷偷在志愿书上填写了第一志愿陕西榆林师范学校。初中的时候我就对英语这门课情有独钟，成绩一直很好，在填报师范专业的时候我毅然决然地选择了英语专业。中考成绩下来了，我顺利通过英语口语面试，没过多久就接到师范学校的录取通知书。那种快乐的心情和滋味一直到今天都伴随着我慢慢地从青年到中年，做一辈子老师的想法自始至终从未改变，对教育的热情从未减退。做一个快乐的、幸福的、有追求的老师是我一辈子的理想。

因为爱，所以爱

　　师范毕业的那年我刚满18岁，被分配到陕西省神木县（现为神木市）第二中学任教英语，第一次接的班便是初二的学生，因为我是中师生，说实话当时我的学生也比我小不了几岁。师者，所以传道授业解惑也。站在讲台前的老师多少和学生有点儿距离，学生敬畏但不敢靠近。1986年，同期和我分到学校的年轻教师有十多人，大部分是年轻的小伙子，年轻气盛，无论在课堂上还是课间，因为初中生的调皮叛逆，总能听到年轻老师对学生的呵斥声，有经验的教师告诉我那是威严，要在学生面前树立威信，就要和学生保持一定的距离，让学生从心里对老师产生一种畏惧，这样才能保证课堂有效、不闹腾，不然学生就会"欺负"到老师头上了。当时我似懂非懂，难道这就是所谓的师道尊严吗？可是当我一走进教室，我完全忘记了有经验的老教师对我善意的忠告，我总是面带微笑面对我的学生，我想做自己心目中的孩子王。渐渐地，在我的课堂上我和我的学生更像朋友，我们非常融洽的师生关系让我的学生喜欢上我的课。那个时候我不懂快乐的课堂是最有魅力的课堂，只是觉得每天站在讲台上就是最开心的事，当有调皮的男生在课堂上搞小动作不专心听讲的时候，我会轻轻走到他的跟前，一边讲课一边无声地示意，面带微笑，课后找他们聊天那是经常的事情。当时觉得若上课批评他们就会中断我的课堂，现在才暗自庆幸，当时的自己已经悄无声息地和学生建立起一种相互平等、相互尊重的良好的师生关系，这也是学生喜欢我的课堂的原因之一吧。初二的学生正处于叛逆期，特别喜欢和严格的老师作对。因为我没有经验让正处于叛逆期的学生感受到老师对他们的关心和爱护，所以我没当众呵斥学生。我这种不当面呵斥学生的管理方式收到了很好的教学效果，学校非常器重我。让我干脆只带初三毕业班的学生。那时候，每个班的学生都有70人左右，走进教室眼前黑压压的都是学生，一个学期下来才能完全记得住学生的名字，但是成绩优秀的和成绩不理想的学生早已烙在脑海中了。初三的学生面临着升学压力，因而初三的教师也有很大的压力，学生考不好也会影响学校的声誉，所有当时初三配备的科任教师都是比较优秀的教师。那时我是最年轻的英语教师，可能中学里男教师太多，偶尔看到女教师上课学生还是比较配合的，我一如既往地用我的微笑和耐心面对我的学生。那时候，晚上都有晚自习，对于学习有困难的、上课不够专心的学生我会主动找他们谈心并且辅导他们的作业，让他们不掉队。可能是我课后的耐心教导确实对他们产生了很大影响，平日课堂上爱闹腾的小调皮们这个时候也露出很腼腆的样子，耷拉着小脑袋，完全像变了个人似的听我讲。就这样日复一日，我和我的学生慢慢建立起了信任，我们做出这样的约定：上课的时候，无论听懂还是听不懂，都要好好控制自己的行为，不能影响他人学习。慢慢地，我任教的班级的英语成绩与其他班的差距缩小了，检测卷子里空白的试卷不见了，作业不按时完成的学生越来越少了，我自己也感觉所有的辛苦付出都是值得的。同时这也让我明白，想提高学生的学习成绩、提高教学效率，首先要走进学生的心里，用平等的心对待他们，改变他们对学习的态度，让他们从心里认可和接纳老师，这样才能让他们有效地提高学习成绩。我感觉自己在这方面做得还可以，例如，有一天，我正在办公室备课，我所任教班级初三（1）班的班主任贾子荣老师走到我身边笑呵呵地对我说："汪老师，我班学生说您是他们的'红太阳'，呵呵，太有意思了，您算是深入那帮熊孩子的心了。"听了贾老师的话，我心里突然涌出一种说不出的喜悦与欣慰。走在回家的路上抬头看到树上的小鸟都感觉它在歌唱，今天看来一个真正合格的老师不是所教的每个学生都考出优秀的成绩，而是让学生感受到自己被尊重，自尊心受到保护。我庆幸自己做到了，这一切都源于我热爱这个职业，它让我每天都充满活力，给我力量。都说初三学生不好教，总是气得老师牙痒痒，我也曾经愤怒过、无奈过，甚至焦虑过，今天看来伴我走出这段困惑的就是我的耐心和真诚。我的快乐都来自我热爱的事业——教师，这个神圣而崇高的职业，因为爱，所以爱。

从教以来因为自己无怨无悔地付出，悉心教学，敢于尝试接受新的事物，我所带的班级学习成绩均在年级前列。1993年也就是入职七年后我被学校抽调到高中部教学。学校在多年初中办学的基础上进一步扩大招生。长期和初中生打交道现在转带高中生的确对我是一个很大的挑战，无论是专业知识还是课堂教学。从接受任务的那天起，教学资料还没有到位，我就提前和高级中学任教的老师借来课本开始研读每一课的内容、重难点等，着手备课。开学第一天第一节课，我用中英文结合的方式开启我高中教学的生涯，至今我依稀记得自己所教过的教学片段，那是我在教《Arabs in the desert》

一课时，那个时候电教设备除了一台录音机什么都没有，教学的主要工具就是一支粉笔。怎样让学生理解Arabs和desert这两个词，最直接的教学方式就是中英文同时板书呈现，告诉学生这分别就是"阿拉伯人"和"沙漠"的英文单词。也许是初生牛犊不怕虎，也许是个性使然，也许是想学生对我的课有不一般的记忆，于是我拿出提前和地理老师借的世界地图，挂起来直奔主题，用红笔画了一个圈，手指着地图上的那个位置（阿拉伯国家）说道："This is a map of the world. Who can tell me what country it is？"当时非常想让学生准确给出答案，那就是Arab States（阿拉伯国家）。还记得当我提出这个问题后没有人回答，鸦雀无声，到现在才知道其实当时学生根本就听不懂我在提问什么，当然就冷场了。我再次将拿着粉笔的手在"阿拉伯国家"圈了一下，终于有人用中文说"阿拉伯国家"，尴尬的场面终于有所缓解，于是我将此单词板书，开始机械带读学习，也及时呈现了Arabs（阿拉伯人）。对于desert这个词，紧接着第二个问题"Are there many deserts？"我一边问一边拿出自己画的沙漠（北方人对沙漠很熟悉）图，这时学生很快就理解了desert这个词的意思，地理知识掌握好的就会回答"Yes"，没有完整的回答，最后呈现了短语Arabs in the desert，并用箭头把"沙漠"图片和单词Arabs对应起来，对于高中生，这个短语就很容易理解了，终于引出本课的主题Arabs in the desert。第三个问题就是"What happened in the desert？"通过这样的设问紧接着让学生翻开课本听录音，跟读，带读，齐读，抽读，最后分析每个句子的意思，学习主语、谓语、宾语、从句等语法知识，通过造句、填词、选择等复习巩固，几乎每堂课都会有这样的重复内容，完全没有考虑这样做学生是不是感觉太枯燥乏味，完全忽略了学生的感受，到现在这一切我都记忆犹新。当时教学设备匮乏，从来也没有想过这是什么教学手段，好的教学方式是什么，只是觉得这样教学可能会引起学生的注意。事实证明，那样的教学方式在当时还是不多见。刚下课，学生就七嘴八舌地来到我身边，有的关注那张地图，想发现更多自己不知道的国家；有的便开始直嚷嚷，"老师你提的问题我根本就听不懂""老师，我们以前是打开课本直接跟读的，老师再翻译成中文，不用回答问题的"等；"那你们喜欢老师这样教学吗？"我在学生的眼睛里找到了答案，学生喜欢这样的教学方式。慢慢地，在我的课堂上，我播放录音的次数增多，每次都让学生跟读重复。学生已经忘记了英语课堂上的照本宣科。渐渐地，我发现学生的听力进步了，课堂上发言的学生多了，我和学生彼此都进入了熟悉的状态，那种师生间融洽的关系真的让自己的课堂教学更加得心应手。现在回过头来总结一下，当时采用的教学手段就是借助图片等为学生创造良好的英语学习语境，用提问的方式让学生进一步了解所学内容；在当时资源缺乏，没有网络的年代反复播放原音磁带是对学生听力和口语提升的最佳手段和方法。经过三年高中学习，在高中毕业会考时，学生英语考试成绩和对英语学习的态度让我至今引以为傲，也一直深深影响着我对教师这个职业的态度，从而对英语课堂教学理念的不断更新、不断摸索、不断接纳和不断提升。因为自己对课堂教学的努力、执着和热爱，我曾被学校评为"教学小能手"和县"三八红旗手"，受到学校和相关部门的奖励和表扬。对于当时年纪轻轻的我来说，是对我教学工作莫大的肯定和鼓励。

初遇小学生，我是最棒的

　　人生的好多第一次都是令人难忘的。1996年因工作调动，我来到向往的沿海城市美丽的珠海，次年进入香洲区的公立小学从事英语教学。当小学老师对我来说真的是一个极大的挑战。曾经走过的路仿佛就在昨天，忘不了第一次应聘时的情景：拿到小学课本，面对的是四年级学生，学习的内容是"What are these？"和"Are they...？"看到教材我有点儿懵了，这么简单的教学内容还需要一节课40分钟？这是我看到要教内容时脑子里出现的第一个问号。当时我的节奏、我的思维和教法依然停留在中学课堂上。那节课对我来说就是煎熬，我用很简单的语言一边看图一边问学生"What are these？"期待学生的回答。整个学习的过程都是脱离语境学习的，机械性的操练，枯燥乏味的教学模式很快让学生进入疲惫的状态，学生由最初积极地回答问题到慢慢悄然无声，我看出学生不耐烦的表情，让我一辈子也忘不了。那次应聘后我自己也陷入了茫然之中，非常有挫败感。曾经在中学课堂中对各种情况应对自如的我面对小学生竟然束手无策，教学毫无章法。曾经的教学经验告诉我，一个老师能胜任中学的课堂教学并不难，只要你知识储备充足，备课详细，字句操练到位学生就能取得好成绩，可是能教好小学生并且让学生喜欢你的课堂真的不是一件容易的事，这是一门高超的艺术。于是如何让学生喜欢自己的课堂，如何让学生轻松愉快地学习，如何让学生对英语学习产生兴趣便成了我努力的方向。经过一段时间的实践和学习，我发现中小学课堂有着完全不同的教学思路和方式。一切以学生学习兴趣为目标的小学英语课堂更加看重教师调控课堂的能力和教学活动的设计是否符合学生的年龄特点，课堂的节奏应张弛有度，教学应采用如儿歌教学、游戏教学、角色扮演等活动丰富课堂，让学生在玩中学，学中玩，最终达成教学目标。经历过那次应聘事件后，我决心一切从头开始，努力走进小学英语课堂，慢慢融入并适应小学课堂教学。

　　如何将简单的教学内容通过适合小学生的教学手段组织自己的课堂教学

成为我努力追求的目标。当时,我给自己立下规矩:向身边有经验的老师学习,只要有空就去听课,对自己在备课方面的不足,记下需要改进的地方。经过一个学期的磨炼,我从高中讲解语法、死记硬背的教学模式逐步过渡,并做到了课堂气氛活跃、活泼有趣,同时激发了学生学习英语的欲望和兴趣。

一个人如井底之蛙,仰头只能看到四角的天空,这是一件很悲催的事情,我当时是多么希望有人向前推我一把,引领我向前走。就在我教学遇到瓶颈,心中茫然失措时,我遇到了自己生命中重要的人——当时香洲区教育办公室(现教育科研培训中心的前身)、负责小学英语教学的教研员沈玉华老师(现已退休)和后来教育科研培训中心的小学英语教研员古瑛若老师(现已退休)。

1996年夏天,我应聘到珠海市东方外语实验学校教学。这是一所民办学校,这里的老师来自五湖四海,我应聘到学校后担任四年级班主任和二年级两个年级的英语教学。当时的民办学校老师消息闭塞,也很少有机会外出学习交流。有一天,学校通知,为了帮助扶持民办学校,指导课堂教学,提高教学质量,香洲区教育办公室的教研员将到学校随堂听课,其中包括英语课,而这节课由我来上。接到这个任务我心里很慌,没有底。首先纠结的是该上哪个年级,是四年级还是二年级?经过仔细思考,我最终确定准备四年级的课,因为我是四年级的班主任,相对来说时间安排会方便一些。接着就是上哪个单元比较好,这也是一个令人纠结的问题,是按照教学进度备课呢,还是选择自己喜欢的主题备课呢?正在我一愁莫展、举棋不定时,学校教导处李楠主任(现已退休)了解到我的想法,她说:"不要想那么多,按照教学进度上,真真实实好好备课,我们上课就是让专家来把脉的。"李楠主任的一席话顿时让我心理上轻松下来。能够让专家亲自指导自己的课堂教学是多么幸运的事。这也是我从事小学英语教学以来第一次上公开课。当时整个香洲区选用的是沿海版教材,而我们东方外语实验学校选用的是非沿海版教材。教室里电教设备除了一台录音机,就只有一台播放幻灯片的幻灯机(这在当时算是很好的教学设备了)。从接到任务的那一刻起我就开始摸着石头过河,积极准备,确定好要教授的内容后,怎样才能上好这节课,教学活动该怎样设计,板书该怎样呈现都是我要认真思考的问题。那节课讲授的主题是Animals。教材的插图上有一个人拿着枪对着树上的小鸟射击。主要文本内容是 Look! There's a bird in the tree.Look at the man.What's he doing? He is shooting at the bird. Don't shoot the bird.等句子。于是我就着手开始这节课的教学设计。首先,在设计教学活动的同时我反复练习如小鸟、枪、猎人、戴着红领巾的一个小女孩、树木等简笔画，每天有空就练习，直到能很快用简笔画画出来。其次，怎样把这些语言信息和情境很好地呈现出来是我当时重点思考的问题。我依然清晰地记得我快速通过简笔画将重要的词句呈现出来，并且设置了In the street这样的街景：有个人拿着枪对准小鸟，随后一个少先队员过来制止。课堂上，我通过情境的设置，让学生进行对话表演，将所学内容应用在真实的情境之中。学生课堂参与学习的积极性很高，气氛很活跃。听完我的课，沈老师和古老师两位专家给予了高度评价：第一，简笔画真的非常传神，激发了学生学习英语的兴趣。第二，能做到在情境中学习，同时对学生进行思想品德教育，这两点做得非常好。现在想起来，当时创设情境教学是不多见的，也算是亮点了。这节课让我学到了很多，成长了很多。课后两位专家给出了好的建议并且给了我极大的肯定。那节课给了我非常大的鼓励，从那时起我终于有信心面对小学生了：自己一定能做一个合格的、优秀的小学英语教师。我的教学方法成功地从中学那种单一乏味、题海战术的教学手段转型到适合小学生英语学习的有趣的教学方式。从那时起到现在，接近二十年的时间我都站在小学英语的课堂上，只要有学习培训的机会我都不会错过。

1997年，我通过招聘考试进入香洲区公办学校，即珠海市香洲区第七小学。在这里，我遇到了科组长孙芳老师（后调往深圳某小学，现已退休），其教学经验丰富，每次备课时有什么想法我都会和她一起探讨。同科组的林慧筠老师多才多艺，画画得好，思路活点子多，我只要有时间就和她一起学习探讨，区里的学科教研活动我一次不落，尤其是观摩之后的评课议课让我学到很多，使我更加清楚地认识到要上好小学英语课，当一个合格的小学英语教师不是件容易的事，自己要学习的东西真是太多了，身边优秀的老师真的很多。慢慢地，我开始琢磨为什么其他老师能想到这样的教学思路，为什么别人的板书设计如此新颖。我一遍遍告诉自己，一切都要从头开始，踏踏实实用心揣摩，好好钻研教材。因为自己的努力付出，从2000年至今我一直担任学校学科组长和备课组长。当学校把学科组长的重任交给我时，我顿感自己身上的责任重大：作为学科组长必须积极主动上公开课和研讨课。作为当时年轻的一线教师，我的认真和执着得到了校领导的肯定。从那时起学校的示范课、接待课及教研课我从不拒绝，并且积极参与各类教学比赛，我从不计较比赛的结果，更多的是享受在备课过程中的付出和努力，累并快乐着。我更在意的是在比赛的过程中让自己学到更多的教学经验，成长得更快。当得到同行的肯定和赞扬时，我心里觉得所有的付出都很值得，这更加坚定了我要做一名好教师的想法。每一次的公开课都是对自己的磨炼，对自我的提升。在我的带动下，我们英语科组的每一位教师都非常踏实认真，区里每次的学科检测我们科组总是能为学校获得荣誉。2007年，我们科组还被评为香洲区先进科组，我自己曾获得香洲区沿海版教材使用先进个人、香洲区学科带头人、香洲区先进教师、珠海市优秀教师等荣誉。

初次学做课题　提升最好的自己

　　在一次教研活动中，对教研员古瑛若老师的话我至今记忆犹新。她说一个好的教师应该是学者型的教师，不应该只是埋头上课，低头拉车，要学会在教学中总结提升自己的教学经验，上升到一定的高度，这样通过教研促进自己的教学水平，服务课堂，提高课堂教学效率。她的一席话让我开始思考我该做什么，课题是什么。

　　那是一个偶然的机会，我遇见了香洲区教研员古瑛若老师，和她谈起自己在做课题方面的困惑和不解，表达了自己的愿望，即也想学着做课题。和古老师深入的交流后，古老师语重心长地对我说，"小汪，我现在正在做一个省课题，你有兴趣就加入课题组，我们一起做"。那一晚我久久不能入睡，既紧张又开心，紧张的是我对做课题一窍不通，担心自己完全不能融入这个课题组，跟不上大家的步伐；开心的是教研员没有嫌弃我，而是鼓励我接纳我成为课题组的一员。我踏入学习做课题的大门开始挑战自己。只要区里有教研活动我便积极调课去参加，不错过任何一次学习的机会。慢慢地，在做课题的过程中，我揭开了做课题的神秘面纱。原来我一直认为做课题是非常高大上且遥不可及的事，尤其是像我这样的一线普通教师，对课题一直心存敬畏。在教研员古老师的引领下，我深入其中，渐渐明白了做课题是怎么一回事，即将我们平时一个阶段的教学实战用文字的方式记录下来，使自己的教学水平更上一个台阶，这个过程有失败，有疑惑，有总结。我原来想象的遥不可及的课题终于有了可以脚踏实地努力去做的方向。于是我利用业余时间查阅了如何做课题的书籍，了解了如何选择恰当的课题，如何申报课题，如何进行中期成果的检查，还学会了如何撰写结题报告等。师父领进门，修行在个人，慢慢地我感受到做课题对我的教学有很大的帮助，于是，我积极地加入学校其他课题的研究。我在教学中不断要求自己脚踏实地，不断实践，认真总结。

　　从2000年开始我陆续参与了一些课题的研究，被学校抽做课题实验班的科任教师，参与并完成了全国教育科学重点研究课题"尝试教学现代研究"、全国教育科学"十五"规划教育部重点课题"中小学生学习技术的心理研究"；全国教育科学研究规划课题"优秀电影全面提高学生素质的实证研究"、教育部"十五"规划课题"家校互联的研究与应用"、全国教育"十五"课题"网络环境下学科教与学模式的研究"等课题研究。

　　四年来我一直担任学校"网络环境下各学科的教与学"实验班的英语教师。更令人欣慰的是，在珠海市香洲区教研员古老师的带领下，我参与开发的"小学阶段英语口试探索与实践"获广东省英语学习评价工具的研制与开发研究成果（子课题研究报告、案例）一等奖，参与开发的非测试的形成性评价工具——《新交际英语》评价手册系列获广东省英语学习评价工具的研制与开发研究成果（案例）一等奖。

　　在做课题的过程中，虽然有时候将实践性的知识提炼上升成理论性的知识是一件比较困难的事情，但是在前辈的引领指点下，我一步步尝试着去做，通过自己的课堂教学来验证课题理论。我开始尝试着自己申报课题。开始的时候自己内心非常忐忑，甚至有些畏惧，脑子里不停地闪现出许多问题，比如，课题该怎么选？怎样从自己的教学实践中找准课题的切入点？怎样进行课题前的调查研究？怎样有效开展并实施课题？在做课题的过程中如何组织并带领团队进行课题的研究？等等。开始时心里的畏难情绪总是存在的，而顾虑太多也会阻碍和影响一个人的执行力。当一个人陷入迷茫时就会开始怀疑自己的能力，总是在心里不停地问自己：我能行吗？那段日子我是在矛盾和纠结中度过的，做与不做只有一步之遥。

　　我现在还依稀地记得，那是一个阳光明媚的下午，学校通知所有科组的教师自愿申请申报省级课题，为此我忐忑不安，既想申报又担心自己不能胜任主持人的职责，这个时候我将自己的想法告诉了学校负责教研的郜晓丽主任，她鼓励我说："做事不要太犹豫，重在参与尝试，没有亲自去做，怎么知道自己不行呢？大胆地去申报吧。"她的话给了我做课题的勇气和信心，于是我召集科组教师将准备申报省级课题的事情告诉了大家，看科组教师有什么想法和建议。听到这个消息，大家异口同声地说："申报吧我们跟着你做……"坚定的话语、信任的目光顿时给了我强大的力量。作为学科组长，我感觉自己肩上责任重大。我们为什么不去尝试呢？于是，我们本着自觉自愿的原则开始着手安排课题的事宜了。我们科组一共有八位英语教师，完全是老中青结合，既有朝气又有经验，如何俊老师的课堂云淡风轻，吴梦珊老师的课堂扎实有序，陈晓燕老师的课堂张弛有度，孙晓娜老师的课堂韵律十足，郑海云老师的课堂生动活泼，这样有个性有特点的教师在一起做课题一定能做出好的课题来。我们分工明确，作为科组长我率先提出负责课题撰写的评审报告，其他教师负责课题前项——学生的问卷调查、课题理论素材等工作。经过大家的不懈努力，我们英语科组送审上报的课题"基于校园云环境下小学英语作业的自主特色研究"终于在2014年9月上报学校。2014年10月好消息传来，学校申报送省里的我们英语科组申报的"粤教云"课题获批了，这真是振奋人心的好消息，对于我们初次尝试并获得通过的教师来说，课题的获批的确给了我们巨大的信心和勇气。这就意味着我们将在教学实践中迈出我们课题研究的第一步。接下来，如何做课题也是大家颇为担心的事情。课题批下来了，如何做才是关键。这个时候，我将课题申报书仔仔细细做了研究，找出我们做课题的优势、劣势，并在开题会议中向专家请教。

珠海市香洲区教育科研培训中心的刘庆珍老师是香洲区小学英语教研员、小学英语高级教师，也是珠海市名师、香洲区学科带头人，她负责珠海市香洲区小学英语教学。她作为专家成员出席了我们课题的开题活动。在我们课题立项之前，刘庆珍老师给予我们科组非常大的帮助，尤其是课题的确立给予我们非常明确的引导，活动中她肯定了我们课题的选题，同时为我们答疑解惑。在她的指导下，我们的思路渐渐清晰起来。这次也是我教学生涯中的课题处女秀，通过申报课题，查询相关资料，组织科组教师进行课题研究等一系列亲力亲为的参与落实，我在学做课题的路上更加有信心、有勇气，迈开了独立做课题的第一步。刘庆珍老师作为我们课题组的顾问，结合自己做课题的经验，在整个课题开展过程中给予我们非常多的指导和验证课题理论的实践机会。在我们课题的立项及开展过程中，刘庆珍老师鼎力相助，学校领导也给予我们硬件方面的大力支持，有了这样的引领和帮助，我这个从未承担过课题主持人的新人有了更大的动力，更有信心带领科组教师进行课题研究了。

真正将课题做起来，才知道做课题并非是一件容易的事。我时不时会在心理上产生一种畏难情绪，当课题遇到瓶颈时也曾经萌生过放弃的念头，但是作为课题的主持人，我必须经常调整自己的思路和状态，也要鼓励团队的教师不放弃。就这样，历经两年的时间在整个课题的实践、总结再实践的过程中和团队的教师一起经历了不易，尤其在课题实验过程中，如何将要研究的课题的每一阶段进行总结，并将这些心得、成果形成一定的文字，对我们来说确实有很大的困难。比如，课题组的成员除了正常的教学之外还要牺牲自己业余的时间将自己教学中遇到的难题结合课题进行有效地改进，同时还要利用调查、观察等手段有效地改进研究课题中的手段和方法，将课题中遇到的难关一一攻破。就这样我们一边摸索一边做课题，课题组的教师逐渐在课题中有所收获。在收集课题中期成果的时候，我们百感交集。经过一年多的课题研究，我们发现我们也能做出一点儿成绩来了，同时课题的研究有效地促进了我们课堂教学质量的提高。在学校我们英语科组的教师都非常优秀，我们英语教师课堂的教学氛围也深受校领导的高度赞扬。同时，通过课题的研究我们也尝到了做课题的甜头，那就是大家尝试着逼自己写出更有质量的教学论文，没有做课题的时候我们撰写教育教学论文的热情不高，做课题了大家就把做课题写论文当作一门必修课。

经过大家的努力，两年的课题研究，我们在结题的时候实实在在地整理出来的一手资料，内心真的非常欣慰，五味杂陈，原来我们也可以做自己的课题。尽管一路上很不容易，但我们坚持下来就是给自己最好的交代，这也是对自己最好的锻炼。当看到课题组教师积极撰写教育教学论文并纷纷获奖、发表时，我内心也无比感慨，无比欣慰。一分耕耘一分收获。我们坚持努力，一步一个脚印完成了省课题、市课题的结题工作。2018年，在教科培教研员刘庆珍老师的引领下、在学校领导的大力支持下、在科组教师的共同努力下，我们又申报了珠海市香洲区的重点课题，我们还未坐下来看路边的风景又一起继续走在了做课题的路上，不畏艰辛，勇往直前。

一步一步学做学者型老师

通过做课题的学习、提升，自己慢慢对如何教研有了清晰的方向，有了新的认识，有了不同的想法。正如前辈所言，不要总是低头拉车，埋头干活儿，要抬起头看看头顶的天空，要对四角的天空充满无限的想象。我开始拿起手中的笔，记录自己在教学中的困惑、心得，参与教学论文的评比。在珠海教学的这些年，小学英语教学经历过好几个版本，每个版本都让我感受教材带给我们的思考。最初的《新交际英语》教材，以三年级为起始年级，根据学生年龄，通过不同的话题由浅入深，教材的学习也能根据学生的认知规律围绕主题进行教学。作为一线教师，在教学中依然会有自己的困惑、感悟、心得，前前后后我动笔写了几十篇有关教育教学方面的文章，在这里选几篇习作和大家分享，由最初的稚嫩到现在的成熟，见证并回顾自己一路的成长与收获。

例文①

我与《新交际英语》一起成长

（2003年）

随着社会生活的信息化，随着中国加入WTO，随着2008北京申奥的成功，英语的学习对于千千万万的中国人来说已是势在必行，学英语从娃娃抓起，英语课程的开设在小学愈发重要和突出。作为沿海版英语教材的实行者，我随时关注教材的变化。2001年下半学期，我市小学英语教材又做出了大的决定和尝试，迎来了新的挑战。《新交际英语》的诞生改变了教师以往的教学方法和思路，教材内容的生活化、实际化完成了师生之间角色的转变。教材的改革是教育改革的一个重要组成部分。也就是说，教育观念的转变必须具体落实在教材及教法上。《新交际英语》题材广泛、信息量大，内容生活化，迎合了小学生心理，有助于培养学生的语言运用能力和交际能力。与之相配的教材参考书提供了每一单元每一课的教法，使教师备课不受内容的束缚，开阔了教师思维想象的空间（以往的教参提供给教师每一课每一课时的具体步骤和思路，限制了教师的自由发挥）。教师在备课时决不能生搬硬套教材，而应根据实际情况，大胆地将教材进行加工处理，使之适合自己的课堂教学。下面我谈一下该教材的教学观及我在教学中的教法。

一、《新交际英语》的使用转变了我的教学理念

任教小学英语，我们先后在一二年级使用过《儿童智能英语》《儿童英语》（上海教育出版社）、《NEW WAY ENGLISH》（深圳市小学英语课程试验教材），三至六年级使用了《沿海版小学英语》及《广州市小学英语过渡教材》（仅限六年级使用）等教材。几年来没有一套完整的系列教材，导致了教学目标的不完善，虽然每套教材都有它自身的优点，对于使用者来说，若不能完全吃透教材的目标与要求，就会导致教师对学生的要求不明确，容易形成用一把尺子衡量整个班级甚至整个年级的局面。同时教师的教法理念受片面追求考试成绩的影响，仍然停留在传统的教学模式上，如单词—句型—课文—练习的模式，看图老师提问，学生回答的模式及答案的唯一性，禁锢了学生思维的发展。留给学生的课外作业无非就是抄单词、句子，进行替换等练习。传统的教学理念导致了教学质量的提高缓慢。老师对学生的要求就是会做课后的练习题。在整个40分钟的教学过程中，教师唱主角，学生只是配角，只重视考试分数，至于学生能否将所学知识应用于现实生活中就另当别论，也不在教学考查范围之内。由于传统的教学理念，一部分学生对英语产生了厌恶情绪，甚至害怕学外语，学生逐渐形成两极分化。而《新交际英语》宛如一股清新的风，吹醒了教师，教师不再将分数作为衡量学生成绩的唯一标准，而是注重学生实际的英语表达水平和应用能力；根据学生的实际情况，对学生做出合理公正的评价。

二、灵活开放的设计，丰富了教师的课堂教学

《新交际英语》的每一课分为五个部分，即歌曲或诗歌（A SONG\ RHYME）、会话（A TALK）、说一说（LET'S SAY）、做一做（LET'S ACT）、玩一玩（FUN TIME）。每个环节都根据学生的年龄特点和理解水平由浅入深安排。课程的内容面向全体学生，注重了素质教育。会话中的主题也大胆采用现实生活中的反面事件（以往教材都是正面材料）。例如，在《新交际英语》第一册Lesson Three 中，Mike 玩得很晚才回家，这还不算，他还用自己的水枪把爸爸从睡梦中弄醒，爸爸看了他的新水枪后他才肯罢休。在Lesson Four中，他又用水枪射向老师Mr.Gore。在Lesson Thirteen 中

Mike故意说橙子很甜，恶作剧地将酸橙子给Susan吃。Ben的书包里装有许多好吃的，舍不得分给大家吃。在母亲的劝说下Ben才把自己的糖果分一个给Susan。第二册Lesson Five中，Susan看了Katy的新鞋，就非常喜欢，以至于不经对方的同意就拿走了。事实上，这些行为恰恰经常出现在学生的生活中，学生学起来就觉得有趣、易懂，表演起来更是得心应手。通过学生对这些主题的表演，教师结合本班的实际情况进行品德教育，起到了事半功倍的效果，比起空洞的大道理更具有说服力。LET'S SAY 这一环节，更能体现教材的开放性，避免了以往答案的唯一性。同一幅画，在不同学生的眼中、心中有不同的理解。例如，《新交际英语》第一册中初学问候语时，书中的同一幅画可用不同的问候语描述。在LET'S ACT这一环节中，任学生随意想象，自编对话，不拘一格，开放灵活，这也是以往教材所不具备的。在课堂上，只要学生敢说，说出来就是对的。教师对学生的评价也发生了质的变化。学生学起来也不再觉得枯燥，上课举手的人多了，敢说的人多了，学生不再担心受到老师的责备，学习兴趣浓了，自主学习的能力强了，自信心增加了。学生意识到在英语课堂上，在老师的眼里，大家是平等的，使教师的课堂教学真正体现人书合一，共同成长。

三、《新交际英语》让我大胆尝试任务型教学

所谓任务型教学，即依据课程的总体目标并结合教学内容，创造性地设计贴近学生实际的教学活动，吸引学生积极参与。学生通过思考、讨论交流和合作，轻松地完成了学习任务。例如，我在教《新交际英语》第三册Lesson One时，题目是Our School（我们的学校）。为了更加深刻地了解我校的布局和特点，在学习课文前我利用10分钟的时间把学生带出课堂（平时学生可能没有留意学校的布局），组织学生对学校各部分做了观察。回到教室，我要求学生根据所看到的画一幅校园图，或者自己想象中的校园图。分组（四人一组）完成。很快，不同效果的图出来了，除了本课出现的playground，teaching building，teachers'office等词或短语之外，增加了plant garden，washroom，library，music room，swimming pool等新词和短语，内容的增加，学生并不感到有压力，反而兴趣盎然，恨不得把自己所看到的全都用英语表达出来。学生每人说一个句子，最终描述了一幅幅完整的图。不仅锻炼了学生说的能力，也肯定了他们的合作精神，改变了以往教师表述、学生听的陋习，使任务型教学真正体现在真实的教学过程中，产生了意想不到的效果。

四、《新交际英语》让师生有了宽松、民主、和谐的课堂氛围

在试行《新交际英语》一年多的时间里，我充分感受到尊重学生，平等对

待学生，不摆教师的威严，真正把学生当作朋友。首先，《新交际英语》中人物的插图一改以往端正的形象，显示出生活中学生可爱、调皮的面孔，增加了亲切感。还有外星人Dummy的加盟，内容丰富、活泼有趣、离奇古怪。其次，与教材相配的录音磁带能让学生感受原汁原味的地道语言。由于小学生表现欲强，模仿能力强，常将录音中纯正的美式英语模仿得惟妙惟肖，既训练了口语，又增加了语感，加之美妙动听的前奏乐，不由得让学生觉得原来学英语是这样快乐，忘掉了畏惧。另外，本教材收集了大量的游戏，教师可根据实际授课情况，组织学生在课堂上玩耍。例如，进行数字游戏时，男女分组，第一轮，女生说"one, two, three, four, five, six"（边说边示意手指头），男生后说"one, two, three, four, five, six"（边说边拍手掌）。第二轮，男女生合说"one, two, three, four, five, six"（边说边转圈跳六下）。第三轮，同桌两人一边说"one, two, three, four, five, six"一边拍掌。操练次数多，形式却不单调。在学习难句、长句时就采用师生声音高低错落，彼此起伏的形式（老师大声，学生就小声），节奏由慢到快。课堂变成了乐园，不再有老师的指责和批评，平时性格内向的学生和学习有困难的学生在这种气氛的影响下，也主动参与进来，找到了语言实践的机会。在2001—2002学年度第二学期，首次尝试本套教材学习的三年级学生，在口语测试中（具体做法、步骤按照区同一要求），合格率为100%，优秀率为95%。

经过一年多的试行，《新交际英语》使我不断选择和调整英语教学的策略，不断对自己的教学行为进行反思和总结，努力使自己成为具有创新精神的研究型教师。

（此文于2002年获市百篇优秀论文三等奖）

（**感悟**：多年过去了，今天回头来看，虽然文笔稚嫩、内容浮浅，但也是我最初教学中的习得，对我来说依然很值得保存。我开始努力地撰写教育教学论文，努力提升自己对教学教学理论的认识。就这样，一篇又一篇教育教学论文诞生了。）

例文②

小学生英语学习良好习惯的培养

在英语教学中，我们经常遇到这样的情况：上课之前绝大多数是老师主动向学生问候"Good morning（afternoon）"；上课时，老师主动提出问题让学生回答；学了几年英语，新授课还要老师领读单词，并且将课文逐词逐句译成汉语；做练习只有在老师讲了Model，才敢动笔做题，在阅读方面，很少有学生自觉地去翻阅，怀疑自己是否能看懂。所有这一切，都是小学生英语学习中的不良习惯，良好习惯的培养可以从以下几个方面做起。

一、主动向老师发问，养成大声朗读的习惯

主动向老师发问包括多个方面，即主动向老师用英语打招呼、问候；在我所任的三年级，由于刚刚开设英语课，因此在让学生主动开口讲英语这方面要求不同于其他年级。良好的开端是成功的一半，培养学生英语学习良好的习惯尤为重要，每堂课简单的问候更不能忽视。我们多数人习惯在上英语课前师生相互用英语问候，但对课后就没有那么严格的要求。本学期刚开始学英语，为了培养学生英语学习良好的习惯，刚开始学习各种问候语时，每天的一项作业就是要求学生早晨来到学校见到任何一位老师都要用英语问候，即Good morning（afternoon），Miss（Mr）...Hello! Hi! How are you? 等。课堂上老师要及时对那些主动讲英语的学生给予充分的表扬，笔者认为这一点很重要。因为刚刚开始学习英语，这种日常的渗透是非常有必要的。另外，上课时，要求学生主动问候老师：老师站在讲台上，学生应该立刻问候老师"Good morning（afternoon），Miss（Mr）..."和老师进行主动交流。起初老师要在这方面做明确的规定，提醒学生无论是课外什么时间遇到老师都要讲英语，对做得好的学生第二天在全班进行表扬。从几个年级来看，普遍存在着这样的问题：学生上课回答问题普遍声音不够洪亮，尤其是女孩子或对英语不感兴趣的学生。我在任三年级英语课时把声音的洪亮也列入竞赛的行列，齐声读要用正常的声音，一个人读的声音则要在原有的基础上高一些，就如唱歌一样。刚开始时，有一部分学生做不到这一点，老师在讲台旁很难听到后排学生的声音，难以在朗读上给出正确的评价。三年级是起始阶段，培养学生声音洪亮地朗读、会话、回答问题尤为重要，否则越到高年级声音就越小（可能是年龄大的缘故），读的情况就越糟。遇到声音小的学生，我就让他（她）反复读，直至声音完全放开为止。经过一段时间的训练，班里的学生独自朗读的声音很洪亮了（其实洪亮的声音也是学英语自信心强的体现）。

二、敢说敢讲，大胆展示自己

学语言首先要有声音，只有开口，才能学好。目前很大一部分学生不敢讲英语，我所在的学校做了调查，其原因是多方面的：有的是害怕自己开口

说错，被同学取笑，下不了台；有的是担心受到老师的责备，老师瞧不起自己；有的是从刚开始学英语起，学了几年英语很少有放声读英语的习惯，时间长了很难纠正过来，干脆就放弃了。针对这些情况，老师应采用行之有效的方法，鼓励学生放下一切思想包袱，开口讲英语，学生在朗读时哪怕只读对一个单词，也要给予表扬，不能打击其积极性。小学生很在乎老师的表扬。例如："胆子大，不怕错，虽然读得不是很理想，但声音洪亮，好样的，继续努力！""Good\Very good\Wonderful\Excellent!."任何一个学生听了这样的话，肯定会在以后的朗读中更尽心。我们知道只有学生开口敢说，才能考虑落实下一步表达流利的要求。达到这个要求，需要有一个过程，不能急于求成。有的教师在课堂上经常叫那些擅长讲英语的学生进行对话练习、角色扮演，而"舍不得"让那些很少或不敢讲英语的学生参与，其原因是怕浪费有限的40分钟，完不成教学任务。笔者认为这是一种教学思维的误区，其实要让今后的每个40分钟有所收获，要使所有的学生都学英语，爱上英语，应该牺牲一些40分钟，让那些羞于开口或不善于在众人面前讲英语的学生积极地融入讲英语的气氛中来，老师甚至可以用一些时间翻来覆去地去磨炼他们，直到他们主动开口讲英语，而且是大声地讲英语。整个过程老师要有耐心，不能急躁轻易放弃。从学生的角度来讲，每一次课堂上的会话、角色表演、课文的朗读、问题的提出都是对自己进行锻炼的好机会，要积极发言，配合老师，不能错过展示自己的机会。

三、温故知新，养成预习的好习惯

现在的教材一般都配有录音磁带，即课文听力带，这是自学和预习英语最好的老师，它可以弥补课堂教学的不足。国家教委规定，小学阶段学生的英语学习主要以听说为主。在我们国家，学校的编排体制是每班有50多人（中高年级尤其突出），这种大班式的教学很不利于发挥每个人的特长，老师也无法在短短的40分钟内一一进行指导，尤其是听说方面，除了形式多样的教学方法之外，学生课后复习、预习的环节十分重要，如果学生没有良好的复习、预习的习惯，英语的听说就局限在课堂上，没有延伸到课外。学生学习不主动，知识不巩固，教师上课的过程可能就会经常卡壳，以至于不能按时完成教学内容。其实我们知道，真正的教学是教会学生如何主动地去学习，老师在课堂上的作用是促进强化记忆，只有学生在课前进行了复习、预习，课堂上的对话教学、角色扮演，甚至单词句子的掌握才能在下一节课中顺利操练完成，促使学生熟练地运用语言。口语不太理想的学生，课后的复习更为重要。有了学生良好的预习，教师问问题、学生提问题才能顺利进行，并且学生才能有目的、有重点地集中注意力听老师的发音。同时预习也让学生在课堂上感到轻松。笔者做过这样的实验：老师没有强调预习时学生对Look and Say的运用能力就差一点儿，课堂上学习课文对话的时间也相对较长；而老师布置预习作业时的情况则相反，大部分的学生对老师提出的课文对话中的问题很感兴趣，老师带读的次数少了，学生会话的时间多了，表演的时间多了，老师指导学生的机会也多了。因此，预习和复习可以使学生成为学习的主人，从而保证了课堂教学以学生为主体，调动了学生的主动性和积极性。

四、学会阅读，养成阅读的好习惯

20世纪90年代初，我国沿海地区或发达地区小学英语的开设一般从五年级开始，条件好的学校有的在三年级开设，有的从一年级就开始。今年秋季市里从三年级起全面开设了英语课程。我们中国人学英语，尤其是小学生，绝大部分的英语知识源于老师的传授，生活中缺乏英语语言环境。阅读既是提高英语水平的手段，又是获取英语信息的主要途径。英语的学习不能仅限于老师在学校的传授，要想在听力、阅读方面有所长进，老师可以给学生介绍一些适合小学生年龄阶段阅读的课外读物，通过阅读使学生扩大词汇量，丰富自己的语言。在小学英语练习册中，几乎每课都有简短的阅读材料。老师在处理这类练习题时不妨将主动权完全交给学生，也就是说，给学生足够的时间来理解阅读材料。学生遇到不理解的单词可以暂时不查词典，只了解材料的大概意思就可以了。我曾经在所教班级做过尝试：通过老师的启发（如给出单词释意，释疑难点句子），学生阅读材料。表面上很多学生很快理解了内容，也节约了时间，并对所提出的问题也能较快完成。另一种是完全没有老师的暗示由学生独立完成，最后老师再讲评，结果多数学生的理解正确率较低，所花费的时间相对也较长。这种现象持续了一段时间，继续逼着学生看，且一直坚持下去。经过几个月的训练，前一种在有限的时间内不能很好地掌握材料的意思，而后一种最后的结果就大不相同了，同样在有限的时间内学生对材料的理解能力和阅读的速度快了很多。因此，老师不要总担心学生不懂、不理解又浪费时间，而要更多地鼓励学生去看各种难度适当的课外读物，以增加阅读的广度和深度。另外，老师也要教学生如何使用英语工具书（越早使用越好），因为查阅词典本身就是学习，而且是主动地学习，能使学生获得和补充在课堂上没有掌握的更丰富的知识。

在英语学习中，良好习惯的培养非一日之功，而是点点滴滴的积累、诱导。学生学习英语固然重要，而如何养成在英语学习方面的良好习惯更重要；教师教学生英语知识固然重要，而教会他们怎样养成良好的英语学习习惯更重要。头开好了，过程中努力了，那么英语语言的学习定会水到渠成，使语言最终成为活的交际。

例文 3

<h2 style="text-align:center">浅谈课堂教学中学生自主性的培养</h2>

《义务教育英语课程标准（2011年版）》指出，在教学过程中，要始终体现学生的主体地位，教师应充分发挥学生在学习过程中的主动性和积极性，激发学生的学习兴趣，营造宽松、和谐的学习气氛……可见，学生在课堂学习中自主性的培养是教师教学不可忽视的一部分。自主性是学生自主学习的基本品质，学生在课堂上表现为我想说英语、我要学英语的愿望，即表现出对英语学习的兴趣和学习的责任，而我们教师的职责就是要帮助学生把这种兴趣和愿望有效地实现，从学生的学习兴趣、生活经验和认知水平出发，倡导体验、实践、参与、合作与交流的学习方式和任务型的教学模式，发展学生的综合语言运用能力，使自主学习语言的过程成为学生形成积极的情感态度、积极思维和大胆实践、提高跨文化意识和形成自主学习能力的过程。

一、明确英语课堂教学的任务

《义务教育英语课程标准（2011年版）》指出，小学阶段教学的首要任务是激发和培养学生学习英语的兴趣，使学生树立自信心，养成良好的学习习惯和形成有效的学习策略，发展学生自主学习的能力和合作精神，帮助学生了解世界和中西方文化的差异，拓宽视野，形成健康的人生观，为他们的终身学习和发展打下良好的基础。只有遵循、落实这种任务，才能更有效地提高课堂效率，这将更加有助于培养学生课堂自主学习英语的能力。

二、发挥学生的主体地位，改变教师的教学理念

课堂教学中教师的教学要面向全体学生，使每一个学生都得到发展，突出学生的主体地位。要让学生成为课堂学习的主体，要求教师必须要摒弃以往"满堂灌"的教学模式，摆脱"演讲者"的角色。在教学过程中，学生是认识的主体，教师则是这一活动过程的组织者和指导者。学生的知识、能力、品质、性格发展的根本原因在于学生自身的矛盾。教师水平、教学内容、教学方法、教学设备等对学生来说虽然重要，但外因再好，终究还要靠内因起作用。任何高明的教师都不能替代学生学习。例如，一节课40分钟，很多老师都将课堂时间的 $\frac{3}{4}$ 占用，留给学生提问、思考、自主学习的时间很少。学生被当成语言知识的被动接受者而不是积极的创造性语言的使用者。造成这种局面的主要原因还是教师教学观念没有更新，教学理念仍然停留在旧的传统的教学思路上，生怕学生自己不会学，放开手拉不回来，认为学生课堂的自主学习是浪费时间，不如自己将知识全部教授给学生。笔者经常听到身边的老师这样说："课堂上给学生时间自主学习，学生根本就不懂怎样学，不会学，还浪费了我的授课时间，教学进度都没法赶上。"最能反映教师这种观点的一句话："我讲过多少遍，你怎么还是不会？"我们暂且不谈"你怎么还是不会？"指的是不理解句子、词汇，还是语法混乱做不出练习或别的什么，我们只分析一下"我讲过多少遍"所包含的意思。"讲"就是把语言知识讲清楚，那么，"讲过多少遍"指的是教师一遍又一遍地讲，似乎任务已经完成。而"你怎么还是不会呢？"是把学生当成语言知识被动接受者的典型表现。正因为老师存在这种包办式的教学理念，长期以来就导致了学生懒于思考、不爱提问题的不良学习习惯，学生觉得不用思考动脑筋老师就能把答案讲出来的。更可怕的是，这种理念最终使得我们的学生在学习英语的过程中不会主动和他人交流，仅习惯回答由老师提出的问题，机械地背诵单词句型，毫无创造性地学习，完全失去了学习英语的意义。我们知道，正因为学生不懂得自主学习、积极思考问题，才要求我们教师要教会学生如何进行自主学习，提出问题，思考问题。在现实中，我们经常看到，同一个老师，同一本教材，同样的教学环境，不同的学生却有不同的学习效果。导致这种差异的原因有很多，但其中重要的一个就是学生主观能动性发挥程度不一。因此，调动学生的学习主动性，并使其确立自身的主体意识已成为一项重要课题。教师要帮助学生学会运用学到的知识解决问题，做到语言形式和语言意义的结合。只有这种结合才能使learning和doing互相促进和融合，才能使学生在长期的课堂实践中逐步学会做一个积极的创造性语言的使用者。所有优秀的教师都是学生学习的激励者、促进者、辅助者和协调者。

三、以学生为中心选择教学材料，决策教学环节

多年来，学生在课堂上往往被当成单独的学习个体，没有被当成共同管理学习过程的参与者和合作者。受传统教育观念的影响，教师往往居高临下地看待学生，很少甚至从没考虑过培养学生对学习过程进行管理的能力。其后果是从课堂教学的整体过程看，教师决定一切，学生依赖教师；从课堂教学的即时效应看，教师完成了教学计划，学生被动地接受知识。长期下去，阻碍了学生自主学习能力的发展和养成，学生自主学习的能力遭到埋没。正因为如此，学生是共同管理学习过程的参与者和合作者，这个观点必须牢固地扎根于教师的头脑中，教师要切实地将其贯彻于课堂教学的实践中。这是培养学生自主学习能力，形成学生主体地位的必然条件。中国人学习英语，一般情况下没有特别好的语言习得的环境，但是我们有选择授课所使用的教学材料的权利，如何更有利于学生自主性发展的教学策略是掌握在我们教师手中的。我们很多教师对于教材的处理都是按部就班，很少根据所面对的学生的具体情况将教材进行优化，让教材内容更加符合所授课班级学生的实际情况，为学生能够自主学习创造条件，更加有利于体现学生在学习过程中的主体地位。当然，体现学生的自主学习性并非就是让学生走上讲台代替教师做这儿做那儿，完全由学生独立选择学习材料、决定学习进度等，而是教师应该帮助学生创造一个既宽松又催人奋进的学习气氛，挖掘学生自身的知识和学习经验，提高学生投入课堂活动的主动性。例如，在学习一般将来时之前，学生就可凭借对today, tomorrow等表示一般将来时时间的词汇的理解，通过对将要发生或将要计划、准备发生的事，根据自己的实际情况在老师没有给出统一模式的情况下做一个周末计划或描述将要到来的假日打算的，相互交流。在这个过程中教师可以暂时忽略学生在描述、交流过程中出现的词汇表达的口误，重在鼓励学生自主、互动的学习行为。长期发挥这种主动性，既能帮助学生逐步向新知识点过渡，又能降低教师在执行新教学计划过程中的难度，更加充分理解学生在习得过程中存在需要解决的知识点，教师在后面的教学中才能真正做到有的放矢，决策教学环节，不断调整、优化课堂教学。课后学生也可以主动搜集自己喜欢的感兴趣又合适的教学材料。这样，学生自己的输入就能成为教学资源的一部分，成为教师判断学生学习现状和决定教学策略的根据，这样的教学才更加有效率、有意义。教师要把以"教"为重心逐渐转变为以"学"为重心，把以"研究教法"为重心逐渐转移到以"研究学法"为重心，并做好教与学的最佳结合。以"学"为重心，其基本精神就是使学生爱学习，会学习，养成良好的自主学习的习惯。叶圣陶先生说："教是为了不教。""授人以渔"已成为师者的最高教育境界。同时，课堂上教师应该把培养学生的个性贯穿于英语课堂教学的全过程，使具有创新个性的学生对事物产生强烈的兴趣和好奇心，使他们富于想象，敢于挑战传统习惯，具有创造动机和探索精神。当然，学生具备这种创新品质的前提就是具备自主学习的能力，因此，培养学生的创新个性是融合在长期潜移默化的教学过程中的，是体现在每个教学步骤和每项课堂活动中的。教师应刻意去做的是将凝聚在教学内容和教学过程中的创造性因素发掘出来，展现开来，在教学活动中随时随地引导学生进行创造性思维，培养其自主创新的学习能力。English can not be taught. It must be learned. 学生必须认识到只有通过自己自主探索才可获得良好的学习效果。

四、要关注学生自主学习能力在课堂教学过程中的表现

在我们所教的学生中，由于学生性格特点的不同，学生对英语学习表现出的兴趣点、情绪、认知和语言技能的使用也不尽相同，在小组活动中的自主性程度也不同。因此，教师在课堂中不可能把所有学生的所有自主学习能力都挖掘出来，更没有一个不变的标准来衡量这个学生或那个学生的自主性发挥了多少、表现了多少，但自主学习能力的主要表现形式是可以加以概括的，否则，教师就无法在课堂上对学生进行指导。笔者认为自主性能力主要表现在以下几个方面：

（1）始终对英语学习有浓厚的兴趣和强烈的动机，能主动进行课程的预习，回家乐于完成老师布置的英语口语听读任务，对取得进步充满信心，能从与同伴的互动活动中得到乐趣。不管在全班活动、小组讨论还是结对子活动中都能积极发言，乐于表现自己。

（2）能随时从学习中主动吸取有用的东西，更善于从背景材料和已有经验知识出发，进行自上而下的理解和分析。例如，《Happy with English》这套教材中，Conversation 这个环节都是以对话形式出现的，针对课文，教师问的问题没有现成的答案，学生只有从对话中寻找合适的相关的答案。为了让学生的自主性在课堂上得到更好地体现，笔者经常在这个环节让小组进行角色表演，让学生自愿挑选、扮演自己喜欢的角色，然后在班级进行展示。这样很多学生都能参与到课堂学习中来，而不是由老师指定角色进行表演，造成有的学生很被动地接受，课文的展示也不尽如人意。经过长期这种自主选择的课堂活动的实践，很大程度上调动了学生学习英语的积极性。为了让学生更进一步进行语言的习得，笔者还鼓励学生将对话内容进行拓展，编成一个小故事讲述出来，内容可根据自己所掌握的词汇知识，句子不限长短、自主发挥，亦简亦难。让笔者欣喜的是，学生最终写出来的故事不是千篇一律，有的很生动，有的很简单，有的非常有想象力，有的完全摆脱原材料形成一个新的故事内容，虽有语法错误，却都是学生自我思考之后写出来的东西。从中笔者也发现，越是自主学习能力强的学生，句子中出现的错误也越多，但故事情节很完整，能在较短的时间内写出较长的段落。还有，在课堂上学习了课文中包含的有用短语后，学生并不满足于把老师讲解的要点记下来或者熟读本单元的重点句型，而是主动运用这些句子结构和所学新词汇编成小对话，与同伴或在小组中与他人交流。学生如能多进行一些类似的创新的自主学习活动，将是一件非常好的事。

（3）具有"冒险"精神，喜欢在接受性活动中对没有学过的新东西进行猜测，而在创造性活动中，愿意对那些没做过的事进行尝试。笔者认为，越是自主性表现明显的学生越是不怕阅读理解中的难题，表现得越聪明。那么，什么是"聪明"？在寻找文章表面找不着的东西时，这些聪明学生的共同点是，利用材料中的信息，大胆猜测，得出其他人不易得出的结论。他们的表达中也往往有其他学生表达不出的东西，不是这些其他表达不出的东西太难，而是他们对现有知识结构重新组合、发展的一种尝试。自主能力强的学生犯错误也不少，但他们不怕犯错误，犯了错误后，他们会利用错误进行反思，设法使错误为他们自己今后的学习服务。对上课发言很积极、主动性很强的学生，要及时表扬他们。对发言中的错误要用一番解释来说明正确用法，绝不能使用过分的语言进行变相的批评或大声呵斥，更不能让学生产生怕犯错误的心理。

五、课堂上学生自主能力的发挥

1. 创设最佳的学习状态

《超级教学》作者、美国超级营地创建人之一的埃立克·詹森相信影响学习的两个核心因素是状态和策略。"状态"即创造性学习的适当的精神状态，"策略"代表授课风格和方式。第三个因素当然是内容，即主题。每节好的英语课都会有这三者。但是，传统的、以教师为中心的"一言堂"教学模式忽视了状态，而状态是三者中最重要的。学习之"门"必须打开，否则真正的学习无法发生。而那"门"是一种情绪性的东西——学习的"门卫"。为了打开学习之"门"，笔者在课堂教学中采用多种媒体协调课堂环境，营造一种轻松的气氛，把学生变成了教师，而自己充当一名指导者、激励者、辅助者和协调者。由于学生积极参与，课上得生动活泼。特别是学生学会了问问题，很快就进入了最佳的语言学习状态。我结合《Happy with English》第五册My favorite season的课文教学，让学生画出自己最喜欢的season，并能用简单的英文句子进行描述，介绍给同学们，同时让学生在各自的学习小组中交流experience，展示用英语交谈的happy，让大家分享其中的fun。最后，老师随机选出描述不同季节的学生的作品在班级分享，肯定写得好的地方，给学生增加自信心，同时在老师的指导下也让学生进一步对表达不妥的句子进行修正、润色，让学生感受自己写作的不足。经过笔者一年多的课堂实践，学生不再害怕动手写英语小作文了，更重要的是，学生都敢于在全班同学面前大胆地诵读自己有语病的"好文章"了。

2. 注重语言交际功能

英语教学的实质是交际（communicate），是师生之间、学生之间的交际，不是我教你学。英语教学就是通过这些交际活动，使学生形成运用英语的能力。在交际过程中，师生双方的认识活动也是相互作用的。学生认识英语的进步离不开教师对教学规律的认识，教师对教学规律的认识也离不开学生在教师指导下学习的客观反应。教学就是为了促进这种交流，用英语表示为Teaching is of communication, by communication and for communication. 为了培养学生的交际能力，笔者注重交际策略的学习和应用，积极创设课堂真实的交际氛围，同时尽可能地在真实的情境中进行真实的交际，做到学以致用。在教《Happy with English》第五册sports单元主题时，笔者通过真实情景的实录播放，引导学生理解掌握各种运动的名称，大大提高了学生学习的兴趣。笔者以记者采访的形式对学生进行现场采访，并记录下学生喜欢的运动，笔者还将这种学习的方式延续到学生之间，使学生熟练地使用"What do you like doing？""What's your favorite sports？"等，有的学生还自主增加了寻问家人的运动爱好，如"What does your mother/father/brother/... like doing？""What's your mother/father/brother/...favorite sports？"这些句型都不在老师要求的范围之内，然而学生却能灵活地使用，这就是学生课堂自主学习的具体表现，学生课堂学习主体性也得到了很好的体现。因此，笔者经常将所学的内容有意识地创设在真实情境中进行教学，为学生搭建了学习语言的真实的交际平台，学生接触到大量有情境、有意义的语言材料，可理解的输入丰富了，思维的宽度增加了，综合能力和分析能力增强了。在有意义的情境中将语法学习和交际任务结合起来，至少有三个方面的优点。一是语法学习摆脱了枯燥的形式，变得生动有趣。二是语法符号传递了有意义的信息，使学生从中学会判断、综合等思维形式。三是语法学习的最终目的得以实现，语法形式被用来完成交际任务。这是前两方面优点的结合和发展，而学生在完成任务的过程中，自主性得到发挥、发展，创新能力得到提高，教学也收到事半功倍的效果。作为英语教师，我们的任务应是"Teach students how to learn English"而不仅是"Teach students English"。学生是学习的主人，They are learning English not from teachers but with teachers.

3. 激发学生的学习兴趣，帮助学生形成学习动机

兴趣是一种学习的动力，学习英语的兴趣越浓，学习的积极性就越高，学习的效果就越好。课堂教学是教师激发学生学习兴趣，提高学生参与行为的重要场所之一，教师应 try our best to make our classes lively and interesting。英语学习的兴趣产生之后，学生的学习态度和方法会逐步改善，继而使学生产生强烈的参与愿望。学生在课堂教学过程中发挥出的自主学习的品质反过来又促进了教师的课堂教学质量的提高，使教与学真正进入良性循环。

《义务教育英语课程标准（2011年版）》明确指出，在教学过程中教师应与学生互动、共同发展，要处理好传授知识与培养能力的关系，注重培养学生的独立性和自主性，引导学生质疑、调查、探究，在实践中学习，促进学生在教师指导下主动地、富有个性地学习。同时，要真正解决在英语课堂教学中充分发挥学生主体性的理念和操作层面上的问题，尊重学生的人格，关注个体差异，满足不同学生学习英语的需求，创设能引导学生主动参与的英语学习的教学环境，激发学生的学习积极性，提高学生掌握和运用英语的能力，使每一个学生都得到充分的发展。

📋 参考文献

[1] 高芳.课堂教学应关注学生主体性的发挥 [J].教书育人，2006（26）.

[2] 中华人民共和国教育部.英语课程标准 [M].北京：北京师范大学出版社，2011.

例文 4

浅谈如何培养小学生英语听说能力

北京外国语大学刘润清教授曾指出，英语教学的重点是听说，提倡听说教学。而英语听说能力的提高和培养在小学英语教学中至关重要，在英语教学活动中，必须坚持听说优先的原则。但是教师在教学过程中通常过多地关注学生口语的表达和兴趣的培养，而忽视了学生听的能力的培养。因此，在教学中只有将听说能力相结合才是行之有效的学习方法。在教学中笔者常常会听到学生这样的抱怨："我听了好多遍，怎么还是听不明白？""怎么听不清楚呢？""我怎么一句都听不对呀！"等等。笔者认为，小学生英语听说能力的培养和提高务必要从低年级开始，让学生从小养成良好的听说习惯，为高年级的英语学习奠定一个坚实的基础。同时，教师本身也要从多个渠道引导学生，逐渐提高学生的听说能力。为此，笔者结合多年的教学经验，谈谈如何培养学生的听说能力。

一、激发学生听说英语的兴趣

没有兴趣的学习，只会使学生感到厌烦，有听没说，英语学习也就成了哑巴英语。小学生自我控制能力和领悟能力都比较弱，只有激发起他们听说的好奇心，才会使英语教学收到良好的效果。

笔者任教低年级英语课程和高年级课程多年，在多年的教学过程中逐渐摸索出一些培养学生听说的能力的方法。首先，课堂上教师应尽量挑选比较生动有趣、有情境的课文作为听说的训练材料。《儿童英语》（广东版）这套教材就是极好的材料，图文并茂，非常适合低年级的英语学习。教材的主题内容由诗歌、歌曲和故事三个主要部分组成，符合学生的年龄特征。笔者是这样做的：在学习诗歌、故事时，开始屏幕上只出现画面和声音，不显示内容，以此来吸引学生的注意力，让学生连续听两次，然后就试着让学生一句一句地模仿。在模仿的环节设置奖励，谁的语音、语调、神态、动作模仿得最像，就奖励谁小红星。例如，《儿童英语》第一册第二课的诗歌内容是这样的：Who is he? Who is he? Who is sitting up the tree? Who is he? Who is he? He's my friend the big monkey.这样的句子对于一年级学生来说听说起来是有一定的难度。教师不能心急，要反复播放句子，尽量让学生通过听把句子讲出来，在训练听的基础上鼓励学生大胆开口表达。这样反复几次，学生根据画面就能猜出大概的意思，通过老师身体语言的提示理解整个句子的含义。当大部分学生能够跟读时，教师可将字幕呈现在画面中，再让学生一句一句地学习就容易多了。每当学生在听说的过程中积极参与时，笔者都会给予学生及时的肯定，学习行为得到肯定，学生一下子就能兴奋起来，会争先恐后地举手。这样反复听读，不断模仿，一堂课下来不仅完成了教学目标，而且把学生的积极性调动起来了，让他们感到学英语并不是一件很难的事。除此之外，上课前，笔者会布置学生准备讲出一个句子（低年级）或一段话（高年级），让学生上讲台，把自己准备好的一个句子（低年级）或一段话（高年级）说给全班同学听，这样既可以锻炼学生的胆量，又可以作为一项听力练习。为了检查学生是否用心去听，老师提出几个简短的问题，让班里学生回答，并用心记其中的内容，坚持这种类似的训练，学生一定会对此产生浓厚兴趣，久而久之，必能提高学生的英语听说能力。

二、持之以恒，循序渐进

听说能力的培养和训练要遵循由浅入深、由易到难、由慢到快、循序渐进的原则，有目的、有计划、有步骤地进行。

1. 听辨字母及单词

在《Friends with English》（《开心学英语》，广东版）这套教材中，每个单元都设有Sounds and words环节，课堂中在学习单词、字母教学时，要求听辨的字母、单词大多听起来相似或只有长短音的区别。在课堂教学中，教师应对此进行有意识地比较，找出差异，让学生在平时的训练中明确这些差异，掌握规律。例如，在《开心学英语》（广东版）第一册教材（三年级起始）中，如b—d, i—y, g—j, a—e, m—n, p—b, ee—ea, ow—ou等字母及字母组合的读音，通过听读，教会学生观察老师的口型。在训练学生的单词认读时，不必拿音标作为学习的主要手段，而是在听读的学习过程中，选择一些音、形接近的词，对学生进行重点训练。例如，goat—coat, cook—book—look, hat—cat, bear—pear等相近单词的读音，每次上课前笔者都要求学生在家预习这个环节10分钟，次日在课堂上抽查学生的读音，然后在课堂上集体学习，将学生不太准确的发音纠正过来，达到听说训练并进的目的，持之以恒，保质保量，打好听说基础。

2. 根据情境做出正确的回应

在英语学习中培养学生听说能力的方法之一，就是让学生就所听到的句子、对话根据情境做出正确的回应。在小学英语学习检测中，听说部分三年级占50%，四年级40%，五六年级占30%，可见在学习英语时听说是多么重要。英语的听说学习不是孤立的句子的学习，而是在情境中让学生懂得理解所听材料。首先要让学生熟悉所听材料内容，做到心中有数；听说前要强调听清关键词，如what, why, who, whose, where, which, how等。通过听材料选出合适的对应的句子，也是培养学生听读理解能力的一种手段。例如，Hello, Tony. Hello, Jenny. Where are you going this Sunday morning? A. To the park. B. At seven. C. I'm playing. 只有听明白where，才能选出正确的答语A。Look at the picture. Who's he? A. He's Tony. B. It's a dog. 只要听明白who，就能选出正确的答语A。Excuse me. What time is it? A. It's five o'clock. B. It's a clock. 只要听明白What time表示时间，就能选出A。当然学生在学习这些情境时，老师能够提供相应的图画就更加直观地帮助学生理解和学习了。如果老师可以将其中的一个情境让学生进行课堂表演，效果就更好了。同时教师在课堂中要努力营造一种愉快、持久的英语语言氛围，引导、鼓励学生去听去思考，渐渐培养其外语思维能力。长期在语言氛围中，才能达到耳濡目染、潜移默化的影响效果。因而笔者布置学生的作业不再是抄写单词、句子，而是每学一个单元，都让学生利用课余时间用英语设计本单元的手抄报、组织学生制作英文卡片、举行班级英语课本剧表演比赛等。

三、学唱英文歌曲，培养英语听说能力

在《Friends with English》（《开心学英语》广东版）这套教材中，每个单元都设有Song or chant这个环节，歌曲旋律优美能给人带来美的享受，儿歌朗朗上口更符合小学生的认知记忆特点，英文歌曲在英语课程中的插入，是一种以学生互动为前提的有效地提高学生英语听说能力的教学策略。英文歌曲通过音乐和语言来表达情感和反映社会生活和文化，听懂歌词，理解歌词中表达的意思和情感，同时了解歌曲的文化背景，是培养听力理解能力的很好而且有效的方法之一。在英语教学中，笔者把英文歌曲作为练习听写的材料，收到了很好的效果。例如，在Song activity这个环节中，通过听歌曲然后进行歌曲表演。兴趣是学生学习英语，提高学习注意力的动力，将学生的注意力充分调动起来之后就可以根据所听到的内容，完成Listen and write这个练习，从而又创造出新的英文歌曲。在创设音乐的轻松的环境中，听写不再只是乏味的被动学习。对歌曲的兴趣会激发学生学习语言的动力，强化记忆。好的听写结果，会使学生产生学习的成就感，增强其学习语言的兴趣和信心。这一点在英语基础较差的学生身上体现得尤其明显。这些学生以往由于基础较差，在学习英语的过程中往往不能理解所学内容，容易产生厌学情绪，导致上课精力不够集中。由于笔者优化了Song or chant这个环节的学习方法，将新单词替换歌曲或儿歌中的内容，使得英文歌曲或儿歌可以很好地辅助英语，巩固所学单词和句子。全班学生都主动参与进来，使得他们的课堂表现有较大的转变：他们变得乐于学习英语，愿意参与到与英语有关的活动中来。

四、听、说、写、画相结合提高英语听说能力

听写句子或短文也是训练学生听说能力的好方法，老师要鼓励学生在写之前进行口头复述，并将所复述的内容以图画的形式呈现出来，即用听、说、写、画相结合的方式锻炼学生的记忆力。听写和画画的内容可以是单词、句子或短文等。比如，在四年级教材中，在学习I like...这个句型时，首先笔者提问学生：What do you like doing? 学生纷纷回答：I like playing video games/listening to music/watching TV/reading comic books/playing cards/making models等等。接着笔者要求学生及时画出自己喜欢的活动，并且用"I like doing..."写出来，做到图文并茂。老师提供的听写材料一定要从学生实际学习水平出发，不可出现生僻词。每周笔者都要训练学生单词和句子的听

说能力，刚开始时学生会感到很吃力，尤其是句子，总是不能完整地听写下来，然而随着长时间反复地练习，学生基本完成了从单词到句子的听写，慢慢地学生的听句能力有了很大提高，为听说短文学习打下了坚实的基础。短文理解是在听完一段录音材料后，根据短文的内容画一幅情景图，这类练习在高年级较多。比如，在学习on，under，in，beside，behind，in front of，between，near等方位词后，笔者以 My bedroom 为题，通过听短文让学生画出 My bedroom，看学生是否能准确地将所听到的短文以图画的形式呈现出来，最后让学生根据自己画的My bedroom再次将所听到的短文复述出来，这样的训练对学生听说能力的培养有很大的帮助。同时笔者在进行课文教学时，先让学生听课文录音，然后让他们复述课文主要内容。复述时将关键词写在黑板上或借助辅助手段，如挂图、投影、手势等，以强化效果，降低难度。一篇短文通过这样的方法进行听说训练，久而久之，学生的听说能力有了提高，畏难情绪也减少了。

五、学会联想说英语

英语听说与数学一样，联想逻辑的训练是很重要的一环。会联想，也就会摸索出一些规律。例如，在学习《开心学英语》第三册第八课时，笔者就采取"联想下一步"的方法来训练学生的听力。笔者告诉学生，本课有三个人物（Tony，Jenny，Gogo），当听到"Jenny's kite is in the tree."时，笔者按下暂停键，让学生联想Jenny下一步该干什么。有学生说："Go home."（回家）。有的学生说："Tony can help her."有的说："Jenny can climb the tree."（Jenny爬上树）笔者马上肯定了学生的各种猜想，并让他们继续听下去。当听到"Tony can't climb down"时（Tony把风筝拿下来后，自己却下不来）"，笔者又问："Who can help him？Guess."这时学生齐声说："Gogo"。笔者继续放录音，最后一句便是，Go go says："Don't worry. I can help you."听到这儿，学生都兴奋地笑了起来。这节课着重训练学生的听力技巧，强调了联想的重要性，不仅训练了学生的听力，同时也有意识地让学生发挥自己的想象力，敢于开口说英语。

六、配音教学有助于培养学生的听说能力

运用多媒体教学设备，教师可以从课本出发补充大量相关资料增加大量的练习。动画片是学生的最爱，而生动有趣的英文动画片有助于学生英语听读能力的培养。笔者依据学生爱看动画片这一心理特点，把握他们的情感需求，适时地将动画片融入英语课堂教学中，使学生在语言与视觉的感受中得到乐趣，《Toys》（《玩具总动员》）这部动画片高年级学生特别爱看，上课时笔者会选出其中的一段让学生反复欣赏，反复听读，特别鼓励学生进行语言动作模仿，在此基础上关注学生的语音语调，采用这种手段学习效果极好。对于中年级学生，笔者就把《the Snow White》（《白雪公主和七个小矮人》）或《The Lion King》（《狮子王》）引入课堂，一二年级的学生就截取《Bambi》（《小鹿斑比》）的片段，积极鼓励学生大胆听说。这种给学生创造听原汁原味的英语和开口说英语的机会，大大提高了学生听说的能力，深受学生喜爱。

笔者在平时课堂上很注重以学生为中心，使用日常用语和课堂会话组织教学。因为经常反复的课堂用语、日常会话训练，会使学生的听说能力大大提高，为英语交际能力的培养打下良好的基础。一句"Good morning, boys and girls." "Please sit down." "Look at the blackboard." "Say after me." 等等看似简单，但对低年级的学生并非是很容易的事。所以教师课堂上经常应用，时间一长，低年级的小学生对最基本的日常用语听多了，耳熟了，自然就能更快地融入课堂学习。在中高年级阶段的课堂上，笔者尽量用英语谈论与课文主要内容相关的话题，在课堂上设计一些自由讨论环节，让学生分组互助合作，使学生能够充分利用所学语言知识进行交流。在交流过程中，不苛求每一词、每一句都准确无误，只要能达到交流的目的即可。每次单元学习后笔者都要求学生以小组的形式对重点句型进行情境表演，给学生补充10句左右常用的英语口语短句，并让他们课后两三个或三四个同学一组，用这些短句创设情境编成对话，以达到灵活运用的目的，让学生完全进入某种场景，扮演某种角色进行学习和练习。在这种环境中，学生可以不受拘束地运用特定语言进行特定场合的交际，甚至可以进行发挥和创造。

学生在情境对话中学到的东西在遇到其他相同或相似的场合时，就会不假思索地脱口而出。更重要的是，通过情境对话学习英语，可以同时从听、触、视觉中获得信息，从而建立一种轻松、和谐的课堂交际氛围，激发学生大胆开口讲英语的动力，给学生创造多听英语、听懂英语的环境。我们知道，学生不仅仅在学校进行英语听说的培养和训练，而在家里培养听说英语的习惯同样非常重要。于是，笔者设计了英语听读反馈表供学生在家学习英语，尽量做到每天都听说英语，家长做好孩子的听读监督工作，然后填写表格，每周上交一次。笔者进行批阅评价，及时了解学生在家的学习情况，表扬在家里听说任务完成较好的学生，也提醒听说比较少的学生，做到家校相长，校里校外都要关注学生的听说情况，努力让学生养成坚持听读英语的好习惯。

英语口语听读反馈表

次\周	1					2					3					4				
	听读内容	完成情况	家长签名	完成日期	备注	听读内容	完成情况	家长签名	完成日期	备注	听读内容	完成情况	家长签名	完成日期	备注	听读内容	完成情况	家长签名	完成日期	备注
1	听/读/背/默					听/读/背/默					听/读/背/默					听/读/背/默				
2	听/读/背/默					听/读/背/默					听/读/背/默					听/读/背/默				
3	听/读/背/默					听/读/背/默					听/读/背/默					听/读/背/默				
4	听/读/背/默					听/读/背/默					听/读/背/默					听/读/背/默				
5	听/读/背/默					听/读/背/默					听/读/背/默					听/读/背/默				
6	听/读/背/默					听/读/背/默					听/读/背/默					听/读/背/默				
7	听/读/背/默					听/读/背/默					听/读/背/默					听/读/背/默				
8	听/读/背/默					听/读/背/默					听/读/背/默					听/读/背/默				
9	听/读/背/默					听/读/背/默					听/读/背/默					听/读/背/默				

周\次	1 听说内容	完成情况	家长签名	完成日期	备注	2 听说内容	完成情况	家长签名	完成日期	备注	3 听说内容	完成情况	家长签名	完成日期	备注	4 听说内容	完成情况	家长签名	完成日期	备注
10	听/读/背/默					听/读/背/默					听/读/背/默					听/读/背/默				
11	听/读/背/默					听/读/背/默					听/读/背/默					听/读/背/默				
12	听/读/背/默					听/读/背/默					听/读/背/默					听/读/背/默				
13	听/读/背/默					听/读/背/默					听/读/背/默					听/读/背/默				
14	听/读/背/默					听/读/背/默					听/读/背/默					听/读/背/默				
15	听/读/背/默					听/读/背/默					听/读/背/默					听/读/背/默				
16	听/读/背/默					听/读/背/默					听/读/背/默					听/读/背/默				
17	听/读/背/默					听/读/背/默					听/读/背/默					听/读/背/默				
18	听/读/背/默					听/读/背/默					听/读/背/默					听/读/背/默				
19	听/读/背/默					听/读/背/默					听/读/背/默					听/读/背/默				

总而言之，英语教学中听和说的能力培养是不可分割的，应当将二者有机地结合起来，边听边说，边问边答。要摒弃那种以传授知识为主、忽略学生语言交际能力的培养的做法，从根本上更新教学观念，采用多样化的教学方法激励学生主动听说，充分发挥其主体性和创造性，从而提高学生听说能力，达到全面发展学生整体英语水平的教学目的。

就这样，我一步一步在教学中深入，不断进行总结，在教学之余会拿起笔记录教学感悟、教育教学故事及写作相关教学论文。从事小学教学工作以来我写了几十篇相关的文章，写出了自己在教学中遇到的困惑，总结出自己教学中的不足和收获，通过写文章让自己在教学中更加有想法，在查阅资料时让自己了解到更多。

📖 参考文献

［1］黄源深.21世纪的复合型英语人才［J］.外语界，2001（1）.

［2］刘海亮.万锁 交际能力与口语教学［J］.外语与外语教学，1998（8）.

［3］邓炎昌、刘润清.Language and Culture语言与文化——英汉语言文化对比［M］.北京：外语教学与研究出版，1994.

（此文荣获香洲区优秀教育教学论文一等奖，全国优秀教学论文一等奖）

我在支教路上等你

时间过得太快，一晃在小学课堂辗转了23年，我从一名中学教师成功转型为小学教师。面对天真无邪的孩子，每天的生活都充满了欢声笑语。珠海优秀的教育资源让热爱教育事业的人们更加努力、更加敬业，做好自己的这份工作，优越舒适的环境让我们在每天忙碌充实的生活中感到幸福，感恩自己拥有的一切。2014年2月，广东省珠海对口帮扶阳江，我决定去阳江支教。在阳江支教的那一年我收获多多，那里的人、那里的孩子、那里的学校成为我一生珍贵的回忆，给了我最宝贵的财富。2014年，我的生命因支教而精彩。

现在，我依然清晰地记得去广东省阳江市支教的日子。那一天是2014年2月17日，从那天开始一年的支教生活让我更加敬畏自己的职业，更加努力地做好一个优秀教师该做的事情。在阳江支教的那些日子，常常在我的记忆里翻滚，涌上心头……这段经历是我教学生涯中不可分割的一个部分，它让我成长得更快，让我变得更优秀。

中篇 支教篇

离别时的嘱托

2014年2月14日，还没有开学，我接到珠海市香洲区教育局人事部的电话：17日早上8点钟在珠海市体育场集合乘车去阳江。我开心极了，我想去支教的心愿终于实现了。刚放下电话，我们七小的布虹校长就打电话过来，在电话中她语重心长地对我说："汪老师，你放心去吧，学校英语科组的事情我会安排好的。在阳江遇到什么困难，需要学校做什么，你一定要告诉我，我们就是你坚强的后盾，在外照顾好自己，也不要忘记自己是七小人，做最好的自己，不给他人添麻烦。"

带着校长的关爱和谆谆教诲，2月17日我和50名支教的教师一起踏上了支教的路……18日下午，我们来到阳江市实验小学，一同分到这所学校的还有香洲区一小和十一小的彭馨怡老师、邓国燕老师。我开心极了，因为在这里我和我的两个小伙伴将要开始崭新的支教生活了。阳江市实验小学陈国媛校长首先给我们介绍了学校的基本情况，然后对我说："汪老师你来接三年级（7）班的英语课，这个班学生在年级中成绩排名是倒数的，你可要做好心理准备哦。"真是这样吗？我心里开始打鼓……

可爱的熊孩子们

　　阳江的孩子究竟是怎样的我心里没有底，带着好奇、疑惑各种情绪我走进了三年级（7）班这个大家庭。当我一开始用英语介绍自己的时候，所有的孩子都惊呆了，他们睁大眼睛，张大嘴巴看着我。我以为是自己第一天的新鲜感让孩子们对我产生了兴趣，才会有如此的表情，心里不由得生出一点儿小开心：怎么样，珠海来的老师是和阳江的老师不同吧？这时，我看着花名册点出一个孩子的名字，他站起来依然是那样，张着嘴瞪着眼，很快又耷拉着脑袋小声地说："老师您刚才说的英语我听不懂。"我立刻将目光转向全体学生，带着疑问说："你们真的听不懂吗？"孩子们异口同声地说是的。我刚刚生出的小开心一下子消失得无影无踪。因为我只是用简单的英语介绍自己，在珠海我的学生一定能听懂。阳江的第一课真的让我对今后在这里的教学进行了深刻的思考：怎样让孩子们能够提高他们的英语听读能力才是我教学努力的方向。了解到这一切，我依然继续用英语和他们对话，也许他们今天听不懂，但是我相信有一天他们一定能懂。

图1　阳江市江城区实验学校授课

　　我开始制订自己的课堂教学计划，怎样让孩子很快能和自己有课堂上的互动是首要任务。于是，我首先进行了班级调查，看看学生平时听读英语大约有多长时间，学生对英语学习的兴趣有多大。三年级的学生听读的习惯培养和学习英语的兴趣是非常重要的。经过调查，我发现，班级67人只有很少一部分学生回家进行英语的听读，上课外英语辅导班的学生少之又少。我也了解到学生学习英语的困惑。让学生学好英语的主要渠道就是课堂教学。于是我立刻制订出适合班级学习的教学计划、教学目标及教学手段，让珠海教师的光和热照亮阳江这片热土，让珠海先进的教学理念在阳江的课堂上生根开花。就这样，我开启了阳江珠海式的课堂理念、课堂教学。

　　每节课我都首先进行那一段自我介绍，内容完全相同。（Hello, kids. I'm your new English teacher. I come from Zhuhai.You can call me Miss Wang. Yangjiang is a beautiful city. I like it very much. Zhuhai is a beautiful city, too. Welcome to Zhuhai someday.）时间真是最好的检验机，不到一个星期很多学生都明白了老师在说什么。课堂中我不管学生是否能听懂我说的话，都用简单的课堂用语进行教学。三年级的学生都是八九岁的孩子，正是学语言最好的时候，他们的模仿力也是最佳的。要让学生对英语感兴趣就要采用符合这个年龄段学生特点的教学方法，让学生慢慢适应自己的课堂教学，儿歌和游戏成了我课堂采用的主要手段。刚开始的时候，我发现好多学生课堂表现出非常羞涩的模样，不敢大声开口，不敢积极举手回答问题表现自己，于是我就采用游戏的手段激励学生参与到课堂学习中来。当时，教室里除了一台录音机之外，没有投影仪、没有电脑，如果老师照本宣科进行教学估计不会引起学生太大的兴趣。那么如何让学生对自己的课堂产生兴趣呢？首先要学会利用现有的教学环境创设真实的、有意思的情境让学生投入进来，比如，在学习"My family"这个单元时，因为没有投影仪，我拿出手机走到每个学生的跟前让他们看看我儿子小时候我们全家的大合照，之后我就让他们猜这是谁的照片。当他们看到年轻的我时，愣了一下随后一下子大叫起来，喊出了我的名字。这个时候，我顺势将本单元的重点句子"This is Miss Wang's family"板书在黑板上，同时指着照片让学生跟读。接着，我拿着照片继续"This is Miss Wang. This is my son. This is my baby's father（避免生僻词husband）. I love my family."为了让学生读起来顺口，记忆深刻，我随口将所学的句子以儿歌的形式呈现出来。以上介绍就改为：Miss Wang, Miss Wang, This is Miss Wang. My son, my son, this is my son. Father, father, this is my baby's father. Family, family, I love my family. 一下子课堂气氛就活跃起来，把枯燥的句子变成了随口而出的儿歌，既押韵又上口，学生很快就记住了。那么，如何将这个介绍变成学生自己的家庭介绍呢？我让学生将自己家的家庭照用最简单的方式呈现出来。比如，可以用圈圈、方框等图形代表人物，也可以用简笔画，还可以用单词替代人物，目的就是让学生能够用最简单的方法生成"照片"完成自我介绍。学生一下子活跃起来，彩笔、直尺等学具一下子有了用武之地，很快在我规定的时间内学生基本上完成了"照片"，开始尝试着My family的介绍。出乎我意料的是，学生没有局限于三个人（爸爸、妈妈和自己），出现了爷爷奶奶、叔叔姑姑等人物，这些词汇正是我们课堂要学习的其他重点词汇。通过学生的画引出了这些词汇的学习，更加接近学生真实的生活和交际，让课堂学习变得更加有意义。我们将所有的句子写在黑板上，并用儿歌的形式进行巩固和加强。虽然没有现代化的技术手段，但我们的课堂仍然激发了学生学习的热情和浓厚的兴趣。就这样，每节课我都在课前预设如何让学生积极参与课堂学习，让他们动起来、说起来、开心起来。

　　一转眼和三（7）班的孩子相处两个多月了，我仍然不能全部叫出67个孩子的名字，可见了面就能准确"对号入位"。学生的纯真可爱已经深深地烙进我的脑海里。有一天早上来到学校，我的办公桌上有一本作业本，里面夹着张小纸条：汪老师，你是不是一直教我们啊？落款：敖嘉惠。这时，我才想起这个学生的模样：大大的眼睛，齐耳的"妹妹头"。下课后我把她叫到我的办公室，问她怎么会想起这个问题。她看着我然后说："老师我现在最喜欢英语课了，每天妈妈都让我听半个小时的英语，我一点儿都不觉得烦。""是吗？你真是太棒了，下周你争取当领读员吧，一定能读得更好……""老师，你能不能一直教我们英语啊，你回珠海，我也跟你走，在珠海上学，我小姨也在珠海。"看她很认真的样子，我不知说什么好，晚上我看到她妈妈在校讯通上的留言，原来嘉慧以前在家英语几乎没有听过，自从我接手这个班，她的劲头可足了。看到留言，我心里泛起一种莫名的幸福。一下子我的眼前又晃起来那个班里最让人头疼的"寸头"（头发留一小撮）张瑞德。这个孩子几乎什么科都不喜欢学，课后他总是喜欢来我办公室在我面前晃一晃，然后又跑开。有一次我忍不住了，就开玩笑地对他说："德瑞，你的发型好酷哦（头中央理个桃心的造型），是不是今天的作业完成了想让老师表扬你？"因为他总是不交各科作业，当然包括英语。"老师，大家都说我是懒虫，我英语学得也很烂，可我现在就是喜欢上英语课。"这时，一群"小鸟"叽叽喳喳飞在我的身边，"老师，你怎么不凶？老师，你好温柔哦。""老师，英语课游戏真好玩啊。""老师我上课举手你一定要叫我啊。"……短短的两个多月，我在英语教学中生动有趣、寓教于乐的课堂教学模式深受孩子们喜爱，原本在年级中英语成绩排名最差的班级，在全校公开课中孩子们自信、快乐大胆的表现让所有老师刮目相看，期中考试成绩也和其他班大大缩小了差距。"老师，您不走好吗？"孩子们嫩稚的话是对我教学工作最大的肯定。谁知风云突变，本学期的最后一个月，因为一个英语教师临时有其他工作，校长决定让我放手三年级急救五年级，我抗争了但是没有用，好不容易和孩子们混熟了，现在却要"抛弃"他们，我心里很不是滋味。当时的情景我记得很清楚，经过我的抗争，学校答应我结束正在学习的单元后去五年级。我拿着试卷来到班级讲评完，就要下课了，我鼓起勇气对学生说："对不起，老师下周起要教五年级了，你们要听新老师的话哦。"那一刻我觉得时间很长，可能是消息太突然，原本闹腾的课堂一下子鸦雀无声。后来，我常常看到那帮熊孩子课间在五年级（1）班的教室外逗留的小脑袋。六一儿童节那天我回到办公室，我的桌上堆放着一些蛋糕、棒棒糖、苹果、果冻等小礼物。我的眼睛湿润了，这份爱一直在我心里涌动，让我常常想起那一张张可爱的小脸。

图2　小小的奖励也是那么开心

图3　离别前的快乐合影

2014年9月份，我因为工作的需要，和另外两位教师从实验小学转战来到阳江市江城区第九小学。我开始结识新的小朋友——四（4）班的64位小朋友。我感谢英语这门学科，孩子们和我在学中玩，玩中学，让我在短短的一个学期又收获了一份珍贵的友谊。这里的学生都讲阳江话，有时在上课的时候也会不由自主地冒出几句阳江话。有一天下课我就对他们说："孩子们，你们知道吗，老师不会说听不懂阳江话，可是阳江话从你们的嘴里讲出真的好好听哦。"于是我和孩子们有了一个约定，课堂上他们要认真学习英语，课后他们要教我阳江话。"老师，那我以后教你说阳江话。""老师，你想学吗？""老师，我每天下课都教你。"没想到我的一句赞扬、一个约定竟然让孩子们争先恐后地成了我的小老师。下课铃声一响，孩子们就把我围起来，你一言我一语从我身边的事物教起：英语书、粉笔擦、电脑、汪文华、辅导书等，太多的词汇和句子。"老师，我上次教你的阳江话还记得吗？""老师，不对不对，是这样说的……"我的阳江话不时惹得孩子们哈哈大笑，我顿时感觉自己也变成了小孩子，然后我牵着他们的手一边离开教室一边蹩脚地学着阳江话。我们穿过学校里摆放摩托车的廊道，这时一幅画面出现在我们的眼前。于是我回过头，大声对他们说："My dear kids. Have you seen the film, The Sound of Music？ I'm that teacher. You're the naughty kids.（孩子们，你们看过《音乐之声》吗？我现在就是《音乐之声》里的女老师，你们就是那帮可爱的小淘气。）"

生活就是这样，每天都充满欢笑、快乐，简简单单，即使没有现代化的教学设备我们依然能够快乐地教学，开心地学习。孩子们的纯朴让我一下子感觉时间过得太快，看着他们对英语的兴趣越来越高，我才意识到让学生真正喜欢上自己是一件多么幸福的事情，这才是我来阳江的意义、我存在的价值。

随着学期末的临近，我心中千头万绪，我可爱的小老师们。我真舍不得离开你们。圣诞节那天，我收到了孩子们自己制作的贺卡和祝福：汪老师，你（我）太喜欢你了，过年我去珠海看你；汪老师，我会想你的，祝你圣诞快乐，家庭幸福；祝汪老师永远快乐，身体健康；我是从美国来的圣诞老人送给汪老师的礼物；老师，你好可爱好善良，我喜欢你；老师，这是我送你的红绳，你戴在手腕上吉祥……读着孩子们送的卡片、画的图画，只言片语，虽然还有些错别字，可我都懂，也许他们也意识到我就要离开阳江了。那些留恋伤感的话让我久久说不出话来，我紧紧搂着身边的孩子，不停地说着谢谢，泪水在我眼里打转。我用手机拍下我们相聚的瞬间，带着孩子们的爱和祝福，一起前行。

图4　阳江江城区第九小学授课

图5　与孩子们课间嬉戏

图6　孩子为我戴上吉祥的红绳

一面之缘的孩子们

2014—2015年，我们区到阳江支教的教师在指挥部的领导下，全面展开帮扶工作，我非常有幸成为珠海名师巡讲团的一分子。我们接到任务要送课到阳春、阳东、阳西、平岗等地和那里的孩子进行亲密的接触。由于大家准备充分，认真备课，每到一处我们都受到了当地教师的好评、学生的喜爱。

记得在阳春合水中心小学，孩子们一双双欣喜的眼睛一直在我眼前晃，当他们听说珠海老师要来上课时，开心极了。那天我去见学生，等我走后本校的英语教师陈老师在电话里告诉我说："汪老师，真是太奇怪了，我的学生只见了您一面，他们就开始喜欢您了，他们很期待您的课啊。太羡慕您了。"听到电话里陈老师的话，我很感动，告诉自己一定不能让孩子们失望。过了两天我们来到阳春合水小学，我一走进教室，就听到孩子们响亮的声音："汪老师好！"那节课后，一群孩子围着我，天真地说："老师，明天你还来给我们上课吗？""老师，英语课真有趣啊。"看到孩子们留恋的眼神，我一边安慰着他们，一边故作平静地说："如果有机会老师一定会来再给你们上课的。"我们的巡讲接受了《阳江日报》记者的采访，当时，《阳江日报》这样定义我们的送课：

基层老师体验教学新模式

头脑风暴单词竞猜、角色扮演口语锻炼、跟唱歌曲玩小游戏、展示照片介绍家人……在阳春市合水镇中心小学，珠海市香洲区第七小学英语教师汪文华给孩子们带来了趣味盎然的英语课，寓教于乐的教学方式得到了孩子们的热烈回应。这是珠海名师课堂阳江巡讲系列活动的第二站。阳春市合水镇、马水镇、岗美镇等乡镇的230余名教师前来听课并交流了教学心得。珠海对口帮扶阳江指挥部办公室和珠海名师巡讲团还向合水镇中心小学赠送了价值1万多元的教学资料和书籍。

在随后举行的教学研讨交流会上，听课教师纷纷表示，名师生动的教学内容、新颖的教学理念、先进的教学方式让自己受益匪浅。合水镇中心小学平山校区的冯金玲老师感慨，示范课上课教师教态自然，教学方式多样，让人大开眼界。未来三年，珠海名师巡讲团将会把珠海名师优质课堂送到阳江市的各乡镇，向基层乡镇学校的师生讲授和展示教学新理念、新模式。

图1　接受阳江市电视台记者采访

12月14日，我们又去了阳西镇中心小学。阳西是个很美的地方，这里有又肥又鲜的蚝，阳西的孩子非常纯朴。上课，赠书，研讨交流，在这里你能感受到作为一个老师真正的魅力和影响。天气非常冷，可我们巡讲团每个人的心里却异常温暖，因为我们的付出得到了大家的认可，我们的热情与真诚传递给了现场的每一个人！课堂上，孩子们完全被我带进了知识的乐园，快乐地享受着英语课的乐趣。课后很久，校门外老远就听到有人喊"Miss Wang（汪老师）"。我以为发生什么事了，走近一看，原来是几个孩子，我就问："孩子们，大家都放学了，你们怎么还不回家，你们在这儿干什么呀？""老师，我们在等你呀。"原来放学后他们看我还没有离开学校，就一直站在校门口等我。当时的场景令我非常感动，那天天很冷很冷，可可爱的孩子们就在寒风中一直等着我，就是想再看看我，此情此景也感动了其他老师，摄影师王老师为我们留下了珍贵的合影。也许我再也没有机会看到这群纯真可爱的孩子了，然而就是这样的一面之缘，那眼神，那期盼永远定格在我的记忆里，让我终生难忘，让我的支教生涯更加精彩，不平凡。再见，阳西镇中心小学的孩子们，我会想你们的，你们是我2014年生活中最美的一段插曲。

当时我在自己的备忘录里记录下这样一段文字：作为一名普普通通奋斗在教育第一线的教师，看到学生在自己的课堂上开心快乐的样子，看到他们课堂上充满自信、跃跃欲试的样子，课后听课老师对你竖起大拇指的样子，所有的辛苦付出都是值得的！

图2　与可爱纯朴的小迷妹们合影

做最好的自己

作为珠海市香洲区学科带头人、省课题主持人，作为支教的老师，帮扶传带是我们的职责和义务。在支教的学校里我主动为老师们上示范课，并且带徒传经，让青年教师在展示课上大显身手，受到老师们的好评。作为支教老师我们不仅传授专业知识，上好自己的课，而且进行了全方位的帮扶，让阳江的老师感受到珠海老师带给他们的真诚的帮助。我们的帮扶不仅体现在课堂上更体现在课外的交流学习上。当时我用自己的笔记录了我们留下的足迹：

2014年3月，为了成功举办阳江市江城区全区家长现场会，我和一同支教的彭馨怡老师、邓国燕老师一起认真反复听梁云霄老师的公开课，出谋划策，使活动效果突出，得到大家的一致好评。

4月25日，我将自己珠海工作室的名师团队请到阳江市，为那里的老师上了研讨课，做了讲座，我自己主持了这次活动。本次活动影响深远，受到与会教师和领导的高度赞扬。

5月21日，我与江城区的教研员一起将各校的骨干教师组织到珠海听课，为珠海、阳江两地的老师架起互动学习、交流的桥梁，再次让老师们受益匪浅。作为一名支教老师，我为两地教育事业的交流发展做出了自己应有的贡献。

6月20日，我接到实验小学办学特色汇报的任务，于是加班加点连续两个晚上赶做汇报的课件。24日我作为实验小学的行政代表之一参加了这次江城区办学特色交流展示会。所展示的课件为汇报锦上添花，我的辛勤付出也得到了同事及领导的一致认可，令人欣慰！

10月份，我再次将江城区教研室、江城九小、十三小的老师们带到珠海自己所在的学校——香洲七小，让阳江的老师们感受珠海课堂教学的魅力。

12月12日，应江城区教研中心之邀，我又为阳江市区英语教师上了一节示范课，得到了大家高度的评价。教研中心的肖美华主任课后拉着我的手对我说："汪老师，你的课是有灵魂的课！"江城九小关小雄校长晚上特意打电话给我，对我说："汪老师，这节课上得太好了，很久没有听到这样的英语课了。"她也知道我感冒一直未好，每天不停地嘘寒问暖，像一个热心大姐姐那样关心着我，这份留在心底的温暖真的无以言表。听着他们的话，作为老师，我还有什么不满足的呢？也许我们不能在经济上对他们有什么帮助，但我们却可以在一起分享不同的教学理念、教学思路。课堂是每位老师的大舞台，愿我们在此绽放……

　　2014—2015年的支教生活让我收获满满，当我们结束这段行程将要返回美丽的珠海时，我心里骤然涌起百般滋味，千般不舍这块支教的热土，带着不舍的心离开了给我许多快乐的小伙伴和团队。大家在阳江的这块热土上相互关怀，辛苦付出，快乐相随，支教这笔宝贵的财富让我终身受益。如果有机会我还会义无反顾地选择踏上支教的路，去找寻下一个生命的支点。

我的团队我的伙伴

让自己一直拥有一颗年轻、积极向上、乐观的心，让自己一直奔走在学习的路上，是何等幸福、何等快乐。2015年，经过竞选我很荣幸成为珠海市首届教师工作室主持人和香洲区第二届名师工作室主持人。有了自己的工作室我就能和一群有理想、有魄力、志同道合的老师一起行走，聚集一群喜欢教育的老师，更好地服务于小学英语课堂教学，努力让我们的课堂更精彩、更有魅力。

汪文华小学英语教师工作室筹建初期，得到教育科研培训中心的刘庆珍老师和香洲区第七小学布虹校长的大力扶持，她俩作为工作室的顾问，从专业方面和精神方面给予工作室莫大的指引和帮助。顾问刘庆珍老师了解到我的困惑和内心的感受时，给了我非常细致地指导，如在工作室学员的选拔、工作室活动计划的拟订、工作室活动开展的方向等方面做了非常细致地指导。布虹校长亲切地对我说："汪老师，在工作室筹建的过程中遇到什么困难一定要告诉学校，我们会全力支持！"暖暖的话语、无穷的力量，她们对我的支持使我开阔了视野，放大了格局，让我无后顾之忧地筹建自己的工作室，让我的教学工作更上一个新台阶。工作室从筹备到现在经过三年的时间，这一路走来，有眼泪有欢笑，风风雨雨从未退缩，感恩身边支持我、帮助我和爱护我的所有人。

汪文华小学英语名师工作室成立

名师工作室由主持人、顾问、名师团队和学员组成。其中，工作室主持人1名、顾问1~2名，名师团队2~3名，学员10~15名。

一、名师（名师工作室团队成员）的选拔条件

（1）热爱教育事业，师德高尚，合作包容，在香洲区教育系统内具有较高的认同度，无任何违背师德师风要求的言行。

（2）具有特级教师、省名教师、市名教师、区名教师、区学科带头人称号之一，且现仍在学校教学一线工作的具有高级职称的教师。

（3）具有较强的专业引领、培训指导和组织协调能力和合作意识，对工作室研究领域和项目有较高的认同度。

（4）身体健康，能胜任工作，男教师年龄不超过57岁，女教师年龄不超过52岁。

（5）掌握现代教育技术，能够开设博客等网上交流平台。

二、工作室学员的选拔条件

（1）热爱教育事业，师德高尚，合作包容，无违背师德师风的言行。

（2）在香洲区所属公办、民办学校工作一年以上，大学本科以上学历。

（3）对工作室研究领域和项目有浓厚兴趣，能积极参加工作室的各项工作，能完成主持人安排的各项研究任务。

（4）熟练掌握现代教育技术，能够开设博客等网上交流平台。

汪文华小学英语名师工作室招募学员简章

一、工作室团队组成

1. 名师工作室顾问

刘庆珍（小学英语高级教师、珠海市名师、香洲区小学英语学科带头人、珠海市香洲区教育科研培训中心小学英语教研员）

布虹（珠海市香洲区第七小学校长、高级教师）

2. 名师工作室主持人

汪文华（珠海市名师、香洲区小学英语学科带头人、小学英语高级教师）

3. 名师工作室团队成员

杨翠莲（小学英语高级教师、香洲区第一届名师工作室主持人）

吴欣曈（香洲区小学英语学科带头人、小学英语一级教师）

简臻红（香洲区小学英语学科带头人、小学英语高级教师）

二、工作室工作思路

（一）项目主题

结合信息技术打造高效互动的小学英语课堂教学。

（二）目标任务

工作室将围绕市区小学英语名师工作室的总体目标，遵循优秀教师的成长规律，有效地推动名师工作室成员的专业成长，力争形成在市区内有较大影响的、具有引领和辐射作用的小学英语骨干教师群体。

1. 提升职业道德水平

通过参加工作室的系列培训，使工作室的团队成员树立正确的世界观、价值观，坚持爱岗敬业，具有较高的个人师德修养，能够积极投身小学英语教育教学科研工作，在小学英语教学方面有较高水平。

2. 优化专业知识结构

通过参加工作室的系列培训，促使自己和所带的团队成员不断更新和拓展专业知识，了解英语学科发展的前沿动态和新的研究成果。

3. 提炼个人的教育教学风格

通过参加工作室的系列培训，将先进的教育教学理念与具体的教育教学实际结合起来，通过听课、备课、上课、评课、教学反思一系列有效的教育教学活动，促使自己和所带的团队成员积极进行教学改革活动，提炼个人的教学风格和特点，通过开设公开课、讲座等加强工作室在香洲区的榜样示范力量，努力形成有效的英语课堂，提升教师的英语教学素养。

4. 提高教科研意识和能力

一个好的教师，不能仅满足于上好课，还应做教科研的参与者和组织者。通过培训帮助工作室成员确立教研课题，撰写论著论文，充分利用我校优良的粤教云平台，让工作室的成员在教育教学理念、方法上有更大的进步。要求工作室成员每年至少有1篇论文发表，在省、市新一轮的学术荣誉评比中能够再上一层楼。

（三）主要工作措施

1. 制订个人发展规划

工作室成员根据个人的实际情况，科学地制订本人的三年发展规划，明确今后自己专业发展的目标和步骤。

2. 强化教育理论学习

工作室主持人将向成员推荐小学英语教育教学优秀刊物，帮助工作室的成员提高自身的英语阅读水平，制订相应的读书计划，并充分体现在自己的课堂教学中。

3. 建立自己的名师工作室微信群和QQ群

通过网络传播和在线互动，建立名师工作室的微信群和QQ群，有效地使工作室成为动态的工作站、成果辐射源和资源的生成站，使工作室成员做到资源分享，切实地帮助每个成员成长。

4. 加强教育教学交流

定期集中开展教学实践研讨活动，同时集中进行读书、教学感悟各种研修的交流活动。

5. 开展各种专题研修

定期集中就各自对当前小学英语教学中的热点、难点问题进行课例研讨，举办评课沙龙等活动，形成一些解决问题的策略和方法。

6. 自主教学实践

组织工作室成员开展研讨课、交流课等活动。每位工作室成员每学期至少要有1节公开课或观摩课，或在工作室内，市、区内开设1次专题讲座。

7. 开展课题研究

工作室成员可以围绕主持人的课题，承担一个子课题研究，如"基于校园云环境下小学英语作业的自主设计研究"等类似课题，也可以在主持人的指导下自主立项课题进行研究，在教育类核心期刊发表1篇教育类论文，或在教育类公开刊物上发表学科教育类论文。

8. 外出观摩学习

有计划地安排工作室成员外出培训、观摩、考察学习，聘请知名教育专家学者担任工作室导师，进行指导。

9. 鼓励与成长

鼓励和支持工作室成员积极参加省、市、区级以上的各类教师素养比赛，提供更好的平台让青年教师成长历练，取得更好的成绩。

（四）工作规划

第一阶段：组建命名、学习提高阶段

略。

第二阶段：研究、培训、活动阶段

1. 学习主要形式

"师带徒弟"：团队一同备课、说课、上课、听课、评课，课后反思，一同开展课题研究、社会调研、参观、访谈，完成论文撰写。

2. 具体活动安排

（1）开展促进成员成长的相关内容的讲座。

（2）指导成员制订和撰写个人成长计划。

（3）参观访谈。参观一些省内名校，并和其他名师工作室互相学习，取长补短。

（4）观摩课（观摩团队成员上示范课）。

（5）成员工作室汇报课。通过反复修改、个人说课、学员间试讲、课堂教学、课后反思，最后将教案、说课活动、上课实践，以文字和视频的形式上传博客，并制作好微课。

（6）参加1～2次主持人所在学校英语科组活动。

（7）通过自己曾经在阳江支教的经历，积极主动带领工作室成员去阳江传经送宝，交流学习，将珠海先进的教学理念和教学思路辐射到更大的范围。

（8）各个成员及时写好活动心得和读书笔记，上传到工作室的博客。

（9）写好工作室个人总结。

（10）按珠海市、区名师工作室的项目工作要求接受考核。

（五）具体要求

1. 会议制度

每学期初定时召开工作室会议，讨论工作室计划，确定活动安排，期末召开总结工作室会议，展示研究成果，分享成功经验，分析存在的问题等。

2. 建立学研制度

工作室平时以自学为主，定期集中签到，相互切磋。

3. 建立考核制度

根据市区对名师工作室考核要求，主要从思想道德、理论、教育教学能力及研究等方面进行考核。

4. 建立经费制度

根据下拨款额制订预算，做到合理使用、专款专用。

5. 建立档案制度

将成员计划、总结、听课、评课记录、公开课、展示课、研讨课的教案、讲座，发表的论文等材料及时收集归类，为个人的成长和工作室的发展提供依据。

第三阶段：总结评价、成果展示阶段

略。

三、工作室学员要求

招募珠海市、香洲区各校年轻有为、积极上进的青年优秀教师15名，使其成为我们工作室的学员，要求大学本科以上学历，对工作室研究领域有兴趣，能确保研究时间，完成工作室相关研究任务。熟练掌握现代教育技术，能够开设博客等网上交流平台的学员优先。

附：

表1　汪文华小学英语名师工作室成员三年工作计划表

内容	主持人的计划（参考）	你的计划
项目主题	结合信息技术打造高效互动的小学英语课堂教学 1. "粤教云"环境下的语音教学 2. "粤教云"环境下单元作业的设计 3. "粤教云"环境下英语课件的有效开发和使用	

内容	主持人的计划（参考）	你的计划
研修目标	1. 进行新一届申报和组建新团队 2. 帮助成员成为在香洲区、珠海市有一定知名度的教师 3. 提升科研和团队管理水平 4. 形成各自独特的教学风格	
研修内容	2015—2016年： 1. 做好课题"如何将课件有效地结合粤教云环境下的课堂教学"的研究工作 2. 积极开展省级课题"基于校园云环境下小学英语作业的自主设计研究"的研究工作 3. 在工作过程中充分发挥网络资源的作用，团队成员每人每学期在校级以上至少上1节公开课、上传课件（视频）1份，发表1篇文章，整个团队在三年里整理、出版著作或者服务于一线师生的教学辅导资料1本	
	2016—2017年： 1. 继续开展微课题研究 2. 配合市教研中心完成"名师优课"的晒课活动，和团队一起打造优质课例 3. 结合课题研究尝试翻转课堂，微课	
	2017—2018年： 1. 能在团队顾问和名师的引领、指导下，在国内核心刊物上发表文章 2. 完成课题结题后续工作 3. 撰写论文并争取在国家级核心刊物上发表教育教学论文	
研修方式	自主学习、考察学习、团队互助和行动研究 1. 加强教育教学新理念与实践、教学方法与技能的学习 2. 通过导师、专家引领，同伴互助，进行进一步的系统的研修，提高英语教学与研究的能力 3. 通过教育反思和改革行动研究，提炼更好的教学思考、传播先进的教学思想，成为德才兼备、理念先进、视野开阔、业务精湛的领军人才	
预期成果	1. 将本工作室团队教育实绩和团队课例成果汇编成册，比如论文集和优质课例集 2. 继续带领工作室和科组全体成员勇挑重担，积极进行教研教改。根据本区英语教学现状，把握学科品性，打造工作室特色教师团队，继续开展课题研究，引领区域里学科均衡发展	

表2　汪文华小学英语名师工作室教师培养计划

个人专业发展方案

1. 自身专业发展生涯回顾	
2. 自身专业发展遇到的困难或瓶颈	
3. 对自身专业发展的设想与行动计划	
4. 对你本人做工作室成员、本区骨干优秀教师培养计划的期待与建议	

表3　汪文华小学英语名师工作室教研活动会议记录表

时间		地点	
主持人		中心发言人	
出席人数		缺席人数	
会议主题			
会议记录			
会议主题			
会议记录			
到会人员签名			

汪文华名师工作室成果荟萃

❖ **真情凝聚团队，学习升华人生** ❖

——汪文华小学英语教师工作室期满工作总结

　　光阴似箭，弹指一挥间，汪文华小学英语教师工作室从2015年5月组建及挂牌至今，不知不觉已有两年的时间。通过工作室这一学习交流教研平台，我们会聚了一批致力于教育的青年骨干。在这里，我们共同描绘教育的理想与未来，还收获了教育人之间的真情，更令人欣喜的是，在这里我们更新了教育理念、增长了教学技艺、提高了科研能力。"真情凝聚团队，学习升华人生"，这就是汪文华小学英语教师工作室这两年工作的真实写照。

图1　市教师工作室授牌仪式

一、工作态度

1. 强烈的责任感源于对教育崇高的使命

珠海市中小学教师工作室是以"专业引领、同伴互助、交流研讨、共同发展"为宗旨，以教育科研为先导，以课堂教学为主阵地，以网络为交流载体，融科学性、实践性、研究性于一体的研修团队。为进一步提高珠海市中小学骨干教师培训培养的质量和效益，打造中小学名师品牌，作为主持人的汪文华老师对工作室的工作以及主持人本身的职责提出了自我要求：

（1）德方面率先垂范，通过言传身教帮助学员提升学识水平和师德修养。

（2）承担市区级青年骨干教师的培训和指导工作，使工作室真正成为骨干教师成长的摇篮。

（3）鼓励学员开展教育教学课题研究，提高学员的科研能力。

（4）发挥名师成员的教学示范和辐射作用，促进学员专业成长。

2. 无私的奉献源于对教育的挚爱

工作室的成员应该是新课程改革的带头人和践行者。在这三年中，我们认真学习了《英语新课程标准解读》《有效教学十讲》《小学英语课堂教学设计与案例》等，阅读增强了我们有效教学的意识和能力，我们头脑中逐步建构起有效教学的自我审视的思维习惯和有效教学反思的行为习惯。除此之外，我们还学习了《教师如何做研究》《新课程说课、听课与评课》《给教师的100条建议》等书籍。这些书籍指导学员们如何听课、评课，如何写科研课题报告，如何在自己的教学过程中发现问题、研究问题和解决问题。同时，培养了学员读书的兴趣，使学员养成了学习的习惯。在每一次工作室活动中，为了让学员更好地发挥，有效地示范研讨，汪文华老师从备课、网络看课、评课到与上课学员进行交流谈心，为每一个学员的今后发展提出了建议、指引发展的方向。作为工作室主持人，汪文华老师对工作的全力倾注，对学员们成长的倾心倾力，无不透露出她对教育事业的挚爱，对青年一代教师快速健康成长的殷切希望。

二、基本建设

汪文华小学英语教师工作室工作的开展、所取得的进步及成果，皆与市、区有关学校的支持、指导和帮助分不开！

1. 硬件方面

在经费方面，市、区高度重视，并拨了专款用于建立工作室和工作室活动的开展。在工作室建立和设备配置方面，学校为工作室提供了办公设备齐全的独立的办公室，并把工作室的岗位职责纳入了教学管理，适当地减少了汪文华老师的日常教学工作量，为主持人能够全力投入工作室的工作提供了便利的条件。

2. 软件方面

工作室每一阶段工作的顺利开展，得力于市、区教育局对工作室主持人的指导，并聘请了教育科研培训中心的刘庆珍老师、香洲七小布虹校长作为工作室的顾问，他们给予了极大的指导和帮助。同时，工作室根据市教育局对工作室工作开展的要求，制订了工作室工作目标、管理制度、工作计划。

三、研修足迹

主持人汪文华老师积极参与各种培训，尤其是在2016年参加珠海市中小学专业素养研修班的学习中收获很大：更新了教育理念，分享了教育理想。思想是行动的指南，要提升学员的教育教学水平，首先要更新自身的教育理念。

工作室开展活动期间在理论中寻力，在活动中觅智，我们采用了"两室联动、跨区活动整合"和"请进来，带出去"、送课到其他区属活动、请专家做学术讲座和组织学员们外出观摩学习多种教研方式学习，让大家开阔视野，促进成员之间互相学习、互相了解，共同成长。

2015年11月26—27日，汪文华小学英语工作室迎来了与河源市英语教研组长交流学习的教研盛宴。这两天来自汪文华工作室的许淑玲、李玉莲老师，香洲七小孙晓娜老师分别为河源市跟岗教师展示了信息化技术下的小学英语课堂的精彩课例。精彩的"云"课堂给听课的老师们带来了新的头脑风暴，工作室成员吴昕曈老师、核心成员颜雁翔老师和主持人汪文华老师分别为河源市的科组长们从口语测试、课题研究及科组建设等方面进行了三个不同层面的讲座，把我们珠海市小学英语先进的教学理念辐射得更广，让更多教师受益，让河源的教师收获多多感受颇深。2016年3月23—26日，主持人汪文华老师带领核心学员在东莞市参加了主题为"核心素养下的小学英语课堂教学全国英语优质课评比"的展示活动。为了进一步提高工作室成员的现代化信息技术水平，工作室组织大家进行微课制作的学习，受到全体成员的欢迎。

图2　工作室与河源两地教师教研留影

　　2016年4月，主持人汪文华老师和工作室成员吴欣曈老师为工作室及周边学校的英语教师上了"粤教云"环境下的教学观摩课，为工作室下一步的培训开了一个好头。作为课题的承担学校和工作室，就"粤教云"环境下的小学英语课堂教学的开课磨课研课，作为工作室成员的吴老师，经历了一次次的磨炼和蜕变，她的这次开课其实是我们课题研究的最好展示和她专业发展的初步亮相，我们不禁为她感到骄傲……

　　2016年5月23日下午，汪文华工作室和蔡晓霞工作室联手开展教研活动。两个工作室的核心学员叶远聪和张璇老师分别为大家上了"粤教云"环境下的主题公开课。最后，工作室顾问刘庆珍老师从专家的视角分别给在座的教师做了活动分享，鼓励教师们一路前行，共同提高。同月18日，工作室主持人汪文华老师应珠海驻阳江指挥部的邀请，前往阳江江城区白沙镇中心小学开展主题为"如何将游戏巧妙应用于课堂教学"的讲座，受到教师们的欢迎。

图3　与会教师认真聆听"粤教云"环境下的公开课

2016年9月21日，为了更加深刻了解中西方教学特点，工作室特意邀请了外籍教师Eva为我们做了非常生动有趣的讲座《Exceptional things that GREAT teachers do》。同月，工作室积极开展"一师一优课"的评选和参赛工作，工作室成员在比赛中取得了非常优秀的成绩。简臻红、叶远聪、林佩珊、孙晓娜等老师荣获一等奖，郝月月、周雪、林敏滢等老师荣获二等奖。

图4　与外籍教师Eva面对面进行教学研讨

2016年10—11月，工作室应邀到金湾区金湾一小、三灶镇中心小学为金湾区的教师送上了精彩的课例。两地工作室成员同台献艺，互相探讨，积极交流，促进了两地教研教学的发展，也给工作室的青年骨干教师提供了锻炼和提高的平台。

同年12月，我们工作室到高新区淇澳兆征纪念学校进行教研送课，开讲座和当地的教师一起开展教研活动，打造结合信息技术的高效课堂，为当地的教师传经送宝，进一步发扬工作室的引领示范、辐射作用。工作室每次活动的开展也给工作室的青年骨干教师提供了更多的机会，让他们成长。

图5　工作室在珠海市高新区开展教研活动留影

2017年新学期，工作室迎来了新的开端。3月15日，珠海市小学英语"同课同构"课堂教学校际交流活动在区实验学校举行。来自珠海市汪文华教师工作室的两位学员，即香洲区第十二小学伍晓琴老师、第十五小学安添湘老师独当一面，分别为珠海市英语教师呈上了三年级下册《Unit 2 Colors》复习课的心得体会和"基于核心素养下信息技术在小学英语课堂中的运用"的主题讲座。内容亮点多多，丰富又充实，得到珠海市教研员匡丽雅老师和工作室顾问刘庆珍老师的充分肯定。

2017年4月26日中午，珠海市香洲区汪文华小学英语名师工作室开展了"送教金湾，情暖鱼林"主题活动，来到了珠海市金湾区三灶镇鱼林小学，珠海市汪文华小学英语名师工作室的青年教师安添湘老师与陈美枝老师给金湾区的老师和学生带来了精彩的四年级"Bank or Beach"的复习课和六年级复习课"Feeling Excited"两节课。两位教师凭借扎实的教学功底、极高的课堂调控能力和个人魅力，激发学生思维，将培养学生的核心素养渗透在整个教学中，让大家受益匪浅。

图6　工作室部分成员在佛山培训学习时留影

2017年5月3日下午，珠海市香洲区汪文华小学英语教师工作室的8名学员在主持人汪文华老师的带领下，踏上了基于核心素养的全国小学英语新课程建构与教学转型研讨会的佛山学习之旅。大会在南海体育馆如期开幕，来自全国的小学英语教师参加了此次教育盛会。专家们主题鲜明的报告和名师们精彩纷呈的课堂相得益彰，学员们取得了真经。

2017年5月17日，珠海市香洲区汪文华小学英语工作室全体成员在主持人汪文华老师的带领下，乘车前往金湾区矿山学校，与珠海市蔡琴心小学英语工作室、蔡晓霞小学英语工作室进行教研联动活动。来自汪文华小学英工作室的伍晓琴老师与蔡晓霞小学英语工作室的梁淑贞老师合作展示同课同构阅读课例《Unit 6 Good Habits》（More Reading and writing）。通过这节阅读课的展示，教师们更加清晰地了解了同课同构的教学模式，通过阅读教学课的教学技巧，通过教师引导、同伴互助，使学生在做中学、读中学。

2017年6月8日下午，珠海市香洲区汪文华小学英语工作室成员在主持人汪文华老师的带领下，前往杨匏安纪念学校开展"共研教育教学，共品经验硕果"互动教研活动。此次活动中，来自工作室的香洲一小李玉莲老师展示了一节三年级《Unit 4 Fruits》课例，名师成员景园小学的简臻红老师做了题为"例谈结合校园德育主题，在小学英语课堂中渗透核心素养教育"的讲座。本次活动得到了杨匏安纪念学校孙晓燕校长的高度赞扬，希望工作室今后能够有更多的机会来学校和科组教师一起教研。工作室此行，不仅收获了同行的教育教学分享，更感受到孙校长和杨匏安纪念学校同仁对教育教学工作的创新和热爱。他们"扎营在城郊，扎根在学校，扎实在教育"的精神，鞭策着我们工作室的成员在未来教育的路上继续前行，更加努力。

图7　工作室送课去偏远的杨匏安纪念学校

2017年5月，香洲区又迎来了一年一度的"一师一优课"评选活动，经过激烈的角逐，我区小学英语学科选出35名一等奖获得者。工作室参加比赛的成员取得了骄人的成绩。其中，汪文华小学英语工作室的吴欣曈老师、伍晓琴老师、区秋昌老师、孙晓娜老师、盖天书老师、陈美枝老师、林敏滢老师、魏莉老师、李玉莲老师等九位教师荣获香洲区"一师一优课"一等奖；钟慕贞老师、周雪老师、王翠老师荣获"一师一优课"二等奖。为了让这些"已露尖尖角"的优胜者能够更进一步，精益求精，2017年6月14日下午，在香洲区英语教研员刘庆珍老师的全力策划下，工作室主持人汪文华老师精心安排获奖的成员二次备课，进行说课评课培训活动。活动中，汪文华老师的点评对参赛教师的帮助特别大，不仅关注每节课的总体教学框架和教学情境，还特别强调核心素养的培养和信息技术的融合等问题，尽心竭力为各位参赛教师答疑解惑，同时也提醒各位参赛教师要关注一些教学细节问题，如合理真实的情境设置、水到渠成的德育渗透、巧妙自然的环节过渡、外观精美的教学课件、个性化的作业布置等。在名师工作室的引领指导下，各位参赛教师进一步对优课进行精雕细琢，将培优活动落到实处。

图8　汪文华老师进行优课辅导

2017年10月19日，珠海市香洲区汪文华小学英语工作室成员相聚香洲七小，开展了题为"教师自我专业发展和教研成长"的教研活动。活动中，工作室主持人汪文华老师祝贺工作室成员在本次比赛中取得佳绩，并鼓励大家抓住身边的每次机会，勇于挑战自己，通过不断地磨炼使自己成长，踏实备好每一节课。这让大家更加切身感受专业成长是如此重要，经验的积累更为可贵。

图9　工作室教研活动剪影

2017年11月29日下午，工作室全体成员，凤凰小学、香洲七小、香洲四小英语科组的老师齐聚凤凰小学云教室，开展了以"互联网+小学英语课堂教学"为主题的教学研讨活动。汪文华工作室骨干学员、凤凰小学的张亚东老师和香洲区第十六小学的庄萍老师分别为大家呈上了一节三年级复习课"Unit 3 Animals"和五年级"Cluture1:Weather around the World"。两位老师的课堂有张有弛，学生在课堂中投入、活跃。活动轻松有趣，节奏控制得当，娴熟的信息技术的使用使课堂教学锦上添花。课后的研讨中教师畅所欲言，纷纷提出自己的看法和改进的方向。两位教师的课得到了听课教师的一致好评。在一次次的活动中，工作室成员不断交流，不断努力，共同切磋，更新理念，共同成长，共同进步。

图10　信息技术整合下的英语课堂课后研讨

为了诠释英语课堂教学理念，探索英语教学新模式，促进工作室教师的专业发展，2017年12月13日下午，汪文华工作室和珠海市谢燕玫工作室成员以及来自全市的30多名英语教师相聚在美丽的茵卓小学，开展了跨年级同主题异构课的教学联动活动。本次活动内容由课例展示、专题讲座、教研互动三个环节组成。这次同主题异构活动也给大家带来了新的思考。在这次活动中，教师产生了思想的碰撞，并期待着能够在未来看到更多思想的成长和变化，推动珠海英语教育发展。

2018年3月14日，工作室主持人汪文华老师在教科培中心为全区教师做了"香洲区小学英语三年级期末质量监测阅卷情况总结"讲座，引领全区教师新的教学理念和命题方向。同月29日下午，工作室全体成员齐聚七小，开展工作室教研活动。活动中，主持人汪文华老师和大家一起重温了工作室的指导思想、工作目标、工作要求，明确了工作要点，鼓励成员们要继续加强理论研修学习，夯实理论基础，积极开展课堂教学研讨。课堂是教师教育教学工作的主阵地，名师之"名"，首先在于课堂教学；重点加强教师队伍的打造，继续发挥名师工作室的辐射引领作用，携手前行，再创佳绩。

图11　与谢燕玫工作室进行中小学同课异构教学研讨活动

2018年4月，工作室积极开展网络研修活动，积极为"一师一优课，一课一名师"做好赛前备课交流指导。汪老师对工作室每位参赛教师精心做一对一的备课分析指导，同时应香山和香华两所学校的邀请对所在学校优课选拔、优课备课上课的教师进行课后的细致评课与分析。经过大家的共同努力，无论是工作室还是赛前辅导的学校教师均取得了优异的成绩。

图12　汪文华老师与香山学校英语教师进行教学研讨

2018年5月16日，工作室所有成员聚集于香山学校开展了主题为"优课绽放 一路芬芳"的香洲区小学英语优课课例观摩分享及教研活动。在主持人汪文华老师的精心安排和主持下，全区小学英语教师观摩了分别来自汪文华小学英语工作室广生小学李丽丽老师的一节六年级下册《Unit 2 A magic day》的复习课和香山小学英语科组长鄢小茶老师的一节一年级下册《Module 2 Unit 1 Where's the bird？》两节现场优质课，并聆听了来自实验小学英语科组长邱晓红老师题为"赛课的那些事儿"的一场讲座。两节课中游戏化的教学、精美的板书、信息技术的融合及丰富多彩的课堂活动大大提高了课堂效率。讲座具真情实感，十分接地气，让在座的教师都受益匪浅，得到大家的一致好评与肯定。通过本活动的培训，使工作室成员向这些优秀的教师看齐，成就自己最美的明天，遇到更优秀的自己。

图13　汪文华工作室承办香洲区英语教研活动

三年来，工作室成员理论学习主要以自主学习为主，定期进行座谈交流、学习体会活动，成员相互听课、评课，及时反思写心得。在讨论中，成员们积极踊跃，彼此间思维碰撞，产生心灵的共鸣，相互学习，真诚交流，共同提高。我们很感谢这样的团队，因为我们在付出与收获中感悟与提升。

通过近三年的学习与实践，学员们逐步提高了对新课程理论的理解与认识，提高了对有效课堂的实践与反思。在参加活动的过程中他们写出了学习心得、反思文章、工作学习总结、工作简报、教学评课、教学案例、教学随笔、学习感言等。一位学员在体会中写道：自己以前最怕上公开课，对自己的教学缺乏自信，通过工作室的锻炼，自己思路开阔了，自信心增强了，教学方法灵活了。成员们在学习的过程中不断体验，思想升华，教育理念和思维方式在教学中有了突破。这种磨砺是刻骨铭心的，有绞尽脑汁的苦思，有蓦然回首的顿悟，也有化茧成蝶的美丽。

四、开展课题研究，引领发展空间

教师的发展不仅仅是学习，还应建立在教学与教研的共同基础上才有生命力。工作室最重要的一个项目是引领工作室学员进行教学研究。在这一方面，作为主持人的汪文华老师早有计划，胸有成竹。在工作室成立之时，汪老师手头有一个正在进行的省立项课题——"基于校园云环境下小学英语作业的自主设计研究"，现已结题，工作室将迎来下一个属于自己的新课题，工作室也会将所有的学员纳入该课题的研究中。

师者只有不断提升自己的教育意识，才能成为一名出色的教书育人者。为此，除了专业方面的相关书籍，汪文华老师还选择了《爱的教育》为工作室成员的必读书目，和大家一起共勉。阅读教育名著，启迪心灵智慧。

五、研修收获

1. 累并快乐着

三年来，作为主持人，汪文华老师和工作室的成员共同成长。从教三十余载，至今汪文华老师一直坚守在三尺讲台上，执着地爱着这份辛劳而充实的工作，心甘情愿做成员们的铺路石和引路人，为自己能发光和热而自豪、欣慰、幸福……汪文华老师的心中一直牢记工作室举行挂牌仪式上领导的那句话，要有"一轮明月，一杯清茶，一道彩虹"的工作室境界。

2. 我们收获着、思考着

工作室成立以来，主持人汪文华老师认真履行工作室主持人的职责，以集体备课、听课、评课、上示范课等方式指导工作室的成员，为他们的示范课、研讨课、比赛课出谋划策，帮助他们快速成长。一年来，汪文华老师尽己所能做好工作室成员的培养和博客的建设工作，从挂牌至今，带领工作室成员积极开展各种教学教研活动，让青年教师大展才华。活动开展得有声有色，得到上级领导的表扬和肯定。在汪文华老师的影响下，工作室的核心学员颜雁翔、伍晓琴、叶远聪、盖天书、钟慕贞、吴欣瞳、安添湘等老师应邀参加了珠海市对口帮扶阳江"名师巡讲团"的送课活动，受到了当地领导、教师的高度赞扬。工作室成立以来共有23位不同学校包括民办的教师走进工作室成为工作室的成员，辐射面越来越广。在这三年的时间内，工作室积极开展各类教学教研活动，我们的足迹遍布香洲区、阳江市、金湾区、高新区及民办学校。在"一师一优课"评比中工作室的许淑玲、叶远聪、简臻红、林佩珊、孙晓娜、吴欣瞳、伍晓琴、区秋昌、盖天书、陈美枝、林敏滢、魏莉、李玉莲、李丽丽、张亚东、颜雁翔16位教师先后荣获香洲区"一师一优课"一等奖18人次；钟慕贞、林敏滢、周雪、王翠、郝月月等老师荣获"一师一优课"二等奖。其中，简臻红、伍晓琴、林佩珊、许淑玲、叶远聪、陈美枝、盖天书、区秋昌、徐洲丽、许樊10位教师的课荣获部优。工作室多名教师成功申报了省、市、区级课题，其中主持人汪文华老师申报的课题成为香洲区重点课题。名师成员景园小学简臻红老师成为新一届学科带头人，香山学校钟慕贞老师成为市名师骨干培养对象，广生小学李丽丽老师成为全国百佳教育学术研究部优课带头人，主持人汪文华、颜雁翔、简臻红老师通过了小学英语高级职称的评比。在工作室全体人员的刻苦努力下，我们拥有工作室的QQ群、微信群和博客及公众号，为工作室开展和宣传活动提供了便利的沟通渠道。

这三年，工作室的收获颇丰：①撰写文章：主持人和学员撰写的教育教学等方面的文章共有312篇；②上公开课：主持人和学员一共上了479节公开；③教学设计和课件获奖：有10篇教学设计分别获国家、省级、市级、区级奖项；④参赛课获奖：获得部优10节、省5节，优质课评比市级12节；⑤辅导学生参赛获奖：辅导学生参加学科竞赛获省市区一、二、三等奖的有40人；⑥举行讲座：发挥教师工作室主持人及名师成员的示范和辐射作用，汪文华、吴志维、颜雁翔、简臻红、伍晓琴、林佩珊等老师应邀进行了8次讲座；⑦在珠海市举办的"互联网+工作室成果展"活动中，我们工作室提交的10件作品有9件获得一、二、三等奖。

图14 参加珠海市名师巡讲团教学活动

工作室一路走来，成员感慨万千，从挂牌组建到承担任务，既有鼓励也有鞭策，既有喜也有忧，既有笑也有泪，既收获了累累硕果，也积淀着深深的师徒情谊。这个工作平台真正起到了引领与辐射的作用，起到了带动与推动的作用，成为珠海市香洲区小学英语教师成长的重要基地。今后，我们将更加努力。秉着对教育事业的执着与热爱，工作室将甘当绿叶，继续充当市区小学英语教师成长的沃土，让更多的教师高高兴兴地进来，带着收获充满信心地归去，为珠海市小学英语教育撑起希望与理想的天空，让教师的教育人生飞得更高更远！

最后，再次感谢珠海市教育局、香洲区教育局领导、香洲区教育科研培训中心领导的关心和支持；感谢名师工作室全体领导对我们工作的帮助与指导！感谢工作室成员所在学校领导的支持与协助。让我们一起为不断实现教育的梦想继续努力前行，创造出更辉煌的成绩。

图15　汪文华名师工作室全体成员期满合影

◆ 工作室学员教学设计 ◆

Book 6 Culture 2 The Olympic Games

广东省珠海市香洲区第一小学　吴欣曈

教材版本	新版《开心学英语》五年级下册	课型	新授课	授课时间	40分钟
主题	The Olympic Games				

【学生分析】
本课的教学对象是五年级的小学生。学生已经学习过有关Sports的相关词汇以及句型表达，并已经学习过相关的运动项目的表达，本课将在此基础上进行知识的复习和拓展。

【教材分析】
本单元选自《开心学英语》五年级下册"Culture 2 The Olympic Games"。本单元的语言功能是描述奥运概况，谈论个人喜好的运动项目。学生将学习描述奥运规模、会旗、圣火、举行周期，询问最喜爱运动项目的特殊疑问句以及回答。

续表

教材版本	新版《开心学英语》五年级下册	课型	新授课	授课时间	40分钟
主题	The Olympic Games				

【教学目标】

1. 语言知识目标

学生能够掌握四个新的运动项目的单词diving，hurdling，skiing，ice hockey，能正确理解及运用句型来表达自己或询问别人最喜爱的运动项目。

2. 语言技能目标

从听、说、读、写四个方面利用核心句型和词汇表述自己的运动喜好、习惯及感受，并与他人分享奥运会话题的语段和简单对话。

3. 情感态度目标

使学生了解奥运会的概况，加强爱国主义精神教育。使学生理解全世界是个大家庭，和谐团结使各国人民更加美好！

4. 文化意识目标

了解奥运会的规模、重要标志、举办周期及近几届举办的时间、城市等。了解我国奥运健儿夺冠的艰辛之路、永不言败的奥运精神。

5. 学习策略目标

利用课堂小组游戏，交流合作完成对话、交流。学会积极与他人合作，共同完成学习任务。

【教学重难点】

1. 教学重点

（1）四个新的运动项目词汇diving，hurdling，skiing，ice hockey以及七个描述奥运会概况的短语the biggest，sports meeting，in the world，held every four years，many countries，take part in，sports event。

（2）掌握和运用句型，询问和回答最喜爱运动项目：Which event is your favorite? My favorite event is...

2. 教学难点

描述奥运会概况的七个词组

【教学准备】

图片、PPT、动画和多媒体等

【教学过程】

Step 1 热身

1. 热身、引出话题

老师播放歌曲《Basketball and badminton》，并引导学生一边做play basketball，play badminton的动作一边唱。

2. 老师和学生对话，引出话题

T: Do you like playing basketball /ping pong? Do you know who are they?

（设计意图：活跃课堂气氛，引出本课主题：The Olympic Games。）

教之乐，研之果

——小学英语教学的思考与实践

教材版本	新版《开心学英语》五年级下册	课型	新授课	授课时间	40分钟
主题	The Olympic Games				

Step 2 学习描述奥运会概况的七个词组，利用平板电脑自学

（1）由学校运动会引出奥运会，利用所制作的PPT、动画教授奥运会概况：规模、重要标志、举办周期及近几届举办的时间、城市等，并介绍小组评价方法。

（设计意图：用动画展示这两项运动，让学生在轻快的节拍下律动，把音乐和体育项目带入课堂。）

（2）介绍平板电脑里面预先准备的该课语音、动画材料，学生自学，教师巡视。

（设计意图：充分利用智能教室平板电脑作为学生学习工具的优越性，让学生通过音频、动画进行自学。）

Step 3 利用平板电脑概括、复述奥运会简况

引导学生利用mind-map中的关键信息，对奥运会的概况进行复述。

（设计意图：通过展示奥运会概况，培养学生世界和谐共处的意识。通过小组评价培养学生的竞争意识及运用已有知识进行自学的能力。）

Step 4 利用TPR方法学习四个奥运会项目新单词

利用已有的语音知识教授新单词，与学生一起边说边做动作，鼓励学生自己创作动作记忆四个单词：diving, hurdling, skiing, ice hockey。

（设计意图：将体育运动带入课堂，实现学科融合，激发学生的学习热情和兴趣，培养学生的创新精神。）

Step 5 利用Chant进行新单词语音训练

带读Chant，总结新单词语音知识，鼓励学生边Chant边做动作，利用Chant总结熟记e，i，o，r这四个元音的发音。

（设计意图：引导学生发现发音规律，进行新单词语音训练。利用音乐、动作记忆单词，将音乐带入课堂，利用旧语音知识学习新单词。）

Step 6 利用游戏学习巩固新句型

组织学生以游戏的形式学习新句型：Which event is your favorite? My favorite is...

以一组学生做示范，引导学生在游戏过程中操练新句型。

（设计意图：利用游戏使学生在玩中学，锻炼了学生敏捷的反应能力。）

Step 7 新旧知识融合学习Core dialogue

（1）人机对话，为学生做Core dialogue示范。

（2）利用the missing dialogue 让学生进一步熟悉对话。

（3）模仿运动项目的动作，让学生猜测老师最喜爱的奥运会运动项目。利用平板电脑的上网搜索功能，示范如何在网上搜索自己想要学习的课本以外的奥运会项目，引导两名学生现场操作示范。

（4）利用平板电脑轻便携带的特点引导学生主动找喜欢的同伴进行多次对话。

（5）让两对学生到讲台上展示。

（设计意图：利用the missing dialogue锻炼学生的记忆能力，利用智能教室平板电脑的强大功能"授人以渔"，教会学生自我学习的途径及技巧。）

教材版本	新版《开心学英语》五年级下册	课型	新授课	授课时间	40分钟
主题	The Olympic Games				

Step 8 写作练习

（1）引导、示范小短文写作。

（2）巡查帮助有需要的学生。

（3）抽查两名学生的作品。

（设计意图：检查学生的学习结果，锻炼学生的写作能力，培养学生语言组织的能力以及与同伴合作的能力。）

Step 9 情感教育、布置作业

展示中国女排顽强拼搏夺冠的图片，激发学生努力奋斗、永不言败的精神。

板书设计	The Olympic Games are the biggest sports meeting in the world. My favorite event is _____ . I like _____ . I _____ . It makes me _____ . 　　Word bank: basketball　soccer　badminton　swim　swimming　play　playing to once twice　three times a week　month healthy　strong happy
家庭作业	Draw and write. （1）Design a flag for next Olympic Games. （2）Write about the Olympic Games.
教学后记	本节课对教材以及教学材料进行优化整合，充分利用智能教室的优点，使各个学生得到最有力的帮助，减少了大班制授课的不足。 （1）充分利用小学高年级学生的自学能力，利用课前微课，使学生直观地理解了本课的难点。 （2）本课对教材的优化整合、Core dialogue的创编是教师对教材的驾驭能力的一大挑战。 （3）充分利用智能教室的强大功能，教师预先把本课新单词、词组发送到学生的平板电脑里，让学生在听老师讲解后带上耳麦进行再学习。老师现场示范、指导学生利用平板电脑里面查阅单词的功能"授人以渔"。 （4）进行学科融合。本课根据学习内容，把音乐、体育、美术带进了英语课堂。课前的音乐律动、语音训练中Chant的运用、奥运项目的动作模仿、作业中的会旗设计使这四个科目毫无间隙地融合在一起。 （5）在教学设计和教学过程中，注重对学生核心素养的培养。本课通过各项课堂活动培养了学生的语言能力，也培养了学生的思维品质、文化品格和学习能力。

Review 1 Different places different weather
—Review 1 Reading and writing

广东省珠海市香洲区景园小学　简臻红

教材版本	新版《开心学英语》五年级上册	课型	阅读课	授课时间	40分钟
主题			Weather		

【学生分析】

本课的教学对象是五年级的小学生。在前面三个单元的学习中，学生已经学会了谈论天气、询问天气状况和表达自己喜欢的天气。学生会用所学句型谈论人们在不同气候中的不同活动。

【教材分析】

本节课教学内容为《开心学英语》五年级上册Review 1 Reading and writing。本课主要对前面三个单元的知识进行综合复习。

【教学目标】

1. 语言知识目标

（1）巩固复习本单元单词、词汇和句型。

（2）学生能够在语境中认读新拓展的词汇，如 different kinds of，thunder，lightning，desert，inside等。

（3）学生能够读懂关于不同地方的天气的信息。

2. 语言技能目标

（1）掌握默读、精读、速读的方法，并能通过略读、细读查找信息和回答问题。

（2）能开展有效的交际对话，培养自主学习的能力。

（3）能仿写小短文。

3. 情感态度目标

通过学习让学生感受祖国江山的美，渗透爱国主义教育。

4. 文化意识目标

通过学习不同地方不同气候的知识，融合英语和自然学科的知识。

5. 学习策略目标

（1）学生能够通过阅读策略提取必要的信息，能在板书和图的引导下复述文章。

（2）学生能够在老师的引导下对文段的信息进行归纳

【教学重难点】

1. 教学重点

文段中出现的新单词，如 different kinds of，thunder，lightning，desert，inside等。

2. 教学难点

综合运用Unit 1～Unit 3 的知识，把月份、天气、季节和活动串联起立，达到复习和运用已学知识的目的。

教材版本	新版《开心学英语》五年级上册	课型	阅读课	授课时间	40分钟
主题	Weather				

【教学准备】

表情图片、PPT、动画和多媒体等

【教学过程】

Step 1 Warming Up

（1）Greeting.

（2）Sing a song: Check out the Weather!

（设计意图：复习有关天气的单词和相关的课外知识。通过歌曲调动课堂气氛，激发学生的学习兴趣和热情。）

Step 2 Reading Part

（1）lead-in: Show the weather map to the students. Lead the topic: China is a very big country. There are many different kinds of weather.

（设计意图：借助气象图，直接呈现不同地区天气的差异，引出本课内容。）

（2）Read the passage quickly and match the places with the weather.

（设计意图：快速浏览文章，找出关键词。逐步渗透阅读技巧。）

（3）Read the passage again and try to understand the whole passage. Then circle the new words and try to guess what they mean.

（设计意图：引导学生阅读，进一步理解文章的细节内容。）

（4）Listen to the passage with the pictures.

（设计意图：听文章，感受整体篇章的语感。）

（5）Finish exercise 2 in the book, P41.

（设计意图：读后训练，强化对文章的理解，做出正确的判断。）

（6）Please give a title to this passage.

（设计意图：归纳文章大意，抓住中心思想，锻炼思维能力。）

Step 3 Writing Part

（1）Do a survey.

T：China is a very big country. Geri, where do you want to go for traveling?

S: I want to go to Sichuan.

T: When do you want to go?

S：I want to go in January.

T: What's the weather like at that time?

S: It's snowy and cold.

T: What do you like doing there?

S: I like playing with the snow.

T: Children, can you make a survey like this with your good friend?　Now, let's go.

（设计意图：通过师生对话示范，引导学生掌握从单词到句子的运用，为写作做铺垫。）

教材版本	新版《开心学英语》五年级上册	课型	阅读课	授课时间	40分钟
主题	Weather				

（2）A video from Jingyuan Primary School. It will show a demo passage for the students.

（设计意图：承接上面调查的结果，展示一位学生介绍他最喜欢的地方的视频。既能为上课的学生提供写作的示范，也能加强两所学校学生的交流。）

（3）Writing: My favorite place

① Show the students how to make their own movie frame.

T: Please take out your paper, write your movie words here, then cut them down, and stick them together like this. Cut these two lines, then put in your movie film like this.

（设计意图：把手工制作融入课堂，提高学生写作的兴趣。完成后的作品可以在班级内张贴展示，学生可以互相学习和交流。）

② Write something about "My favorite place" on the movie frame.

（设计意图：通过前面文章的阅读与口语的锻炼，本环节让学生写出自己喜欢的地方。配上有创意的作文纸，提升学生写作的乐趣。）

（4）Share "My favorite place" with the classmates.

（设计意图：本环节实现学生间的自主、合作、交流，提高学生的学习能力。）

Step 4 Sum Up

Enjoy the pictures of some beautiful places.

T: China is a great country. I hope you can travel around and know more about your motherland-China in your future!

（设计意图：体验文化，感受祖国的大好河山，宣扬爱国情怀。）

板书设计	Hainan Tulufan Huangshan Guangdong Words Bank hot dry cloudy wet famous safe typhoons lightning thunder inside
家庭作业	Draw and write （1）Share your movie frame to your parents and friends. （2）Finish page 41 in the text book
教学后记	通过情境的创设，让学生分小组讨论展示，进行合作交流学习。针对这节会话课，笔者有以下几点反思： 1.渗透阅读技巧，开拓学生思维 课的开始复习了有关天气的单词和相关的课外知识。通过相关的歌曲调动课堂气氛，很好地激发了学生的兴趣，唤起了他们的语言意识，为下面的学习做好铺垫。再用一幅中国气象图引导学生学会观察，不同的地方天气状况大不同。借助课件、图片易化难点，引导学生结合语境，通过联想、推测来辅助突破和简化文本的重难点，提高阅读的准确性和有效性。

教材版本	新版《开心学英语》五年级上册	课型	阅读课	授课时间	40分钟
主题	Weather				
教学后记	2. 以读促写，培养写作思维 写作是语言的输出。学生只有进行了大量的、正确的语言输入之后，才有可能写出文章。Do a survey的活动训练很好地拓展学生的语用渠道，再利用两所学校不同学生的交流方式引出例文，为学生的写作提供有效的、真实的例文。学生的学习由字到词，由词到句，最后由句到篇章。为学生提供有趣的作文纸，提高他们写作的积极性。优秀的作文将张贴在教室供学生学习、交流。 3. 存在的不足 对五年级学生而言，本课选择的文本如只定位于理解的层面，难度适中，如要拓展学生语言思维，并联系实际生活有所产出则难度较大，个别学生不敢积极举手回答问题，有些环节课堂气氛不够活跃				

Unit 6 Feeling fun amazing hotel rooms

——阅读指导课

广东省珠海市香洲区第四小学　颜雁翔

教材版本	新版《开心学英语》六年级下册	课型	阅读课	授课时间	40分钟
主题	Feeling fun				

【学生分析】

六年级下学期的学生已经有了一定的词汇量、掌握了基本的语法知识，有一定的口语储备，欠缺的是系统的阅读方法。面对小升初，如何让学生在下学期适应中学的英语学习，阅读方法的指导显得重要而迫切。

【教材分析】

本单元是六年级最后一个单元，所需掌握的语法点是动词的过去式和过去时，此语法知识在前面的两个单元也一直是学习的重难点。作为本单元的第4课时，必须承担起承上启下的作用，教给学生阅读的技巧和方法，所以，把本课时定位为阅读指导课。

【教学目标】

1. 语言知识目标

（1）能读懂、理解"Giraffe manor"等4篇非故事性语篇。

（2）掌握并熟练使用THIEVES阅读法。

（3）通过Amazing hotel rooms主题阅读学习生词及复习、巩固时态的运用。

教材版本	新版《开心学英语》六年级下册	课型	阅读课	授课时间	40分钟
主题	Feeling fun				

2. 语言技能目标

（1）能在THIEVES阅读法的帮助下，快速深度阅读非故事性语篇。

（2）能用思维导图去梳理语篇的脉络。

（3）提高学生获取、整合信息的能力。

（4）通过引入经执教者改编的美国小学生的THIEVES阅读法，让学生体会到更多的有效阅读法。

3. 情感态度目标

（1）通过主题阅读，让学生了解、欣赏世界十大惊奇酒店，让学生觉得世界很精彩、有趣，契合本单元Feeling fun的主题。

（2）体现核心素养下小学英语阅读能力的培养及信息技术在学习中的运用，通过自主学习和小组合作学习的有效结合，让学生树立在小组合作中乐于分享、敢于承担、团结合作的积极思想。

（3）通过THIEVES阅读法培养学生的思维品质。

4. 学习策略目标

（1）借助云课室平台、Ipad等工具，通过微课、视频、音频、PPT等多媒体手段，让学生实现自主学习与合作分享。

（2）老师通过借助范文分解THIEVES阅读法，再用微课进行THIEVES阅读法的总结归纳，最后学生运用THIEVES阅读法去做主题阅读，内化提升学习技巧。

（3）小组合作学习，积极与他人合作，共同完成学习目标，遇到问题，主动求助，扫清单词障碍，克服阅读困难。

5. 文化意识目标

（1）通过Amazing hotel rooms主题阅读，让学生了解到世界上还有这样惊奇的建筑和酒店，开阔学生的视野，培养学生的跨文化意识。

（2）了解并初步接触外国小学生的阅读法，学会取长补短，明白知识无国界的道理。

【教学重难点】

1. 教学重点

学习和掌握THIEVES阅读法。

2. 教学难点

用THIEVES阅读法去阅读语篇并制作阅读卡。

【教学准备】

课前学生阅读方法的调查及分析，THIEVES阅读法微课，Amazing hotel rooms主题阅读的语篇收集筛选，a字母语音视频，PPT，平板电脑，云课室DCF课件。

【教学过程】

Step 1 Leading-in

Enjoy a short video of Top 10 amazing hotel rooms in the world, talk about their favorite hotels. If they want to know more about the hotels, they can read.

教材版本	新版《开心学英语》六年级下册		课型	阅读课	授课时间	40分钟
主题	Feeling fun					

（设计意图：通过Free talk引入话题，通过欣赏世界十大惊奇酒店的短视频，让学生主动投入课堂中，为主题阅读做好铺垫。同时，让学生感知不同文化背景下的生活方式、行为习惯和建筑风格。）

Step 2 Demo for reading with THIEVES

1. Try to catch the title

（1）T: Which amazing hotel do you like?

Guess which hotel does Miss Yan like best?

（2）Learn the sound a ［æ］.

（设计意图：通过谈论学生自己喜欢的惊奇酒店，引入范文Giraffe Manor，让学生学会阅读首先要抓住文章标题。这部分是THIEVES阅读法中的首字母T——T for title。）

2. Have a head storm about the title

（设计意图：通过开展有关文章标题的头脑风暴，为阅读热身做铺垫。这部分是THIEVES阅读法中的第二个字母H——H for head storm。）

3. Read the first time and circle the new words

（1）Read and circle the new words.

（2）Learn the new words in groups.

（3）Tips for learning new words

（设计意图：第一次阅读，通过圈出生词然后以小组合作的形式去解决问题，培养了学生的合作能力，同时也进行了学习策略的渗透并为后面的精读扫清障碍。这部分是THIEVES阅读法中的第五个字母V——V for vocabulary。）

4. Read with effective questions

（1）Read 2nd time with 3 questions, underline the key sentences.

（2）Talk about what are the effective questions.

（3）Judge what are the effective questions and answer them.

（设计意图：带着3个有效问题进行第二次阅读，通过画关键句的方法快速获取信息回答问题。教给学生什么是有效问题。再让学生对有效问题进行判断，让孩子学会筛选无效的信息，最后分析有效问题的答案，让学生读懂语篇并适当拓展，培养了学生的批判性思维。这部分是THIEVES阅读法中的第四个字母E——E for effective questions。）

5. Talk about the ending

（设计意图：让学生学会找出结束句，感知语篇的结构。这部分是THIEVES阅读法中的第六字母E——E for ending）

6. Try to catch the main idea

（设计意图：让学生学会提取文章的中心观点。通过提取中心观点，培养学生整合信息的能力。这部分是THIEVES阅读法中的第三个字母I——I for main idea。）

教材版本	新版《开心学英语》六年级下册	课型	阅读课	授课时间	40分钟
主题	Feeling fun				

7. Sum up with mind-map

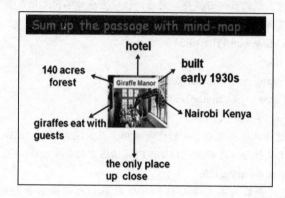

（设计意图：通过思维导图的方式让学生回忆和复述文章，很好地培养其思维品质。这部分是THIEVES阅读法中的第七个字母S——S for summing up。）

Step 3 Using THIEVES reading method

（1）Review THIEVES reading method by a mini class.

（2）Choose 1 passage to read with THIEVES reading method and finish the reading card.

（3）Share the reading card.

（设计意图：这个环节是运用刚学的THIEVES阅读法进行阅读，从输入到输出，内化所学的知识，提升学习能力。）

（4）Self check.

（设计意图：通过对自己刚才运用THIEVES阅读法进行自我评价去反思自己掌握、运用的情况。通过反思，在老师的引导下或自己的自我修正中，进一步内化THIEVES阅读法的运用，有效培养学生的思维品质和自学能力。）

教材版本	新版《开心学英语》六年级下册	课型	阅读课	授课时间	40分钟
主题	Feeling fun				

<table>
<tr><td rowspan="2">板书设计</td><td>

</td></tr>
<tr><td>

（设计意图：板书是范文Giraffe manor的THIEVES阅读卡，让学生一目了然，明白THIEVES阅读怎么操作。评比栏紧扣Giraffe manor这个主题，通过评比起到了激励学生的作用。）

</td></tr>
<tr><td>家庭作业</td><td>

</td></tr>
<tr><td>教学后记</td><td>

小学生喜欢阅读故事性绘本，面对非故事性的科普类文章或说明文，阅读效果就大打折扣。六年级的学生很快要小升初了，需要为初中的学习进行铺垫。本节课的主要意图就是教给学生THIEVES阅读法，让学生能快速有效地阅读非故事性语篇。通过范文阅读示范如何运用THIEVES阅读法，然后让学生学后马上应用，从而达到技能内化的目的。从这节课的效果来看，学生还是掌握了THIEVES阅读法，但因为这是改编自美国小学生的阅读法，学情不一样，学法不一样，所以，还有很多地方需要改进。

</td></tr>
</table>

Unit 5 Being helpful（Sounds and words）

广东省珠海市香洲区甄贤小学　魏　莉

教材版本	新版《开心学英语》六年级下册	课型	语音课	授课时间	40分钟
主题	Sounds and words: i-e, -igh, -y				

【学生分析】

（1）本单元教学对象为六年级学生，该年级的学生经过五年多的语音学习，具备了初步的语音意识，他们能有效运用phonics自然拼读法辅助语音学习，了解词汇的拼读方法，能根据单词的拼写规律朗读单词。

（2）学生还学会了在语境中理解词汇的意义，能运用目标语音的词汇，编写含有目标语音词汇的语篇，初步具备"用英语做事"的能力。

【教材分析】

（1）本课时选自《开心学英语》六年级下册Unit 5 Being helpful（Sounds and words）语音板块。

（2）本课时的主要学习内容是语音教学，让学生通过听歌曲、做游戏以及听录音、看视频多种形式的教学活动，掌握字母组合i-e, -igh，-y的发音。

【教学目标】

1.语言能力目标

（1）能运用自然拼读法正确拼读i-e，-igh，-y的发音以及发音词汇，并朗读小诗。

（2）能根据录音内容，能理解含有i-e, -igh，-y的发音词汇的语篇，完成填空。

（3）能运用含有i-e, -igh，-y的发音词汇编写短文或故事。

2.学习能力目标

（1）能主动探究，与同伴交流合作，相互帮助，共同完成学习任务。

（2）能积极参与跨学科演唱、游戏等学习活动，提升综合运用语言的能力。

3.思维品质目标

（1）能归纳总结含有i-e, -igh，-y的单词的发音规律。

（2）能运用含有i-e, -igh，-y的发音词汇进行创新写作。

4.文化品格目标

本课时为语音课，教学内容中涉及不打架，文明有礼、上课认真听讲、小心使用刀具等方面，对学生进行教育。

【教学难重点】

（1）能正确认读字母组合i-e, -igh，-y的发音，以及含有该发音的词汇，见词能读。

（2）能正确理解、朗读含有目标词汇的语篇。

（3）朗读小诗，理解并创编故事。

【教学准备】

课件、单词卡片、音频、视频等。

教材版本	新版《开心学英语》六年级下册	课型	语音课	授课时间	40分钟
主题	Sounds and words: i-e, -igh, -y				

【教学过程】

Step 1 Warming up

（1）T: Hello, boys and girls. Nice to meet you. Ss: Nice to meet you, too. T: I have a nice weekend.Do you have a nice weekend? Students answer. T:I often read books and see a movie on weekends.What do you often do on weekends? Students volunteer to say. T: Do you want to know my friend Mike's weekend ? I'll give you some pictures to help you.

（2）Students describe Mike's weekend according to the pictures.

（设计意图：教师通过与学生聊天，舒缓学生的紧张情绪。学生通过描述Mike的周末，引出含有字母组合i-e的单词，为后面的运用做铺垫。）

Step 2 Presentation and practice 1

（1）T: Here's a chant about Mike's weekend. Students chant together.

（2）Teacher changes PPT and only the words with i-e left. Students read and conclude the rule of the sound i-e/ai/.

（3）Students watch the video of phonics i-e/ai/and imitate the sound.

（4）Students play a game: blow the balloons to consolidate.

（设计意图：学生通过chant感知Mike的周末活动，从中发现含有字母组合i-e的单词，并归纳总结发音规律。通过观看phonics视频，模仿地道的发音。通过"吹气球"游戏巩固并检测见词能读的能力。）

Step 3 Practice 2

（1）T: Mike has a friend "igh", but he is unhappy because he forgets his name. So listen and memorize his name. Students listen and repeat the sound of "-igh" /ai/. T: Look, he is happy.

（2）T: "igh" likes making friends. Who is coming? Ss:H. T：/h/-/ai/. /hai/./hai/./hai/. Students repeat.

（3）T: S, F, L, N, R, T are here. Now you try to pronounce them. Students read more words.

（4）T: Look, this is Mike's sister and her name is "Bright." Let me introduce her to you. Students look, listen, understand and retell the story about "Bright".

（5）T: Bright is happy.She wants to play a game with us. It is "Bright says." Teacher introduces the rule and begins the game.

（6）Moral education: We should be polite and never fight.

（设计意图：学生首先通过观看"-igh"发音视频，在看、听、模仿中找到Mike的朋友，并根据发音规律，拼读更多单词。接着教师介绍Mike's sister—Bright，并讲述她的故事。学生顺着故事情境的展开学习单词，并运用学习的拼读规则复述故事。最后通过游戏"Bright says"以指令的方式让学生在运用中巩固所学，同时教育学生不要打架，做一个文明有礼的学生，体现以生为本的课程理念。）

Step 4 Practice 3

（1）T: Look, what are Mike and Bright doing? Students: They are watching TV. T:Yes, they're watching Ms Wei's mini class. Students watch it and learn the sound –y/ai/.

教材版本	新版《开心学英语》六年级下册	课型	语音课	授课时间	40分钟
主题	Sounds and words: i-e, -igh, -y				

（2）Students play "jumping game" to practice more words the sound –y/ai/.

（设计意图：学生通过和Mike，Bright一起观看老师的微课，习得目标语音－y/ai/及相关单词，通过玩"跳一跳"游戏，进一步对目标语音－y/ai/进行强化。）

Step 5 Extension

（1）T: Children's day is coming. Mike and Bright are going to Zhuhai to see me. Please listen and fill in the blanks.

（2）T: Read the passage and answer the questions. Students volunteer to answer.

（3）Students can conclude the points of writing with teacher's help and the mind map.

（4）Group work: Make up a story of Mike and Bright in Zhuhai with these words, at least five sentences.

（5）Students show the works. T corrects the mistake.

（设计意图：学生通过听Mike和Bright到珠海的录音进行填空和回答问题，提升语音辨别能力，实现听音写词目标。学生在思维导图的帮助下总结书写短文的要素，并通过运用本课所接触的含有目标语音i-e，–igh，–y的词汇，编写关于Mike和Bright在珠海的故事，提高语言的运用能力，实现目标语音学习服务于语篇阅读的目的，提高思维能力。）

板书设计	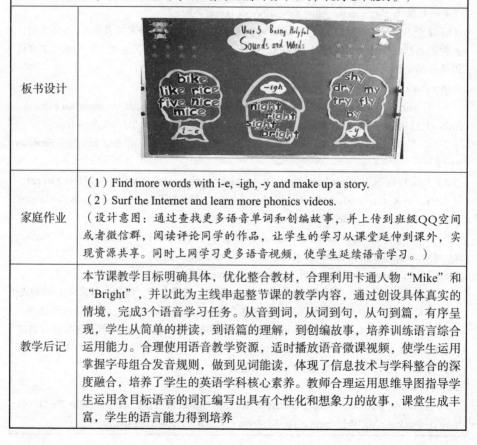
家庭作业	（1）Find more words with i-e, -igh, -y and make up a story. （2）Surf the Internet and learn more phonics videos. （设计意图：通过查找更多语音单词和创编故事，并上传到班级QQ空间或者微信群，阅读评论同学的作品，让学生的学习从课堂延伸到课外，实现资源共享。同时上网学习更多语音视频，使学生延续语音学习。）
教学后记	本节课教学目标明确具体，优化整合教材，合理利用卡通人物"Mike"和"Bright"，并以此为主线串起整节课的教学内容，通过创设具体真实的情境，完成3个语音学习任务。从音到词，从词到句，从句到篇，有序呈现，学生从简单的拼读，到语篇的理解，到创编故事，培养训练语言综合运用能力。合理使用语音教学资源，适时播放语音微课视频，使学生运用掌握字母组合发音规则，做到见词能读，体现了信息技术与学科整合的深度融合，培养了学生的英语学科核心素养。教师合理运用思维导图指导学生运用含目标语音的词汇编写出具有个性化和想象力的故事，课堂生成丰富，学生的语言能力得到培养

教之乐，研之果——小学英语教学的思考与实践

Unit 3 Animals（Review）

广东省珠海市香洲区凤凰小学　张亚东

教材版本	新版《开心学英语》三年级上册	课型	复习课	授课时间	40分钟
主题	Animals				

【学生分析】

小学三年级学生刚刚学习英语，具有好奇、好活动、爱表现、善模仿等特点。他们喜欢新鲜事物，对陌生语言的好奇心能激起他们对外语的兴趣。他们的记忆力好，形象思维好、模仿力、可塑性强，但缺乏理性思维，逻辑思维不强。

【教材分析】

本单元选自《开心学英语》三年级上册Unit 3 Animals。本单元的语言功能是询问和描述动物。在语言结构上，学生将运用一般疑问句Is this...来进行询问和回答。本单元由Story、Vocabulary、Target、Practice 1、Practice 2、Song、Activity 1、Activity 2、Activity 3和Alphabet几个板块构成。本课时为复习课时。

【教学目标】

1. 语言知识目标

能正确地理解和运用相关的词汇elephant/tiger/lion/monkey/rabbit/panda，并运用句型What's this?　It's a/an.../Is this a/an...? 来进行询问和回答，以及学习单词fish/shark/crab/turtle/whale。语音内容: 字母组合sh的发音。

2. 语言技能目标

（1）听：能够听懂相关动物的单词及句型。

（2）说：能够利用核心句型和单词就动物的话题进行简单交流。

（3）读：能够读懂关于动物的简单介绍的短文，理解并提取词汇信息。

（4）写：能够简单描述自己喜欢的动物并与他人分享。

3. 情感态度目标

（1）了解动物。

（2）培养学生爱护动物，保护环境的意识。

4. 文化意识目标

（1）了解动物和环境的关系。

（2）初步了解动物的特点及生活习性。

5. 学习策略目标

（1）通过小组合作完成小组学习单词和互相分享交流，学会积极与他人合作。

（2）学会初步利用网络资源，寻找更多关于动物的学习资源并进行描述

【教学重难点】

1. 教学重点

巩固学过的单词和句型。掌握拓展的五个海底动物的单词及字母组合sh的发音规律，并会用特殊疑问句What's this? 和一般疑问句 Is this a/an...进行询问和回答。

教材版本	新版《开心学英语》三年级上册	课型	复习课	授课时间	40分钟
主题	Animals				

2. 教学难点

熟悉并能正确应用动物单词以及一般疑问句Is this a/an...的问答，能够描述动物。

【教学准备】

动物图片、PPT、动画和多媒体等。

【教学过程】

Step 1 lead-in

（1）教师和生自由问话。T:What's this? Is this a pen? ...

（2）教师引入主题。T:What's in the box? ——It's a book.

What's it about? ——Animals.

（3）头脑风暴巩固学过的动物单词。T: What animals do you know?

（4）教师领读单词。

（设计意图：激发学生兴趣，引出本课的主题"动物"。通过猜测，激发学生开口说的欲望）

Step 2 Review

引入情境：参观100层的房子，猜测每层的动物。运用句型 What's this? 和Is this a/an...? 进行操练和复习。

（设计意图：通过多种形式的猜来巩固上节课学习的单词和句型。）

Step 3 Pair work

（1）引入情境。T: They are playing cards. Do you want to play?

（2）请学生观看扑克牌视频。

（3）请学生运用核心句型一起玩扑克牌。

A: What's this? B:It's a...

A: Is this a/an..B:Yes, it is. Here you are. /No, it isn't. Sorry.

（4）学生展示。（师用平板电脑观看并同屏）

（设计意图：复习和巩固本单元学过的六个单词和重点句型。通过玩扑克牌的形式，使学生在玩中学。通过观看视频，使学生清楚了解玩法，玩得开心且有意义。）

Step 4 Extension

（1）教师引领学生去海里观看动物。师引导学生快速阅读文本，找出海里的动物。

T：Please read it, find out how many animals you can see as soon as possible.

（2）原音输入，精读文本，老师通过动作语言，帮助学生理解。

Come and see. This is a fish. I like the fish.

Come and see. This is a shark. It's big. I like it.

Come and see. This is a crab. It's small. I like it.

Come and see. This is a turtle. It's green. I like it.

Come and see. This is a whale. It's very very big. I like it.

（3）在教新单词时引导学生发现fish/shark单词的发音规律。

教材版本	新版《开心学英语》三年级上册	课型	复习课	授课时间	40分钟
主题	Animals				

（4）播放sh语音视频，让学生观看并学习sh发音。

（5）教师用自然拼读教授其词汇。

（6）小组合作自主学习单词。

（设计意图：复习和拓展有关动物的单词。小组合作学习培养孩子自主学习的能力和小组合作的能力。）

Step 5 Practice

（1）游戏检测和操练单词。

T：Now you know the animals in the sea, let's go to see them.

（2）情感教育: Please protect the environment and the animals.

（3）教师请生在平板电脑上将单词和图片连线。

（4）教师引导学生看着图片描述动物。

（设计意图：强化和巩固新单词，并进行保护环境、保护动物的情感教育。调动学生思考的积极性，培养学生的记忆能力。）

Step 6 Writing

（1）介绍教师喜欢的动物。Today, we see so many animals, which animal do you like? I like dogs.

（2）了解学生喜欢的动物。T: Which animal do you like?

（3）微课：如何描述自己喜欢的动物？

（4）让学生选择自己喜欢的动物并进行描述。

T: Please describe the animal you like and share in your group.

（5）请小组上台展示。

（设计意图：培养学生对动物的喜爱。培养小组合作及分享的意识，让学生感受其中的快乐。）

Step 7 Summary and homework

（1）总结本课学习内容。

（2）情感教育：T: Animals are our friends, we love them, so we should protect them

板书设计	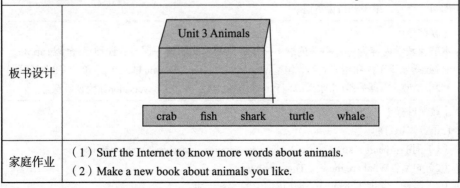
家庭作业	（1）Surf the Internet to know more words about animals. （2）Make a new book about animals you like.

教材版本	新版《开心学英语》三年级上册	课型	复习课	授课时间	40分钟
主题			Animals		

教学后记	本节课我以《地上100层的房子》作为引入，这本绘本极大地激发了学生的兴趣。在"爬楼梯"的课件里，我带领着学生通过听、画、物、看等方式来运用本课重点句型进行信息差的互动，和每一层里的动物们进行对话。情节环环相扣，让学生在真实情境中操练重点句型和单词，使得复习的内容扎实有效又不枯燥。在阅读过程中，我注意了阅读策略的引导和原音的输入。通过小组合作学习单词，锻炼学生合作的能力；创设的游戏能既巩固单词又能进行巧妙的情感教育。写作环节中，在小组内分享后，小组内每个学生的写作合在一起，制成了一本本关于动物的绘本。 另外，整节课我充分利用了各种信息化技术手段，如醍魔豆环境下的抢答、即问即答、推送、同屏展示、小组合作、微课等帮助学生更好地理解和清楚接下来的活动。 不足之处：在课堂设计上，应该创设更多适合学生自主学习的活动；在组织课堂上，语言应更加精练

Unit 4 Fruit

广东省珠海市香洲区第一小学　李玉莲

教材版本	新版《开心学英语》三年级下册	课型	新授课	授课时间	40分钟
主题			Fruit		

【学生分析】

三年级学生已经在一、二年级英语口语课中学过一些有关水果的单词，并在三年级第一学期掌握了一些简单的句型，能进行简单的英语对话。在行为习惯方面，注意力的持久性不够，希望得到老师的关注和夸奖。同时他们活泼好动，对英语学习充满了浓厚的兴趣和好奇心，乐于开口说英语。

【教材分析】

本节课教学内容为《开心学英语》三年级第四单元的第一课时；课前已经学过apple，banana等水果单词和相关的单数句型What is this？ It's .../Do you like...？ 本单元有8个新单词和2个句型，本课先教6个水果单词和一个复数句型，并把Conversation作为视听练习。

【教学目标】

1.语言知识目标

（1）词汇：pears，strawberries，cherries，grapes，peaches，watermelons.

（2）句型：What are these？ They are pears.

（3）语音：掌握字母m，n，b在单词中的发音规律。

教材版本	新版《开心学英语》三年级下册	课型	新授课	授课时间	40分钟
主题	Fruit				

2. 语言技能目标

（1）Able to communicate with key sentences.

（2）Ask about and Identify household items and their colors.

3. 学习策略目标

Create situations, create a relaxed learning environment, stimulate interest in learning English.

4. 情感态度目标

Guide students to develop healthy eating habit.

5. 文化意识目标

Through the study of this unit, know some fruits and their color, understand the role and origin of fruit. Learn to introduce your favorite fruit to others.

【教学重难点】

（1）课本单词和句型的操练和熟练运用。

（2）鼓励学生积极思考并表达。

（3）水果名词的复数形式。

【教学准备】

水果图片、实物，PPT，动画和多媒体等。

【教学过程】

Step 1 Warming up

（1）Free Talk.

（2）Sing a song.

（设计意图：通过师生互相问候和唱歌活跃课堂气氛，让学生的情绪得到放松，从而迅速进入良好的学习状态，同时也促进学生音乐智能的发展。）

Step 2 Presentation A

（1）Show an apple and ask: "What is this? It's...."

（2）Show the fruits and present the "s".

（设计意图：以实物为主开展新单词的教学，多媒体教学更是能促进学生积极主动参与，学习肢体语言能帮助学生理解记忆。）

Step 3 Practice

Practice the patterns and words by guessing the fruits.

（设计意图：通过猜单词卡片的背影的游戏来巩固所学单词。）

Step 4 Presentation B

Have some students close eyes and guess:（touch or smell the apples /taste the grapes）

A: What are these?

B: They are....

（设计意图：创设语境，通过摸一摸、闻一闻、尝一尝，从语言本身所表达的情境入手，呈现新句型。）

教材版本	新版《开心学英语》三年级下册	课型	新授课	授课时间	40分钟
主题	Fruit				

Step 5 Dialogue

A: Hello!

B: Hi!

A: What are these?

B: They are....

（设计意图：通过2人练习，进一步使学生增强自由交际与会话的能力，同时增强学习的趣味性。）

Step 6 Say a chant with actions

（设计意图：在一段时间的语言学习后，安排一首诗，既能复习所学内容，又能使学生始终保持学习的兴趣，更从水果名词单数转换成复数，突破难点。）

Step 7 Watch the conversation and answer the questions

（1）Present the questions and watch the conversation.

a. What are these?

b. Are they watermelons?

（2）Repeat after the computer.

（3）Check the answers.

（设计意图：把课文处理成视听练习，逐步拓展，激发学生学习的兴趣。）

Step 8 Consolidation: Make a fruit riddle book in group

Write and draw after the model.

Show and talk about the fruit riddle books.

Hi! I am Ben. I am nine. I like the fruits on the table. They are red. They are small. What are these?

They are cherries .

A: Hello!

B: Hi!

A: What are these?

B: They are cherries. They are red. They are small.

A: Do you like cherries?

B: Yes, I do. /No, I don't.

教材版本	新版《开心学英语》三年级下册	课型	新授课	授课时间	40分钟
主题	Fruit				

（设计意图：语言输出，设计一本水果谜语书，拓展学生思维，使其能够灵活应用所学知识进行例文仿写。小组创编，培养学生的合作精神和创新能力。）

Step 9 Sing a song

（设计意图：在熟悉欢快的歌曲中结束本课。）

板书设计	Unit 4 Fruit pears 　　　　　grapes watermelons 　　　peaches 　　A: What are these? strawberries 　　　cherries 　　B: They are....
家庭作业	Talk and introduce your favorite fruits to your parents. Hi! Dad! They are grapes. They are purple. They are small. I like grapes. （设计意图：课后练习，进一步巩固课堂所学内容并运用于实际生活中。）
教学后记	本课尽量做到以学生为主体，以游戏、情境创设为主线，以激发学生兴趣为支撑点，以能力培养为宗旨，通过听、说、读、写、唱等调动学生学习兴趣。活动设计贴近生活，让学生在学中玩、玩中学，并通过感知、体验、实践、参与和合作等方式，真正做到学以致用。 回看这堂课，我认为应该进一步加强教学基本功，还有，体现学生的自主性、创造性的活动不够。这些在以后的教学中都有待加强。

Culture 1 Weather around the world

广东省珠海市香洲区第十六小学　庄　萍

教材版本	新版《开心学英语》五年级上册	课型	阅读课	授课时间	40分钟
主题	Weather				

【学生分析】

本课教学对象是小学五年级的学生，该年龄段的学生对世界充满了好奇，愿意学习、了解更多世界地理文化。该阶段的学生虽然学习了几年英语且有一定的积累，但是大部分学生不懂得把所学语言运用于实际生活中。本课通过融合现代信息技术，引导学生学会运用工具、活用语言解决实际生活中的问题。

教材版本	新版《开心学英语》五年级上册	课型	阅读课	授课时间	40分钟
主题	Weather				

【教材分析】

本节课教学内容为《开心学英语》五年级上册Culture 1 Weather around the world。本课为阅读课，主要内容是5个地区（the North Pole，the South Pole，China，Australia，Kenya）的季节和相应天气。学生在第一单元学过季节和天气的相关表达，并且在Unit 1 Reading and writing部分学习了澳大利亚与中国天气的差异。本课作为阅读拓展学习材料，教材文本只呈现了这5个地区的季节或天气，对于五年级的学生而言略显枯燥。因此，本节课以Travel around the world为情境，融入信息技术手段，引导学生运用信息技术工具和语言为环游世界做好准备。

【教学目标】

1. 语言知识目标

学生在语境中学习、理解、运用词汇、词组和句型the North Pole， the South Pole，China， Australia， Kenya，people， snow. It's...in summer/winter.

2. 语言技能目标

学生能正确运用核心语言描述各地的天气和季节。

3. 文化意识目标

通过对南北极、肯尼亚和澳大利亚的阅读学习，学生在了解文化差异的同时，培养其文化品格。

4. 情感态度目标

（1）学生能够对其他国家或地区的季节和天气情况产生兴趣。

（2）学生能够在对比学习中体验地域差异，并且能够骄傲地介绍自己的家乡。

5. 学习策略目标

学生通过本课的学习活动提高认知策略（听的策略、说的策略、阅读策略和写作策略），并且在活动中提升与他人交流的交际策略

【教学重难点】

（1）阅读策略的运用。

（2）It's... in summer/winter.句型的渗透和运用。

（3）在阅读中准备获取信息，运用思维导图的提示进行写作

【教学准备】

中国地图、世界地图、天气图标、PPT和video多媒体等

【教学过程】

Step 1 lead-in

（1）Free talk: Good morning! Boys and girls. What's the weather like today? What about the weather in Australia?

（2）Guess：What's the weather like in Sydney?

（3）Watch a video and answer the question.

Why Miss Zhuang doesn't have a good time in Sydney?

教材版本	新版《开心学英语》五年级上册	课型	阅读课	授课时间	40分钟
主题		Weather			

（设计意图：从谈论珠海的天气延伸到澳大利亚的天气，利用视频短片介绍庄老师去澳大利亚的经历，让学生头脑风暴讨论老师为何在澳大利亚有一个不愉快的旅途，从而引出外出旅游前要做好攻略，如了解当地天气情况等。）

Step 2 Before reading

Discuss: What do you know before travel?

Draw a mind map and complete the picture.

（设计意图：小组讨论出游前需做哪些准备，并且在平板电脑上合作完成思维导图的拼图练习。通过运用多媒体学习绘制思维导图，同时归纳知识点，进一步培养学生用英语做事情的能力。）

Step 3 While reading

（1）Read the passage（Australia）.

（2）Know more about Australia by asking questions.

（3）Group work:

① Write down your questions.

② Discuss the answer in group.

③ Surf more information on line.

（设计意图：课文文本对澳大利亚的介绍仅限于月份和天气，满足不了学生对澳大利亚更深文化了解的需求，因此，笔者引导学生借助信息技术手段深入学习和了解更多异国文化，促进学生在解决问题的学习中培养语言能力和学习能力。）

Step 4 Practice

（1）Have students to discuss and choose one place to visit.（the North Pole, the South Pole, Kenya, Beijing）

（2）Draw a mind map and make a report.

Tips:

① Find the answer from the passage.

② Find the answer by discussing with your partner.

③ Find the answer by surfing the Internet.

（设计意图：阅读过程中老师与学生互动示范，学生初步掌握阅读时准确获取信息的学习策略。学生在小组合作中阅读剩余的3篇小短文，读后选择自己感兴趣的短文深入讨论学习，并且借助信息技术手段查询更多当地的信息与同伴交流，引导学生步步深入阅读，很好地激发了学生的阅读兴趣。）

Step 5 After reading

Have students draw a mind map and write a passage to introduce their own hometown.

（设计意图：学生根据思维导图提示介绍自己的家乡，运用思维导图搭建写作框架。思维导图式写作利于拓展学生的思路。）

教材版本	新版《开心学英语》五年级上册	课型	阅读课	授课时间	40分钟
主题	Weather				

板书设计	 **Culture 1 Weather around the World** **Skills and assessment:** Talk: 1 2 3 4 Listen: 1 1 2 2 Read: 4 4 4 4 Write: 3 3 3 3 Draw: 1 2 3 4 seafood — food T-shirt — clothes what to know before travel where — Australia, Zhuhai weather — hot, cold, rainy seasons — spring, summer, fall things to see and do I want to go to _____. It is _____ in _____. I can eat _____. I can wear _____. I am going to _____. It is going to be fun.

家庭作业	Draw and write. Choose（1）or（2）to do. （1）Draw a mind map and write a passage.（The place you want to visit.） （2）Draw a mind map and write a passage to introduce your hometown. （设计意图：作业的设计旨在让学生有兴趣有选择地去整理归纳本课知识点。思维导图的方式能够拓展学生的写作思维，并且能够培养学生的学习能力和思维品质。）

教学后记	本节课能够充分运用信息技术手段辅助课堂教学，使课堂教学互动更真实有效，学生的学习反馈更具实效性。比如，教师通过视频短片的导入与学生互动交流，引导学生思考为何老师旅途不顺。学生在多媒体平台的辅助下与小组合作探究出游前应该做什么准备，并与同伴合作完成"旅游攻略"思维导图的拼图，在拼图过程中讨论并为短片中的"困难"提供解决办法。例如，老师出游前未知天气情况，所带衣物不合时宜，小组讨论如何解决该"难题"及如何避免该状况。学生通过老师创设的情境，在学习过程中运用目标语言模拟情境，一步步攻克"困难"。学生在项目学习中运用信息技术手段提高学习能力和思维品质。 本节课关于项目学习的小组分工可再细化，对学生项目学习的指导可更科学化，可以巧用信息技术手段，如网络资源等适时跟进和反馈学生的学习情况，对不同层次的学生，应及时给予指导和帮助。

教之乐，研之果
——小学英语教学的思考与实践

Unit 1 Making plans（Review）

广东省珠海市香洲区第二十三小学　郝月月

教材版本	新版《开心学英语》五年级下册	课型	复习课	授课时间	40分钟
主题	Making plans				

【学生分析】

大部分学生的基础知识比较扎实，学习能力较强。部分学生学习英语的兴趣较高，但是有一小部分学生英语学习能力较弱。所以学生对所学的一般将来时不够深刻，遗忘比较多，个别学生有时态的概念，但是做题时很难面面俱到。

【教材分析】

在小学阶段中，一般将来时是重点时态知识。备课前，我研读了《开心学英语》三年级到五年级下册的英语课本，发现一般将来时的教学内容主要集中在五年级下册；了解到学生对五年级所学的一般将来时理解不够深刻，遗忘比较多，还没进行综合运用的学习和训练。所以本节复习课的定位是，通过学生体验、实践、参与、合作与交流的方式进一步明晰一般将来时所表达的意义和句型结构特点。

【教学目标】

1. 语言知识目标

学会听、说、读、写表示将来意义的句子，以及能在实际生活中表示将来的意义。

2. 语言技能目标

能熟练运用表示将来意义的表达：What are you going to do？/What is he（she）going to do？/Where/When are you going？/How are you going there？/Who are you going with？/I'm going to.../He（She）is going to.../They（We）'re going to...

3. 情感态度目标

（1）本课以G20峰会为落脚点，让学生在学习中感受中国的富强、民主、文明、和谐，并结合课堂实践活动，让每一位学生明晰文明、友善是做人之本，并在生活中认真践行。

（2）学会与同学交流合作，与他人和谐相处，学会合理安排时间。

（3）体会计划的重要性，体验获得认可的成就感。

（4）激发说英语的欲望，感受与同伴合作的乐趣。

4. 文化意识目标

体验导游这一职业的乐趣，增加对职业的理解和尊重，体会人人平等的意义。

5. 学习策略目标

（1）学会聆听，适时做笔记。

（2）学会小组合作，主动运用英语与他人进行交流表达

【教学重难点】

（1）表示将来意义的结构及其特点，以及be going to的用法。

（2）熟练运用由 What /Where/When /How/Who 引导的表示将来意义的特殊疑问句。

教材版本	新版《开心学英语》五年级下册	课型	复习课	授课时间	40分钟
主题	Making plans				

【教学准备】

多媒体课件、练习题、实物等。

【教学过程】

Step 1 Presentation

（1）Greetings and free talk: Class begins. Stand up, please. Hi, everyone. Sit down, please. Hi, boys and girls. I'm your new teacher. My English name is Bee. I'm a busy bee. I feel very busy every day. I go to work on Monday to Friday. You have to go to school 5 days a week. So we all love weekend. Read after me, please: weekend. What can we do on the weekend? Can we shop for clothes? （Yes, we can.）

（2）Brainstorm: Words and expressions about what we can do on the weekend.

Next, please discuss in groups and talk about what we can do on the weekend. And then write them on your paper.

（3）Present the verbal phrases and read them aloud.

T: Ok, stop here. We can do many things on the weekend. We can...

（4）Write some phrases on the blackboard.

（设计意图：本课时开始阶段的启发式问答活动充分地调动了学生学习的兴趣，直接切入主题，吸引了学生的注意，反复出现的有关动作的短语和句型为下面谈论的话题What...going to do? 做了铺垫。）

Step 2 Pre-task

（1）The students will listen the teacher's weekend plan and sum up how to make plan.

We can do a lot of things on the weekend. What am I going to do on my weekend? Please listen my plan, and then complete the schedule. Let's check the answers. Boys and girls, after we do this excise we all know when we are going to make a plan, we should think about five aspects: when, where, who, what, how, do you understand? You know my weekend plan. What about you and your friend's plan? Let's make a survey. Ask your classmate's weekend plan. For example, excuse me, what are you going to do on Saturday morning?

（设计意图：从自己的计划过渡到学生的计划，激发学生参与的兴趣，让学生自然积极地进入学习的状态。）

2. Show Time

（设计意图：本阶段让学生展示自己及同伴的计划，有竞争地表达涉及本课及更多丰富的有关动词短语和一般将来时的时间短语，为本课时复习一般将来时态又做了个更好的铺垫。）

Step 3 While-task

（1）Mid-Autumn Festival is coming. We have three days holiday.

Where are you going to go?

（设计意图：从导入文本到进入主体文本的学习。以教师和 Chairman Xi通电话的形式出现主体文本，训练学生通过听音整体感知核心语言的能力。以Chairman Xi's weekend Plan为载体，通过三个层次的问题和听、说、读、写的语篇活动，启发学生了解 Chairman Xi's weekend Plan的细节，复习巩固本节课的主要句型和时态的学习）

（2）Listen to the dialogue, and then choose the best answer.

A. Where is the teacher going to go?

教材版本	新版《开心学英语》五年级下册	课型	复习课	授课时间	40分钟
主题	Making plans				

B. When is he going?

C. What is he going to do?

（3）Check the answers.

（4）Read the dialogue aloud in pairs.

（5）Retell the plan according to the Mind-map.

（设计意图：口头作文，文本重构。这是一个任务型活动，贯穿主线，以对话的形式阅读关于席主席的周末计划，提高学生的阅读水平，体现学生的理解能力和语言组织能力。设计情景让学生在不知不觉中复习了所学的知识，培养了学生综合运用语言的能力，体现了语言的实用性，让学生体验到学习的成就感。锻炼学生说的能力，从说词，再到说句，现在说篇，从而更深一层加强了学生对将来时态的复习）

Step 4 Production

（1）Assign the task above.

G20 Summit is over. But some prime minister is not willing to leave China, because our country is very beautiful, and the food is tasty. They want to visit some cities of China. I will give you some information in each group, work in groups, and make a plan for the minister. Your group will choose one student to be a tour guide, and then let's judge who will be the best tour guide. Discuss first, and then write on the page, read it together, at last, share the plans in groups, then in class.1, 2, 3 go!

（2）Skeleton of writing: ...is going to... / ... is going by...

... is going with... / ...will have a good time.

（3）Show time: Share the plans in groups, then in class.

（4）Check and report.

（5）Conclusion: How to make a trip plan.

（6）Homework: Make a plan for someone as you like.

（设计意图：环环紧扣，培养学生"写"的能力，也由浅到深，从简单的写句子，到写作文，让学生学起来很轻松。作业是对课堂教学知识的操练和延伸，本节课结束时，让学生写一下自己喜欢的计划，让学生加深对该语法点的认识和理解，能更好地锻炼学生的写作能力）

板书设计	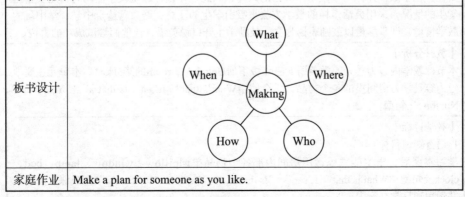
家庭作业	Make a plan for someone as you like.

教材版本	新版《开心学英语》五年级下册	课型	复习课	授课时间	40分钟
主题	Making plans				
教学后记	1. 内容专题化 小学五年级学生很容易混淆所学的词汇和语法知识。教师如果不帮助学生系统地梳理和整合，那么学生即使做再多的练习，仍不能熟练掌握所学知识。所此，我就把教学目标定为复习本单元的主要句型: Where are you going? What are you going to do? When are you going? How are you going? Who are you going with? 希望学生通过本节课的学习，记住be going to的结构特点。教学实践表明，这种专题性的复习很有必要，也很有效果。 2. 活动多样化 在许多教师的观念中，复习课似乎就是练习课，事实上这种观点是可以与时俱进的，复习课也可以上得生动有趣。在本节课中，我通过创设各种情境充分激发学生的学习兴趣，同时也引导学生操练语言；通过让学生听录音，了解教师这个周末的计划，并自然呈现表示将来意义的句型；通过阅读材料提高学生的朗读能力；最后让学生写一写自己感兴趣事的计划安排，训练了学生写的能力。多样的活动充分调动了学生的兴趣，提高了教学效率，让学生在听、说、读、写各方面都得到提高。				

Unit 3 My Room（Review）

广东省珠海市香洲区第十一小学　叶远聪

教材版本	新版《开心学英语》三年级下册	课型	复习课	授课时间	40分钟
主题	Room				

【学生分析】

本课教学对象是三年级的小学生。三年级是小学生学习英语的基础阶段，这一阶段的重要任务在于激发并保持学生学习英语的兴趣，因此，在设计课堂教学活动时一定要根据学生的情况，采用灵活多样的教学方法来吸引学生的注意，努力营造玩中学、学中玩的教学情境，课堂尽量以鼓励表扬为主，鼓励学生开口说英语，让他们尝试成功的喜悦。

【教材分析】

本节课教学内容为《开心学英语》三年级下册Unit 3 My room的第3课时。本单元主要学习内容是学习房间里的各个物品，学会使用What's that? It's a... Is that a ...? Yes, it is. / No, it isn't.句型。

【教学目标】

1. 语言知识目标

学习本课后，学生能熟练运用房间内部各个物品单词pillow、window、lamp、bed、clock及句型 "What is that? It's ..." "Is that a ...? Yes, it is. /No, it isn't." 完成课堂活动，并运用到日常交际中。

教材版本	新版《开心学英语》三年级下册	课型	复习课	授课时间	40分钟
主题	Room				

2. 语言技能目标

学生能自信灵活地运用所学句型询问房间里的各个物品，在有趣的游戏活动中将所学知识与实际生活联系起来，并运用所学知识来解决问题和完成任务。

3. 情感态度目标

学生能自信地与同伴或在小组间运用语言进行交流，激发学习热情；学生能意识到小组合作的重要性。

4. 文化意识目标

了解不同国家小朋友的房间内饰。

5. 学习策略目标

学生能熟练掌握智能客户端的使用方法，通过合作学习，提高学习动力。

【教学重难点】

Key points:

Vocabularies: a bed、a pillow、a window、a door、a clock、a lamp、black、white.

Sentences patterns: What's that? It's ... Is that a ...? Yes, it is. No, it isn't.

【教学准备】。

表情图片、PPT、动画和多媒体等。

【教学过程】

Step 1 Warm-up

（1）Free talk. Ask and answer with the teacher.

T: Hello. I'm your new teacher. My name is Mr.Ye. What's your name?

Ss: My name is ...

T: What color do you like?

S: I like ...

（2）Use mind map to help Students organize the language to introduce themselves.

（设计意图：①师生相互认识；②通过思维导图帮助学生自我介绍，激发学生说英语的兴趣；③通过"What color do you like？"帮助学生唤醒颜色知识，从而学习并巩固本单元的知识。）

Step 2 lead-in

（1）Play the video of Peppa.

① Greetings with Peppa.

② Peppa invites us to play in his room.

（设计意图：设置情境，引出学生比较喜欢的动画片《小猪佩奇》里的Peppa，立即激发学生的学习兴趣，并邀请学生参观佩奇的房间。）

Step 3 Presentation

（1）Go into Peppa's room, get to know different objects in the room.

（2）Review three words and the sentence patterns: a pink pillow, a yellow door, a white window.

T: What's that? It's a ...

（3）Review other three words and the sentence patterns: a brown bed, a green clock and a red lamp.

教材版本	新版《开心学英语》三年级下册	课型	复习课	授课时间	40分钟
主题	Room				

T: Is that a ...? Yes, it is. No, it isn't.

（设计意图：通过在佩奇房间这种情境教学复习这一单元所学单词和句型，学生在情境里保持浓厚的学习兴趣。）

（4）Present four new words：computer，chair，picture，toy. Encourage students to find the new words by themselves. T asks some students to be the teacher to teach others new words.

Use phonics to teach the sound of "air".

（5）Play games in Peppa's room to learn the new words: Clap and stand-up game.（When teacher claps the card, students stand in group and read the words loudly.）

Ask some students come to the blackboard to be the teacher.

（设计意图：①通过旧知识，带出新单词，扩充课堂容量；②将自然拼读法渗透到教学中，让学生对英语单词的发音有初步的印象，为今后的进一步学习打下基础；③通过游戏教学迅速学习新单词，增加学习的趣味性。邀请学生当小老师，师生共同主导课堂。）

（6）Use the pad to do the listening.

① Students do the listening with the pad.

② T checks the answer together and analyzes the feedback.

（设计意图：在粤教云教室用先进的设备进行听力练习，学生自己戴上耳机，做听力练习，老师在粤教云平台上查看学生做题情况，即刻了解学生的掌握情况。）

Step 4 Practice

（1）Go to Teacher's room.

（2）Present six things in Teacher's room, use the guessing game to practice the key sentence patterns.

① All the students read "What's that? What's that?" together while teacher asks one student to guess the objects in Teacher's room.

② Students guess what the object is.

（3）After guessing, teacher shows the whole room.

（设计意图：参观佩奇的房间后，引入老师的房间，顺利过渡到句子的复习和巩固，利用游戏教学法激发学生的兴趣，让学生在猜测游戏中巩固核心句子和单词。）

（3）Dice game.

① T makes a model.

One student guesses the objects and rolls the dice, other students say the sentences together: What's that? What's that?

② Students do the game in group of four.

（设计意图：①通过这个游戏，让全班学生操练：What's that? Is that a ...? 这个重难点问句；②增加学习趣味，激发学生学习的兴趣；③让学生感受团队合作精神，在四人小组合作中完成游戏。）

教材版本	新版《开心学英语》三年级下册	课型	复习课	授课时间	40分钟
主题		Room			

Step 5 Consolidation

（1）Introduce teacher's American friends to students.

（2）Play the video of American children's room.

（3）Talk about the different rooms.

（设计意图：在真实情境中运用所学语言，讨论不同的房间，参观美国小朋友的房间，增强学生的跨文化意识。）

（4）Students use the pad to choose their favorite rooms and talk about the room.

（设计意图：充分利用粤教云课室里的先进设备，学生用自己的平板电脑选择自己喜欢的房间，并与同桌讨论。）

（5）Ask students to show their dialogue to the whole class.

（6）Visit another American children's room, present the passage.

Hi, my name is Tony, I am 9 years old. I like red, yellow and blue. My room is very cool. Look, what's that? It's a black toy car. It can run. I play it on Saturday and Sunday. I am happy. I like my room.

Hi, my name is Jenny, I am 10 years old. I am from USA. I have a big room. Look, what's that? It's a book. I like reading book very much. I read books on Monday. I like my room.

（7）Ask and answer about the passage.

（设计意图：培养学生文段阅读能力，完成从单词、句型到文段阅读的知识递进。）

（8）Use the pad to let students write down the description of their favorite rooms.

（设计意图：教师利用粤教云设备发放练习文档，学生在自己的平板电脑里自行选择喜欢的房间，并且利用所学单词和句型介绍房间。）

9. Use the pad to check the passages of students and show the example to the whole students.

> Look!It's a room. What's that? It's _____ . Is that _____ ? Yes,it is. The room is _____ . I like the room.

（设计意图：教师利用粤教云即刻检查学生所学知识的情况，同时批改学生的文档。）

Step 6 Moral education

Have students compare two rooms: a messy room and a tidy room.

（设计意图：进行德育教育，使学生养成收拾自己房间的好习惯。）

板书设计	Unit 3 My room	
	What'sthat?	a pillow
	It's _____.	a door
	Is that a _____?	a window
	Yes, it is.	a bed
	No, it isn't.	a clock

教材版本	新版《开心学英语》三年级下册	课型	复习课	授课时间	40分钟
主题	Room				
家庭作业	Take a photo of your bedroom or draw your bedroom and share with your classmates.（设计意图：①通过让学生绘画自己的房间或者拍照房间，并简单描述这一家庭作业，使绘画和英语很好地结合在一起；②学生通过"What's that? It's _____"进行描述，从而很好地运用本单元的重难点知识。）				

Unit 4 Feeling excited（Review）

广东省珠海市香洲区景园小学　陈美枝

教材版本	新版《开心学英语》六年级下册	课型	复习课	授课时间	40分钟
主题	Feelings				

【学生分析】

本课教学对象是六年级的小学生。经过三年多的学习，他们已经掌握了一定的词汇量和一些基本的对话和句型。大部分学生养成了良好的学习习惯，但这一年龄段的学生变得内敛，不太愿意表达自己的情感。希望通过本节课的活动鼓励学生乐于分享和表达，做情绪的主人。

【教材分析】

本节课教学内容为六年级下册 Unit 4 的第3课时。主要学习内容是几个情感的单词和表达引起不同情绪的原因，主要语法是过去式。之前的三个单元已经学习了过去时态，学生会用所学句型表达自己一天中发生的事。在本课设计中，我选用了学生的日常照片，利用发生在学生身边的事件进行教学活动。

【教学目标】

1. 语言知识目标

巩固复习本单元单词、语音和句型，以及拓展句型"When I feel bad, I can..."

2. 语言技能目标

能够运用目标句型描述事件及感受，并学会通过正确的方式排解自己的不良情绪。

3. 文化意识目标

听到别人有好消息时，能由衷地祝福；听到不好的消息时，能表示安慰并尝试提出建议。

4. 情感态度目标

（1）学会与他人分享自己的感受。

（2）通过同伴及小组合作学习来培养合作学习的意识和能力。

（3）引导学生学会用健康积极的态度排解自己的不良情绪。

教材版本	新版《开心学英语》六年级下册	课型	复习课	授课时间	40分钟
主题	Feelings				

5.学习策略目标

（1）学会聆听，适时做笔记。

（2）小组合作，主动用英语与他人进行交流。

【教学重难点】

（1）课本单词和句型的操练和熟练运用。

（2）鼓励学生积极思考并表达。

（3）When I feel bad, I can...句型的渗透和运用

【教学准备】

表情图片、PPT、动画和多媒体等。

教学过程	Step 1 lead-in （1）Free talk: How do you feel？ You can say, I feel...or I'm ... 当学生说"I'm nervous"时，与学生进行互动: Take it easy, let's take a deep breath. （2）Brainstorm：What feelings do we have？ Present the mind map. （3）Match the words and pictures. （设计意图：从谈论学生现场的心情导入本节课主题，利用思维导图复习主题词汇，并通过单词和表情图片的配对，加深学生对单词的理解，为本节课的语言运用做铺垫。） Step 2 Practice 1 A guessing game to review and practice of sentence patterns. He was _____. Because _____. （设计意图：学生提取本单元重点语言谈论他人的心情和原因，有效复习巩固已学知识。采用学生日常的照片，通过多媒体展示有信息差的竞猜活动，学生能够更有兴趣地参与表达。通过给迟到及骑自行车摔跤的同学提建议，渗透良好生活习惯及安全教育，并在句子的运用中渗透语音教学。） Step 3 Group work Talk about past experiences with the feeling words. （1）Talk in group of 4.（When one is talking, others should listen carefully and try to give some advice.） Demo in groups. The teacher can give some comments for each group. e. g. I think you should put away your books before going bed at night. （2）Share your feelings: Have 2~3 groups to show. （设计意图：学生结合自身经历谈论最近的心情和产生此心情的原因，并尝试给自己的朋友提一些建议，有效提升了语言运用能力和知识的整合能力。小组活动的过程中，使学生学会分享和倾听。）

教材版本	新版《开心学英语》六年级下册	课型	复习课	授课时间	40分钟
主题	Feelings				

教学过程	Step 4 Extension of the topic: Watch a video about animal feelings （1）Watch a video. Try to find out what are the good feelings and bad feelings in the video.（Stick the signs on the board.） （2）Have some students to write on the blackboard. （3）Watch, check and read. Let's watch the video and check together. Read follow the video. （设计意图：学生从谈论他人、自己的情感，到了解动物的情感，深化本节课的主题，拉近了人与动物的距离，在拓展学习单元语言知识的同时，渗透情感教育。在知识层面上，充分利用网络资源，让学生通过观看课外视频、做笔记，学会分类处理知识点。） Step 5 Song activity: How to deal with bad feelings? （1）Listen to a song. Now let's listen to a feeling song, and try to find out what does the song say when you have bad feelings? （2）Check and talk in class for 1 ~ 2 minutes, what can you do when you feel bad? Let some students share their ideas. （3）Choose, write and share. Next time when I feel bad, I know what to do. I can _____. I can _____. （4）Let some students share their paper. （5）Sing the song together. （设计意图：主题歌曲循环拓展单元语言知识的同时，让学生体悟到培养健康情感的重要意义：要学会做情感的主人，用科学的方式调控不良情绪。通过投影仪分享学生的写作，利用信息技术手段提高课堂教学效率。）
板书设计	When I feel bad, I can _____. I can _____. I can _____. He was _____. Because he _____. I was _____. Because I _____. tired happy nervous scared Feelings excited angry shy ...

教材版本	新版《开心学英语》六年级下册	课型	复习课	授课时间	40分钟
主题	Feelings				
家庭作业	Draw and write. Choose 1 or 2 to do. （1）Draw and write a feelings mind map. And choose 1~2 feelings to write some sentences. （2）Draw and write the things happened to you and your feelings recently. （设计意图：作业的设计旨在让学生有兴趣有选择地去整理归纳本课知识点。思维导图和简笔画一方面使得书写作业不枯燥；另一方面能够加强书写的画面感，帮助学生更好地牢记知识点。）				
教学后记	本节课充分利用信息技术手段，有效开发学生资源和网络资源促进教学，还利用课堂生成资源与学生进行交流互动，在活动中能够及时地表达家人和老师的爱与关注。从学生最后的语言产出环节看，不但达成了该节课的知识目标和情感目标，学生的语言能力、思维能力也得到了发展。但是还有以下几点遗憾： 有几个环节教师的反馈还可以更准确，并与学生进行适当的情感互动，在share the feelings 环节，一位学生提到：I helped my friend find the money.教师可以这样反馈：You mean you helped your friend look for the money? Did you find the money? 又如在When you felt bad, what did you do? 环节，教师针对学生的表达可以适当提供建议。				

Unit 4 Fruits（Review）

广东省珠海市香洲区第十二小学 林佩珊

教材版本	新版《开心学英语》三年级下册	课型	复习课	授课时间	40分钟
主题	Fruits				

【学生分析】
三年级学生好奇心强，活泼好动，喜欢说唱英语歌谣，爱猜测事物，同时，他们善于观察，乐于模仿，敢于表达。在老师循序渐进的引导下，学生能够就所学的话题进行不同难度的任务学习。

【教材分析】
该课为《开心学英语》三年级下册Book 2 Unit 4 Fruits复习课。该课以教材的重点词汇和句型作为核心，以教师创设的情境为主线，完成四个任务，拿到参加Fruit Party的票。通过环环相扣、丰富多样的教学活动和生生互动的小组合作学习，使学生在快乐中复习和拓展知识。

教材版本	新版《开心学英语》三年级下册	课型	复习课	授课时间	40分钟
主题		Fruits			

【教学目标】

1.语言知识目标

（1）能听懂、会说、会读重点单词，并正确区分单复数形式。

（2）理解与熟练运用重点句型谈论有关Fruit的话题。

2.语言技能目标

（1）listening：能听懂有关水果的提问和描述。

（2）speaking：读音清楚，语调达意，能进行对话和描述。

（3）reading：能熟读单词，正确朗读句型和作文。

（4）writing：能根据文意正确书写单词进行填空，正确使用大小写字母。

3.情感态度目标

（1）在学习中树立自信心和成就感，增强对英语学习的喜爱。

（2）在学习中勤思考，认识到"思考让人明智""思考让人有创造力"。

（3）通过对创意水果拼盘的欣赏，增强对美的感受，激发创造意识和才能。

4.学习策略目标

（1）通过听读模仿、合作学习等方式，增强学习主动性，提高合作学习的能力。

（2）在学习中注意倾听，积极思考，善于利用图画、动作等非语言信息理解主题。

（3）利用思维导图进行思考和表达，培养较强的逻辑思维能力。

5.文化意识目标

通过欣赏创意水果拼盘，体会创意就在生活中。

【教学重难点】

1.教学重点

运用本课重点句型进行对话提问。

2.教学难点

运用有关color，size，taste方面的词汇对水果进行描述。

【教学准备】

PPT、各种水果贴纸（评价用）、水果拼图、习题纸。

【教学过程】

Step 1 Warming up

（1）Sing a song.

Sing the song "I like to eat apples and bananas" with actions together.

（2）Adapt the song.

Change the lyrics so that students can sing about the fruit they like to eat.

（设计意图：歌曲热身，紧贴主题，活跃气氛。）

Step 2 Presentation and Practice

Introduce the fruit party. Students should pass 4 tasks to get the tickets for the fruit party.

Task 1：Jump and say.

教材版本	新版《开心学英语》三年级下册	课型	复习课	授课时间	40分钟
主题		Fruits			

Play a game "Super Mario" and let students jump and say the words. After the game, let students read the singular form and plural form of the fruit words.

（设计意图：通过游戏复习单词，激发学生学习兴趣，调动其积极性，让学生在乐中学。）

Task 2：Have a guess.

Use all kinds of ways, such as a partly-seen picture, the shuffle game, reading, listening, watching a video clip, to allure Ss to use the sentence pattern to guess.

Meanwhile, teacher grasps every chance to ask Ss why they guess so. In this process, teacher will show the thinking map on the blackboard one step by one step.

Then teacher teaches Ss to pronounce /s/and read the words with the sound /s/.

（设计意图：运用多种方式制造信息差，让学生活用句型。利用思维导图锻炼学生的逻辑思维能力，鼓励学生勤思考，渗透"思考让人明智"的情感教育。）

Task 3：Look for friends.

Teacher makes a model first. Teacher, student A and B, each one can get an envelope where there is half a picture.

T（talks to A）: Hi.

A: Hi.

T: Are these apples?（There is half a picture of red apples in teacher's envelope.）

A: Yes, they are.

T: Are they red?

A: No, they aren't.

T: What color are they?

A: They are green.（There is half a picture of green apples in A's envelope.）

T: Sorry. Goodbye.

A: Bye.

（Then teacher talks to B.）

T: Hi.

B: Hi.

T: Are these apples?

B: Yes, they are.

T: Are they red?

B: Yes, they are.

T: Let's have a look.

Teacher and B both take out the pictures in the envelopes and put two pictures together. Teacher says: "They are red apples! Great! We're friends!" Then teacher and B stick the completed-red-apples picture on the blackboard. After the model, students do this task in their groups.

（设计意图：让学生自由走动和自由选择同学进行交流，给予学生学习的主动权。）

教材版本	新版《开心学英语》三年级下册	课型	复习课	授课时间	40分钟
主题	Fruits				

Step 3 Writing and Extension

Task 4：Write a passage.

Write and talk about "The fruit I like".

Let students write down the fruit they like, and then share in groups of four.

（设计意图：小组合作学习培养学生与人交流和合作的能力。）

2. Preview of the fruit party.

Show all kinds of creative pictures of fruit. Let Ss enjoy and relax.

（设计意图：给予学生美的熏陶，激发学生的创意，为作业环节做铺垫。）

板书设计	

家庭作业	Choose（1）or（2）. （1）Make a dish with fruit at home, then write about it. （2）Draw your favorite fruit and write down its traits through thinking map.

教学后记	1. 教学活动的设计体现多元智能理念 本课大量运用丰富多彩的图片、音频和视频来辅助教学，满足多层次的学生需求。在整堂课中，学生用眼睛看，用嘴巴说，用耳朵听，在某些教学环节中还能够在教室里自由走动完成教学任务。 2. 任务型学习，给予学生交流合作的机会 笔者在Task 3 Look for friends这一环节，给予学生每人一个信封，信封里只有一半的水果图片，学生需要通过用英语对话来寻找持有另一半水果的同学。由于这个活动存在较大的信息差，而且学生可以在教室里自由走动，自由寻找同学进行对话，学生在兴奋而又愉快的氛围中积极参与，乐于表达。 3. 活用思维导图，锻炼思维能力 在猜测的教学环节中，引导学生进行思考，逐步完成思维导图的板书。在这个过程中，学生分析水果的特征，积极思考，思维能力能得到锻炼。自然渗透情感教育，让学生明白"思考让人明智"的道理。在描述水果的时候，学生利用思维导图梳理逻辑关系，有利于学生清晰流畅地用英语进行表达，更容易获得自豪感和自信心。在作业环节，学生可选思维导图的作业，继续锻炼自己的逻辑思维能力，发挥自己的创造力。 这节课的不足之处是对教学环节的时间控制不够强，应该合理分配每个环节的时间，这样学生展示的时间会更充足，学习效果会更好

Unit 6 Jobs（Review）

广东省珠海市香洲区造贝学校 王 翠

教材版本	新版《开心学英语》四年级下册	课型	复习课	授课时间	40分钟
主题	Jobs				

【学生分析】

本课教学对象是四年级的小学生。这一阶段的小学生喜欢通过儿歌、游戏等方式学习英语，喜欢源于真实生活的人物和情境。在学习本课前，学生已经学过一些简单的动词，如sing，dance，paint，swim，clean等，已经初步学习动词第三人称单数的变形及用法。

【教材分析】

本单元选自《开心学英语》四年级下册Unit 6 Jobs。本单元的语言功能是询问对方及他人的职业以及谈论自己和他人的理想职业。本课时为单元复习课。

【教学目标】

1. 语言知识目标

（1）了解字母组合er在单词中的发音规律，能根据发音规律正确拼读简单的单词。

（2）能正确认读8个职业类的单词：taxi driver，firefighter，police officer，writer，office worker，doctor，nurse，teacher。

（3）能理解和运用下列句型谈论职业

What do you do？ I'm a/an...

What does he/she do？ He/She is a/an...

What do you want to do？ I want to be a/an...

2. 语言技能目标

（1）能听懂本课的主要单词和句型。

（2）能用英语询问对方的职业。

（3）能用英语谈论自己和朋友将来理想的职业。

3. 情感态度目标

通过各种形式的教学活动激发学生学习英语的兴趣，引导学生为自己的理想而奋斗。

4. 学习策略目标

通过课前微课视频的学习获取信息，培养学生的自学能力，通过小组活动和小组竞争培养学生的合作精神。

5. 文化意识目标

让学生知道职业没有贵贱之分，应该尊重每一种职业。鼓励学生坚持梦想，终有成功的一天。

【教学重难点】

（1）课本单词和句型的操练和熟练运用。

（2）鼓励学生积极思考并表达。

（3）动词第三人称单数的用法。

教材版本	新版《开心学英语》四年级下册	课型	复习课	授课时间	40分钟
主题		Jobs			

【教学准备】

图片、PPT、动画和多媒体等。

【教学过程】

Step1 热身复习

（1）热身小游戏。

（2）展示老师的家庭照片，介绍家人的职业。

（3）提问：

What do I do?　What do you do?

（设计意图：介绍家人，引出本节课"职业"的主题，为下面的语音学复习做铺垫。）

Step 2 复习语音

（1）展示一首chant-My family。

（2）带领学生一起chant。

（3）播放phonic kids 字母组合er的拼读视频。

（4）Try to read the following words.

painter　　　dancer

singer　　　cleaner

swimmer　　runner

（设计意图：通过chant和视频巩固语音，自主拼读单词掌握发音及拼读规则，通过构词法认识更多以-er结尾的与职业相关的单词。）

Step 3 创设"奔跑吧兄弟"情境，引入小组评价

（1）创设Running Man 来到珠海的情境。

（2）将全班同学分成三组，在赛道上竞跑，看哪个小组跑得最快，赢的小组可以获得奖杯。

（设计意图：创设Running Man情境作为主线贯穿整节课。引入小组评价，激发学生的兴趣。）

Step 4 利用三个游戏复习与职业相关单词和句型

Game 1: Bomb Game

（1）阐述游戏规则。

（2）玩炸弹游戏。

（设计意图：利用"炸弹游戏"复习有关职业的单词，激发学生的兴趣，提高学习效率。）

Game 2：Tear Brand

（1）示范如何玩游戏。

（2）如何给提示呢？

act out（1 point）

describe（2 points）

（3）小组讨论：

Discuss how to act out the jobs or describe the jobs.

教材版本	新版《开心学英语》四年级下册	课型	复习课	授课时间	40分钟
主题	Jobs				

（4）玩"撕名牌"的游戏。

（设计意图：通过"撕名牌"的游戏复习What does he/she do? He/She is a/an...句型；鼓励学生小组合作，运用所学的知识简单地描述每种职业的内容，发展学生的思维品质。）

Game 3：Poker Game

（1）询问学生的理想职业。

What do you want to be?

（2）在"扑克牌梦想卡"上写下自己的理想职业。

（3）选取3~4位学生的梦想卡，用实物投影放出来。

What does she want to be?

（4）PPT展示跑男邓超的梦想卡。

（5）"扑克牌"游戏：展示5位跑男的扑克牌梦想卡，学生要在30秒内记住每个人的理想。重新洗牌，复述每个人的理想。

（设计意图：通过"扑克牌"游戏复习What do you want to be? 和What does he/she want to be? 句型；重新洗牌，复述5位跑男的梦想，突破第三人称单数用法的难点，趣味性强，效率高。）

Step 5 调查，报道，写作

（1）调查班里3名同学的理想，填写调查表。利用实物投影进行示范。

（2）完成调查表。

（3）做一个口头报道。

（4）写报道。

（5）展示学生的writing。

（设计意图：拓展听读练习，锻炼学生的听力理解能力、阅读理解和信息获取能力，以及朗读能力。）

Step 6 小结，情感教育

（1）总结本课学习内容。

（2）观看珠海街头各种职业工作的短视频，让学生领悟Every job is important. We should study hard and make our dream come true.

（3）宣布这节课获胜的小组，为获胜的小组颁发奖杯

板书设计	Unit 6 Jobs What do you do? I'm a/an.... What does he/she do? He/She is a/an... What do you want to be? I want to be a/an... What does he/she want to be? He/She wants to be a/an...
家庭作业	（1）Talk about your dream jobs with your parents. （2）Surf the Internet to know more jobs that you like.

教材版本	新版《开心学英语》四年级下册	课型	复习课	授课时间	40分钟
主题	Jobs				

教学后记	本节课，我在整合教材、多媒体技术运用、预习、语音教学等方面进行了探索，主要表现在以下几方面。 1. 教学目标明确，教学模式新颖 以《奔跑吧兄弟》为线索贯穿整节课。整节课，学生通过不同的学习方式，能较好地运用本课所学知识。 2. 教学设计合理，教学活动符合学生实际 在设计本节课前，通过访谈得知学生都很喜欢看《奔跑吧兄弟》这个节目，把活动与学生喜爱的娱乐节目结合起来，让明星的榜样作用激励学生努力实现梦想。通过"炸弹游戏""撕名牌""扑克牌"三个游戏，循序渐进地复习词汇、句型，最后到篇章。 3. 教学活动与信息技术有效融合，凸显了信息技术的优势 教师运用形式多样、丰富生动的信息技术资源进行授课。其中最突出的是教师利用喀秋莎微课制作软件和土豆音视频编辑软件对多种音频、视频素材进行深度加工，通过喀秋莎和PPT的结合对原有的语音视频进行了延伸创作，利用PPT和音频创作了英语诗歌。 4. 以学生为主体，自主、探究、合作 通过预习活动，让学生学会自主学习和探究。通过小组讨论学习，培养学生的合作精神。整个教学过程中，学生学习兴趣浓厚，学生通过亲身参与和实践，感悟和体验英语，从而提高他们综合运用语言的能力

Unit 6 Jobs（Period 2）

广东省珠海容闳学校　区秋昌

教材版本	新版《开心学英语》四年级下册	课型	句型操练课	授课时间	40分钟
主题	Jobs				

【学生分析】

本课教学对象是四年级的小学生，他们已经有了一定的词汇量，能表达自己想说的内容。希望通过本节课的活动让学生能够理解工作不分卑微，所有的职业都应该受到尊重。

【教材分析】

本节课为第六单元Jobs的第二课时，是一节句型操练课。在已学课文Vocabulary和Target的基础上，加入了以动物王国选举"最美职业"的选拔赛为情境教学，吸引学生的注意，并为本节课呈现每个职业的职能做好铺垫。在呈现句型后，加深印象加以操练。

教材版本	新版《开心学英语》四年级下册	课型	句型操练课	授课时间	40分钟
主题	Jobs				

【教学目标】

1. 语言知识目标

学会并运用本课重点单词、词组cleaner，best job，older，drive a car...及句型What can you do? What do you want to be when you're older?

2. 语言技能目标

（1）培养学生乐于表达，勇于展示自我的能力。

（2）培养学生综合语言运用能力以及小组合作精神。

3. 文化意识目标

了解不同的职业种类和相应的职能。

4. 情感态度目标

（1）创设多种多样的学习活动，直观、形象地让学生感知英语，学习英语，激发学生学习英语的兴趣，让学生成为学习的主人。

（2）营造宽松的课堂气氛，让学生在玩中学，在学中玩。

（3）通过本节课的学习让学生能够理解工作不分卑微，所有的职业都应该受到尊重。

5. 学习策略目标

（1）学会聆听，适时做笔记。

（2）在课堂上采用主动参与、互动合作的方式来引导学生进行自主探究式学习。

【教学重难点】

1. 教学重点

（1）单词和短语

cleaner，best job，older，drive a car，put out fire，put folk in jail，work in the office，help the sick people，help the doctor，teach English，clean the city。

（2）交际用语

What do you/they want do?

What does he/she/it do?

What can you do?

What do you want to be? 及相关答句。

2. 教学难点

各种职业的功能和运用，What do you want to be when you're older? 的使用。

【教学准备】

PPT，cards，real objects

【教学过程】

Step 1 Pre-learning

（1）Greeting.

（2）Free talk——About you and about me.

（设计意图：通过说一说我与学生的热身交流，引出今天的话题——Jobs。）

教材版本	新版《开心学英语》四年级下册	课型	句型操练课	授课时间	40分钟
主题			Jobs		

（3）Watch a video and talk about the jobs.

（设计思路：通过一首关于职业的歌曲为教学做铺垫。）

（4）Review the jobs and make friends with –er.

（设计思路：通过猜一猜人物cleaner的职业引出更多带–er的职业词汇，进行语音教学和归类，掌握–er的发音规律。）

（5）Let's chant——What do you do?

（设计意图：通过童谣，对前面出现过的职业进行小结。）

Step 2 While-learning

（1）About the show in the forest——The best job.

（设计意图：通过以动物王国选举"最美职业"的选拔赛为情境教学，引出本节课的重难点，再通过关键词Where，Who，What happened？How 来引出主题。）

① Show a picture and free talk about it.

T: Look at the pictures, what can you see? Who are they?

Where are they? What are they doing? ...

T: Look at these animals, they all want to say their jobs are the best.

Read and guess the animals' job.

② Ask and answer.

T: What does he/she do? Ss: He's a taxi driver...

（2）Interview——What can you do?

（设计意图：通过小记者的角色扮演，让学生讨论哪种动物的职业是最美的，还学习句型What can you do？从而引出各种职业的职能。）

① Be a little journalist and have an interview with the animals.

（设计意图：通过小记者的任务，采访不同动物，再通过听力获取信息，呈现各种职业的职能。）

② Show a passage and match the jobs.（Stick the pictures on the blackboard.）

（设计意图：通过笔试练习，匹配各动物的职业和职能。）

③ Act the animals and show it out（with music）.

（设计意图：学生通过角色扮演，训练说的能力，把本节课的重点句型I'm a... I can ...通过走秀的形式，把动物们的最美职业逐一展现出来）

④ Group discussion——Who is the best job winner?

⑤ Emotional education——No job is noble or humble! Jobs are all important. All jobs are the best, they should respect them.

（设计意图：通过小组讨论，把心目中最美职业的获奖者说出来。在结果揭晓时加入情感教育。）

Step 3 Post-learning

（1）Talk about the future job.

① Free talk——What do you do now?

教材版本	新版《开心学英语》四年级下册	课型	句型操练课	授课时间	40分钟
主题			Jobs		

What do you want to be when you're older?

（设计意图：本环节由最美职业的选拔赛回归到现实。联系生活，与学生讨论一下他们现在的职业是什么，将来长大后又想做什么，并呈现句型I want to be a/an... because I can ...）

② Watch a video.

（设计意图：通过一段有趣的视频，让学生思考长大后自己的职业和志向。）

（3）A Dream tree——Write down your dream job and the reason.

（设计意图：学生把自己将来的职业和选择的原因写在梦想的果实里面，再上台大胆地说出他们梦想，贴于梦想树上，让学生树立目标并努力朝着这个目标奋斗。）

板书设计	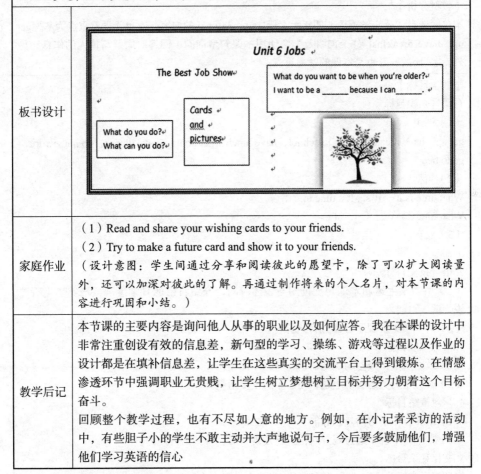

家庭作业	（1）Read and share your wishing cards to your friends. （2）Try to make a future card and show it to your friends. （设计意图：学生间通过分享和阅读彼此的愿望卡，除了可以扩大阅读量外，还可以加深对彼此的了解。再通过制作将来的个人名片，对本节课的内容进行巩固和小结。）
教学后记	本节课的主要内容是询问他人从事的职业以及如何应答。我在本课的设计中非常注重创设有效的信息差，新句型的学习、操练、游戏等过程以及作业的设计都是在填补信息差，让学生在这些真实的交流平台上得到锻炼。在情感渗透环节中强调职业无贵贱，让学生树立梦想树立目标并努力朝着这个目标奋斗。 回顾整个教学过程，也有不尽如人意的地方。例如，在小记者采访的活动中，有些胆子小的学生不敢主动并大声地说句子，今后要多鼓励他们，增强他们学习英语的信心

Unit 4 My day（Review）

广东省珠海市香洲区夏湾小学　林敏滢

教材版本	新版《开心学英语》四年级上册	课型	复习课	授课时间	40分钟
主题		Daily life			

【学生分析】

（1）四年级的学生以形象思维为主，喜欢游戏、歌谣、表演。

（2）My day 这一主题贴近学生生活，经过前面两个课时的学习，学生已经大致掌握本课词组与句型的意思，但还需通过本课复习操练，让学生学会运用本课知识。

【教材分析】

本单元选自《开心学英语》四年级上册Unit 4 My day的内容。本单元学习重点为掌握get up，have breakfast等8个词组及学会使用本课句型询问、回答时间及与他人的作息。另外，字母o的发音也是本课的学习重点。

【教学目标】

1. 语言知识目标

（1）词组

get up，have breakfast，go to school，have lunch，get home，have dinner，do homework，go to bed。

（2）句型

What time is it?　It's... It's time to...

What time do you...?　I... at...

（3）发音

o /əu/。

2. 语言技能目标

（1）引导学生运用本课句型询问与表述时间，介绍自己的日常生活，培养学生听、说、读、写能力。

（2）引导学生发现字母o的语音规律。

3. 情感态度目标

（1）鼓励学生积极参与课堂活动，与同学团结协作。

（2）通过里约奥运会的主题，使学生感受奥运精神。

4. 学习策略目标

（1）培养合作学习的意识和能力。

（2）在学习中善于通过观察对比进行发现学习，寻找语音规律。

5. 文化意识目标

知道英语中简单的问候语，了解如何用英语进行交流。

教材版本	新版《开心学英语》四年级上册	课型	复习课	授课时间	40分钟
主题	Daily life				

【教学重难点】

1. 教学重点

（1）认识字母o的发音规律。

（2）掌握并运用本课所学单词句型介绍自己的生活。

2. 教学难点

写一篇介绍自己一天的英语作文。

【教学准备】

PPT、动画和多媒体等。

【教学过程】

Step1 Warming up

（1）Free talk.

（设计意图：拉近师生距离，引出去里约看奥运会的话题。）

（2）Count to 60 by singing and we can go to Rio.

（设计意图：通过动感的数字歌复习数字1～60，并且提升学生的学习兴趣。）

Step 2 On the way to Rio（Review the new words and sentences）

（1）Play a game:sharp eyes.

图1　游戏呈现的复习内容

（2）Show the word cards and read the words by doing action. Then, ask students "what time do you..."

（设计意图：环节一，创设坐飞机去里约的情境，通过与小鸟对话复习时间的表达与本课动词短语。环节二，教师出示单词卡，让学生在句中边做动作边读词组，加深对词义的理解。环节三，询问学生作息时间，复习操练"What time do you...? I...at..."句型。）

Step 3 Arrive at the hotel of Rio（Sounds and Words）

（1）My room in Rio（Try to read the words：cola，　rose，　photo，coat）.

教之乐，研之果

——小学英语教学的思考与实践

教材版本	新版《开心学英语》四年级上册	课型	复习课	授课时间	40分钟
主题	Daily life				

cola

图2 呈现含有语音单词学习的相关物品

（设计意图：设计参观里约奥运会时住的房间的情境。老师有韵律地唱"Open the door, what are those? If you know, touch your nose!"学生以摸鼻代替举手回答，让学生尝试读出cola、rose这些单词，引导学生发现字母o的发音规律，让学生在真实语境中理解这些单词。）

（2）Chant：

A: Open the door, what are those?

If you know, touch your nose!

B: Yes, yes, I know.

Oh! Cola and rose!（Oh！Photo and coat!）

（设计意图：通过一首有趣的韵律诗，培养学生的语感，使学生掌握字母o的发音。学生边读边做动作，提高语音学习的趣味性。）

Step 4 Make an interview（Practice 1：Dialogue）

（1）Show a photo of Sun Yang.

（2）Watch a video about the interview of Sun Yang to make a model.

（3）Pair work：Make an interview.

（设计意图：设计角色扮演的活动，进行采访练习，鼓励学生大胆运用目标语言。）

Step 5 A letter from Fu Yuanhui（Practice 2：Listening）

Listen and judge.（Fu Yuanhui's day）

（设计意图：完成听力，训练学生听的技能，同时为下面写作做铺垫。）

Step 6 Write to Fu Yuanhui（Writing）

（1）Take the teacher's letter to Fu Yuanhui.

（2）Write a letter to Fu Yuanhui.

（3）Share in group of four.

教材版本	新版《开心学英语》四年级上册	课型	复习课	授课时间	40分钟
主题	Daily life				

（4）Share in class.

（设计意图：给傅圆慧写信介绍自己的一天，让学生把本课所学知识迁移到写作中。）

Step 7 Moral education

Show the picture of Wu Minxia, Bolt.etc.

（设计意图：让学生领悟到要想获得成功就要付出努力，学习奥运精神。）

Step 8 Sum up

（1）Review the words and sentences.

（2）Who is the winner?

（设计意图：总结本课学习内容，对学生上课表现及时反馈。）

板书设计	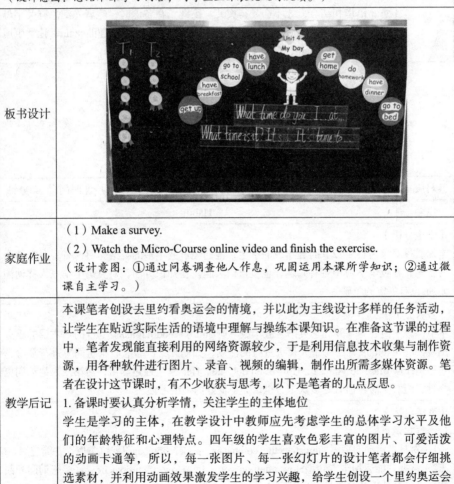

家庭作业	（1）Make a survey. （2）Watch the Micro-Course online video and finish the exercise. （设计意图：①通过问卷调查他人作息，巩固运用本课所学知识；②通过微课自主学习。）

教学后记	本课笔者创设去里约看奥运会的情境，并以此为主线设计多样的任务活动，让学生在贴近实际生活的语境中理解与操练本课知识。在准备这节课的过程中，笔者发现能直接利用的网络资源较少，于是利用信息技术收集与制作资源，用各种软件进行图片、录音、视频的编辑，制作出所需多媒体资源。笔者在设计这节课时，有不少收获与思考，以下是笔者的几点反思。 1. 备课时要认真分析学情，关注学生的主体地位 学生是学习的主体，在教学设计中教师应先考虑学生的总体学习水平及他们的年龄特征和心理特点。四年级的学生喜欢色彩丰富的图片、可爱活泼的动画卡通等，所以，每一张图片、每一张幻灯片的设计笔者都会仔细挑选素材，并利用动画效果激发学生的学习兴趣，给学生创设一个里约奥运会的主题环境。

教材版本	新版《开心学英语》四年级上册	课型	复习课	授课时间	40分钟
主题	Daily life				
教学后记	2. 整合教材与课外资源，创设情境 教材是教学的方向指引，如果仅靠教材本身展开教学，显得资源有限，不够丰富。所以，笔者以教材为基础，挖掘了生活中的资源，如利用学生都熟悉的里约奥运会作为主题，围绕主题设计一系列的活动，利用图片和视频给学生提供真实的情境，帮助学生理解与运用语言知识，培养学生正确运用英语交际的能力。 3. 语音教学要与语意、语境结合 怎样在本课教学中自然地插入语音教学是笔者在教学设计中思考最多的。语音教学不是一节课中一个独立的活动，而是要融入教学中，让语音教学与语意、语境相结合，才不会显得突兀。因此，在备课时，笔者先汇总有关字母o发/əu/的单词，然后围绕本课主题把这些词编成一首有趣的chant，让学生通过朗朗上口的chant，巩固字母o的发音。				

Unit 6 Good habits（Review）

广东省珠海市香洲区广生小学　周 雪

教材版本	新版《开心学英语》五年级下册	课型	复习课	授课时间	40分钟
主题	Habits				

【学生分析】

本课教授对象为11～12岁的五年级的学生，他们经过两年多的英语学习，有了一定的语言积累，在英语学习中更有兴趣，也更自信大胆。在知识方面，对英语中第三人称动词要加s也有一定的了解。

【教材分析】

本节课教学内容为《开心学英语》五年级下册Unit 6 Good habits的第4课时。本课的重点围绕good habits展开，对个人每天进行的活动，如刷牙、洗脸、收拾房间等进行复习，句型是How often do you... I ...How often does he... He...学生通过学习，对第三人称动词更熟悉，能对生活习惯有更多认识，也培养了良好的生活习惯。

【教学目标】

1. 语言知识目标

（1）对日常活动的短语如brush teeth, comb hair, pack schoolbag等熟练掌握，并能应用。

（2）掌握并能运用重点句型How often do you... I ... How often does he... He...来询问和回答自己以及他人的日常活动以及频率。

（左侧竖排）教之乐，研之果——小学英语教学的思考与实践

教材版本	新版《开心学英语》五年级下册	课型	复习课	授课时间	40分钟
主题	Habits				

2. 语言技能目标

听懂habits话题下的单词、句型，能正确并熟练应用单词以及句型与他人沟通交流，能总结自己的或者他人的日常活动，写成小短文。

3. 情感态度目标

（1）创造真实的交际环境，激发学习兴趣，让学生在真实的情境中说英语，体验英语交流带给他们的成就感。

（2）通过树立典型的案例，帮助学生正确认识自己的生活习惯。

4. 生活意识目标

通过学习典型人物的生活习惯，培养学生正确、健康的生活观念。

5. 学习策略目标

（1）大胆猜测，并在文本中找到求证的信息策略。

（2）通过学生的合作交流，提高他们的人际交往策略以及合作策略。

【教学重难点】

（1）brush等动词的第三人称形式。

（2）重点词汇：clean the room，brush teeth，comb hair，wash face，finish homework，take out the trash，pack schoolbag，hang up clothes。

（3）学会询问回答：How often do you... I ...How often does he... He...

（4）会写介绍自己或者别人日常习惯的小短文。

【教学准备】

图片、PPT、动画和多媒体等。

【教学过程】

Step 1 Warming up

Self-introduction

呈现以下关键词

Swimming/dancing: I like swimming. I go swimming once a week. I go dancing three times a week.

Brush my teeth: Yes I brush my teeth twice a week.

（设计意图：呈现老师的信息，让学生来猜并用You like...You are...You have...等句型畅所欲言。活跃学生的思维和课堂氛围，让学生了解老师，拉近师生的距离，为课堂做准备，同时引出课题good habits。）

Step 2 Presentation

T: I bring my friend today! Do you want to know about him?

Present Xiao Lata.（呈现小邋遢以及他的生活习惯）

教材版本	新版《开心学英语》五年级下册	课型	复习课	授课时间	40分钟
主题	Habits				

How often does he brush his teeth?

He brushes his teeth once a week.

T: Does he have good habits?

Why?

（设计意图：通过动画片小主角小邋遢吸引学生注意，并展示他的生活习惯，呈现课题内容How often does he...？ He...并设问引发学生思考。在此过程中不断强化学生对句型的运用。）

Step 3 Drill

1. Group talk

How about you?

S1 to S2: How often do you brush your teeth?

S2: I brush my teeth once a day.

S3 to S4: How often do you brush your teeth?

S4: I brush my teeth twice a day.

S1 to S3: How often does × × × （S4's name）brush his teeth?

S3：He brushes his teeth twice a day.

S4 to S1: How often does × × × （S2's name）brush his teeth?

S1：He brushes his teeth once a day.

Show their survey

T: Good, most of you have good habits. Xiao Lata wants to change too. Does he have good habits now? Let's read about him.

2. Let's Read: Xiao Lata and fill the blanks

How often does he brush his teeth?

He brushes his teeth twice a day.（以及其他习惯）

（设计意图：小组采访，说自己的生活习惯和他人的生活习惯，操练How often do you... I...How often does he... He...句型，将学到的英语应用到实际中，培养学生的综合能力和人际交往能力。）

Hello, I am Xiao Lata. I am a clean boy now. I have changed（改变了）.I brush my teeth twice a day, once in the morning once in the evening. Mom says it's good for my teeth. I wash my face twice a day and I comb my hair every day in the morning. Every Sunday I clean my room. I wash my clothes once a week. At school, I finish my homework. I have good habits and my friends like me. I am so happy.

教材版本	新版《开心学英语》五年级下册	课型	复习课	授课时间	40分钟
主题	Habits				

找到关键信息完成填空。

brushes his teeth _____

washes his face _____

combs his hair _____

cleans up his room _____

washes his clothes _____

填空截图

（设计意图：阅读小邋遢改变后的习惯，完成填空，对比之前的小邋遢，形成反差，让学生知道：坏的习惯我们可以主动去改变，而不是不理。通过典型的塑造，学生能感受他的变化，大家都喜欢干净的小邋遢。教育大家要爱干净，做个受欢迎的人。）

Step 4 Summarize and Write

（1）Summarize and moral education

Some pictures（such as:bad teeth, smelly mouth）make ss think what should we do.

We should keep good habits.

（2）Chant.

（3）Write about Xiao Lata's habits.（show some of the students' work）

（设计意图：通过网络资源，呈现一些不讲卫生的后果的图片，引导学生思考What should we do? 通过用云端连接投屏到学生的平板电脑上，播放轻松愉快的Chant，总结课堂学的内容，最后形成知识输出——写一篇关于小邋遢或者自己的生活习惯的短文。）

板书设计	**Unit 6 Good habits** brushes his teeth _____ washes his face _____ combs his hair _____ cleans up his room _____ washes his clothes _____ He _____ once a day.

教材版本	新版《开心学英语》五年级下册	课型	复习课	授课时间	40分钟
主题	Habits				
家庭作业	（1）Survey and write. （2）Write a passage to introduce your habits or your family members' habits.				
教学后记	1. 情境创设成功 该课我利用网络资源，创设了反面教材"小邋遢"生活习惯的情境，这个卡通形象活泼生动，贴近学生的现实，前后对比鲜明，让学生自然而然地愿意说，乐意说，并且从他身上学到要养成好的习惯。通过对小邋遢生活习惯的学习来操练语言，从而起到复习How often does he..? He...句型以及第三人称单数动词的作用。 2. 引发学生思考，引导学生"说"，培养核心素养 在教授这节课的时候，我尽量引导学生说，把话语权还给他们，充分相信学生，比如展示了小邋遢的坏习惯后问：Does he have good habits? 再问Why? 让学生能更多地思考，培养他们的思维能力和核心素养，也给了他们更多表达的机会。 3. 不足之处 课堂内容可以多拓展，比如好习惯也可以是打扫教室、打扫校园等。不仅是自己整洁漂亮，我们的桌椅、校园、家园等也都保持整洁漂亮，从自己的生活升华到周围的生活，这样学生的思维就可以更发散，同时升华学生的情感。				

Unit 6 Toys（Sounds and words）

广东省珠海市香洲区第十九小学 盖天书

教材版本	新版《开心学英语》四年级上册	课型	语音课	授课时间	40分钟
主题	语音a_e的教学				

【学生分析】
本单元教学的对象是四年级的学生，他们学习英语热情高，活泼好动，擅长表演，但注意力不太持久、不太稳定；他们已经系统地学了一年多的英语，在英语学习上掌握了一定的方法，具备了一定的听、说、读、写的能力。

【教材分析】
本课的语音教学内容是Toys这个单元的第4课时，学生有一些相关的语言储备，如已掌握本单元的句型What do you want? What do they want? Do you want...? Do they want...? 学生还掌握了一些教材中学习过，可以用于这个话题交流的词汇，如食物、动物、文具、球类、乐器等。为了丰富学生的语言表达，拓展学生的语音知识，笔者补充了一些学生较易理解的字母a在重读闭音节词中读作 | æ | 的词汇，如bag, hat, map, can, toy cat等。

教材版本	新版《开心学英语》四年级上册	课型	语音课	授课时间	40分钟
主题	语音a_e的教学				

【教学目标】

1. 语言知识目标

学生能听、说、读、写以下语音单词：cake，plate，grape，plane，game，name，cat，hat，bag，map，can等，能运用 What does she want? She wants...和What does he want? He wants...等句型进行口语交际。

2. 语言技能目标

能够发现字母a 在重读开音节词中发音为｜ei｜，而字母a在重读闭音节词中读作｜æ｜的两个发音规律，并能利用自然拼读法拼读出生词。课后学生能利用字典、互联网、图书馆等资源查询其他有关字母a的发音规律的相关情况。

3. 情感态度目标

通过联动的积木模块开展活动、游戏使学生产生学习英语的兴趣，并运用积木课件"难度不大，但总有变化"的特点，培养学生善于观察的能力和总结规律的思维，让学生敢于、乐于开口。开展小组活动，培养他们的合作意识和竞争意识。

4. 文化意识目标

让学生了解中西方文化的共融性，通过文化交流的牵引，激发学生学习第二语言的热情。

5. 学习策略目标

学生能够在老师的引导下，对语音规律进行总结归纳。

【教学重难点】

（1）利用自然拼读，给学生搭建进一步语音学习的脚手架。

（2）语音学习：发现字母组合a_e的发音规律，并通过"积木式"课件的引导，对比字母a在开音节单词和闭音节单词中的不同发音规律。

（3）围绕含有字母组合 "a_e" 的本单元核心语音单词name，game，cake，plate，plane，grape及其他单词展开英语交际活动、积累英语语音知识。

【教学准备】

（1）运用现代化信息技术如音频、视频、图片编辑工具、互联网、PPT、word等。

（2）采用英语素材：英语童谣、英语歌曲、图片等。

（3）多媒体技术与教学资源相结合，通过这些丰富的多元化素材创设生动自然的语言情境，使学生的各种感官都被调动起来，使学生积极参与到教学活动中，使教学效果达到最优。

【教学过程】

Step 1 Warming up

通过一首小诗歌，复习本单元学过的单词和句型。

Step 2 lead-in

介绍教师想要的玩具，并用PPT呈现教师在玩电脑的时候发现哈利·波特的照片，引出本节课预创设的语言学习情境——哈利·波特来中国学习汉语。

Step 3 Presentation and Practice

（1）练习自然拼读法，为接下来的见词能读做好铺垫。

教材版本	新版《开心学英语》四年级上册	课型	语音课	授课时间	40分钟
主题		语音a_e的教学			

（2）创设哈利·波特的朋友赫敏也与他一同来到中国，赫敏想开一个派对学汉语的情境，引入本课的新句型"What does she want？""She wants..."

（3）运用地道语音教学视频，让学生发现字母a在重读开音节词中的发音规则。

（4）通过赫敏开派对情境串联本课的六个语音单词cake, grape, plate, plane, game, name。让学生根据图片理解新句型，使所学知识处于不断地滚动操练之中。

（5）通过"鼓掌"游戏，操练、巩固新单词和句型。

（6）通过"积木式"课件呈现字母a在重读开音节词中的发音规律，巩固语音知识。

Step 4 Extension

（1）创设哈利·波特要回英国前想去超市买东西并学习汉语词汇的情境，拓展字母a在重读闭音节词中的发音规则。

（2）通过新"积木式"课件的累加，让学生运用自然拼读法，并根据字母a在重读开音节词中的发音规则，正确读出生词。

（3）用一首学生熟悉的《两只老虎》的旋律改编本课的词汇、句型练习，巩固新句型。

（4）通过"积木式"课件呈现字母a在重读闭音节词中的发音规律，巩固语音知识。

Step 5 Practice

通过"积木式"课件呈现四组PK游戏，总结语音规律、巩固语音知识、检验学习效果。

PK1：通过两组"积木式"课件的对比，让学生发现字母a在"a+一个辅音字母+ 不发音的e结尾"的重读开音节词中的发音为 | ei |，而单独一个字母a在重读闭音节词中的发音为 | æ |。

PK2：找出四个单词中字母a读音不同的单词。

PK3：选出听到的单词。

PK4：读出你选中分数的单词或句子，读对即得相应分数，读错把得分机会让给其他组。

Step 6 Consolidation

（1）通过哈利·波特和赫敏的学习经历，展示小故事，总结本课重难点知识。

（2）通过欣赏小短片，让学生看到我们学习英语的同时，很多外国学生在学汉语，让学生体会中西方语言文化的共融性，激发学生学习第二语言的热情

板书设计	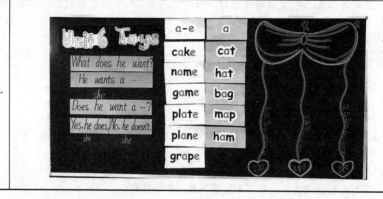

教材版本	新版《开心学英语》四年级上册	课型	语音课	授课时间	40分钟
主题	语音a_e的教学				
家庭作业	（1）查一查字典，找出a_e字母组合中a发音为∣ei∣和字母a发音为∣æ∣的单词，至少找6个新单词。 （2）写一写你学习英语的小故事，看谁用到含有字母a的单词最多。				
教学后记	本节语音课的教学设计运用鲜明生动的积木块将语音的重点清晰呈现，使学生一目了然，引导学生通过观察、思考和练习等方法深入浅出地发现英语语音知识的规律，在潜移默化中掌握语言信息和语音知识并能及时做大量的替换练习，加深学生对语音知识的理解及对语音规律的总结，实现了运用"积木式"教学法提高语音课效率的目标。 同时本节课让学生在真实的语言情境之中进行口语交际。创设以哈利·波特与赫敏的活动为主线、以兴趣为核心、以巧妙地设计"积木式"课件为杠杆的教学环境，启发学生领悟语言规律、内化语言知识。课堂学习活动在整体语用情境的铺垫下循序渐进、形式多样、容量饱满，有效地激起了学生的求知欲望，形成了良好的师生互动、生生互动的多维度互动模式与评价方式，达到了预期的教学效果。				

Unit 2 My classroom（Review）

广东省珠海市香洲区第七小学　孙晓娜

教材版本	新版《开心学英语》三年级上册	课型	复习课	授课时间	40分钟
主题	My classroom				

【学生分析】
小学三年级的学生具有好奇、好活动、爱表现、善模仿的特点。教师充分利用各种游戏和粤教云优势，让学生会询问What's this？ It's a/an…学生在歌曲和游戏中学习英语、感受英语，在交流、合作、互动中，共同完成学习任务。

【教材分析】
本节课教学内容为三年级上册Unit 2 My classroom的第3课时，主要学习内容是文具的单词，熟练掌握和综合运用What's this？ It's a/an…询问并交流物品信息的相关话题。通过设计各种游戏和小组合作活动，复习教材已知内容，并通过粤教云平台在课堂中渗透并形成综合性运用能力。

【教学目标】
1. 语言知识目标
了解字母d、e、f的发音规律，能根据发音规律正确拼读简单的单词。能正确认读6个与教室相关的单词。熟练掌握并运用描述物品的词汇。会用What's this？ It's a/an…与他人交流物品信息等情况。

教材版本	新版《开心学英语》三年级上册	课型	复习课	授课时间	40分钟
主题	My classroom				

2. 语言技能目标

能用What's this？It's a/an...获取主要信息并能与他人综合运用该句型谈论不同物品的情况，能就一个物品进行小组讨论，能与他人交流介绍教室里的不同物品，并能做书面汇报。

3. 情感态度目标

体验生活中学习英语的乐趣，在现实生活中能就教室话题与人进行交流。通过小组练习、对话、游戏等形式，培养与他人的合作精神，让学生学会在生活中互爱、互助、善待他人。

4. 学习策略目标

通过谜语、合作学习、游戏等方式，改变传统的死记硬背的学习方法和师生单向交流的模式，形成新的、立体式交流模式，让学生真正成为课堂的主人，体验自主学习和合作的快乐，从而形成更为有效的学习策略；通过多种游戏和听、说、读、写各个方面的教学，使学生在课堂交流中善于倾听、积极思考，综合运用所学单词和句型与他人进行交流。

5. 文化意识目标

懂得善待他人和礼貌待客，了解中外文化的差异，从而更好地与他人相处。

【教学重难点】

1. 教学重点

（1）字母d、e、f的发音规律和本单元的相关词汇。

（2）熟练掌握和综合运用What's this？It's a/an...询问并交流物品信息的相关话题。

（3）能就教室中的物品进行小组分享和交流，并能进行口头和书面汇报。

2. 教学难点

能就教室中的物品进行小组分享和交流，并能进行口头和书面形式汇报展示。将What's this？It's a/an...的句型灵活自如地运用于实际生活。

【教学准备】

表情图片、PPT、动画和多媒体等。

【教学过程】

Step 1 Greeting

略。

Step 2 Warming up

1. Sing a song

《Old McDonald's Farm》曲调（2~3次）

（设计意图：以耳熟能详的歌曲，营造良好的学习氛围，活跃气氛，了解学生的姓名，相互认识后，为本节课的语言运用做铺垫。）

2. A riddle

Who is he？——Gogo!

（设计意图：从一个谜语导入本节课主题，引出主线：Gogo和我们一起上课，为本节课的语言运用做铺垫。）

教之乐，研之果

——小学英语教学的思考与实践

教材版本	新版《开心学英语》三年级上册	课型	复习课	授课时间	40分钟
主题		My classroom			

Step 3 Presentation & practice

（1）T points to the chair.

① Word cards.

② Student 1 says instead of the teacher

（2）Add words.

（3）Match the pictures and words.

（4）Show me your own things.

（5）Then Ss instead of the teacher.

（6）Game: Up and down

（7）Listen and choose.

（8）Phonics and chant.

① A video of phonics.

② Phonics on the blackboard.

③ Chant.

        d, d, /d/, /d/, dog, dog, dog.

        d, d, /d/, /d/, duck, duck, duck.

        This is a dog and that is a duck!

        e, e, /e/, /e/, a big elephant.

        e, e, /e/, /e/, a small egg.

        An elephant has an egg.

        f, f, /f/, /f/, fish, fish, fish.

        f, f, /f/, /f/, frog, frog, frog.

        Look! The fish is on the frog!

（设计意图：学生通过各种游戏巩固加强了所学知识，并在节奏感强的chant中，体验到了乐趣、学到了知识。）

Step 4 Consolidation & Extension

Gogo holds the bag, let a student from every group take out one present, Ss say together:

It's a strawberry.

It's a pineapple.

…

（设计意图：教师设计了Gogo带来神秘的水果袋子，让学生一个一个拿出来，并让学生通过问答的形式说出袋子里都有什么东西，有效地提升了学生语言运用能力和知识的整合能力。）

1. Game: Flower drum（击鼓传花）

What's this？ It's a...

即Student 1→Student 2→Student 3→Student 4→Student 1

（设计意图：学生通过击鼓传花的游戏，在拓展学习单元语言知识的同时，延伸到能用课堂里的东西进行问答。充分利用网络资源，让学生学会思考。）

教材版本	新版《开心学英语》三年级上册	课型	复习课	授课时间	40分钟
主题	My classroom				

2. Group work

What's this ?

It's a/an...

（设计意图：学生根据对袋子里东西的问答，在小组内分享，让学生学会分享和倾听。在汇报的过程中，可以有效地看到学生对重点知识的掌握与适时运用情况。）

3. Writing part

（1）Pick and choose presents for Gogo.

（2）Share & checkup.

（设计意图：在为Gogo准备礼物的过程中，学生自己挑选礼物，教师在文段中给予适当提示，使学生根据自己的意愿完成文段。最后分享，渗透情感教育，让友好成为相处的主题。）

板书设计	pencil ruler desk table chair book What's this? It's a.../It's an...
家庭作业	Choose（1）or（2）to do. （1）Introduce your classroom with a video to Gogo. （2）Draw a picture of your classroom and write down the names of things in it. （设计意图：作业的设计旨在让学生有兴趣、有选择地去整理归纳本课知识点，拍视频和画画，一方面使得书写作业不枯燥；另一方面能够加强书写的画面感，帮助学生更好地记住知识点。）
教学后记	本节课充分利用信息技术手段，有效开发学生资源和网络资源进行教学，通过资源进行师生、生生交流互动，通过叠加单词游戏、指令、单词配对、快速反应游戏、chant，巩固所学。达成本课知识目标和情感目标，学生语言思维能力也得到了发展。 教师还可以加大拓展的力度和视野，并与学生进行适当的情感互动，教师针对学生的表达可以适当提供建议，例如，遇到生词可以共同解决发音的问题，共同学习。

教之乐，研之果
——小学英语教学的思考与实践

Unit 5 Clothes（Period 3）

广东省珠海市香洲区十九小学　许淑玲

教材版本	新版《开心学英语》三年级下册		课型	活动课	授课时间	40分钟
主题			Position			

【学生分析】

该课教学对象为三年级学生，这一年龄段学生学习英语兴趣浓厚，喜欢歌曲、图片、说唱，喜欢生动活泼的课堂。学生学习本课之前已经具备该话题相关语言知识及技能，并有一定的听说读写基础，在掌握本单元内容后能用重点句型进行交际，并能模仿例文写出3～5句的短文。

【教材分析】

本课是《开心学英语》三年级下册第5单元，学生在学完本单元方位介词in/on/under/between及衣服单词后，能由衣服的位置发展到灵活运用目标句型谈论自己熟悉的人和事物的位置。本课时为活动课，在教材的基础上进行知识迁移和拓展，旨在综合运用本单元句型及之前所学相关词汇进行教学活动。

【教学目标】

1. 语言知识目标

学习本课后，学生能熟练运用方位介词in/on/under/between及句型"Where is _____? It's _____." "Where are _____? They're _____."完成课堂活动，并运用到日常交际中。

2. 语言技能目标

学生能自信灵活地运用所学句型询问和描述物品位置，在有趣的游戏活动中将所学知识联系生活，并运用所学知识来解决问题和完成任务。

3. 情感态度目标

学生能自信地与同伴或在小组间运用语言进行交流，激发学习热情；学生能意识到小组合作的重要性。

4. 文化意识目标

初步了解英语国家如何在日常生活中描述不同物品的位置。

5. 学习策略目标

学生能通过阅读范文、设计图形等完成写作目标，能学会小组合作和互助学习。

【教学重难点】

1. 教学重点

区分方位介词in/on/under，掌握词汇a skirt，a jacket等的拼读。

2. 教学难点

运用句型Where is _____? It's _____.进行口语交际，准确描述物品位置。

【教学准备】

微课、情境卡通人物图片、PPT、动画和多媒体等。

教材版本	新版《开心学英语》三年级下册	课型	活动课	授课时间	40分钟
主题	Position				

【教学过程】

Step 1 Warm up

（1）Free talk: Lead to the cartoon "xiong chu mo", divide groups, name them as the roles in the cartoon.

（2）Play the song "Where is it？" and do the action, sing with students.

（设计意图：引出本课主线"熊出没"，为后面的闯关活动做铺垫。歌曲《Where is it？》是课前发给学生的预习微课中的内容，旨在活跃课堂气氛，复习单词及句型。）

Step 2 Review

（1）Show pictures from the song. Ask and answer with each group to review the sentence patterns.

eg:Where is the monkey? /Where are the monkeys?

（2）Point out the differences of the sentences in singular form and plural form.

（设计意图：这一环节旨在考查学生对单复数句型的掌握程度，从歌曲中剪切可爱的图片，以此为素材复习并区分单复数句型，不仅有衔接性，学生也易于接受和理解。）

Step 3 Activity1 "Cross the bridge"

（1）Show a picture of "xiong da、xiong er", lead to the story of global adventure.

（2）Explain the game "Cross the bridge" and demonstrate.

（3）Deliver a set of card to 2 big groups. See which group is faster to pass the cards to the other side by asking and answering according to pictures.

（设计意图：本课的活动都是在"熊出没之环球大冒险"的卡通背景下进行的闯关游戏。"过大桥"这一卡片接力的小组竞赛活动旨在通过快速问答训练学生对单复数图片及句型的反应和听说能力，帮助学生进一步掌握本单元重难点。）

Step 4 Activity 2 "Memory Game"

（1）Show room 1 with things in different positions. Hide the picture in 10S, and ask "Where is/Where are...？"

（2）Show room 2 and room 3 in the same way and see which group have the best memory and gain the most points.

（设计意图："记忆大考验"让学生在刺激有趣的竞争中记忆事物位置，极大地调动了学生的学习积极性。多种感官的刺激及记忆大考验让学生在轻松的问答中体验成就感。）

Step 5 Activity 3 "Ask and answer"

（1）Explain the game: "xiong da and xiong er are in the forest, they need to open the door to find the treasure."

（2）Ask students to work in groups to ask and answer step by step and help xiong da and xiong er open the door.

3. Present: invite individual student from each group to the front to answer the question and help xiong da and xiong er open the door.

（设计意图："问答通关"让学生带着"开门获取宝物"的任务进行小组合作，将单元重点知识迁移至实际应用中，真正做到学以致用。该任务不仅能让学生意识到小组合作的重要性，而且获取宝物的喜悦更会转化为学生学习的动力。）

教材版本	新版《开心学英语》三年级下册	课型	活动课	授课时间	40分钟
主题	Position				

Step 6 Activity 4 "Build new house"

（1）Show a dream house for xiong da and xiong er. Ask Ss to read the passage together.

（2）Deliver the printed empty house and things to stick in the house to each group. Have Ss design a house.

（3）Ask students to observe their houses and write 3 sentences to describe the house.

（4）Ask several groups to show their houses and read the written passage.

（设计意图：该活动是本单元综合性最强的活动，训练了学生听、说、读、写四项基本语言技能，归纳和深化了本单元的知识点。小组展示环节让学生从同伴身上学习不同的表达，一起发现写作中的错误并纠正。学生的自我生成是学习的最佳教材。）

板书设计	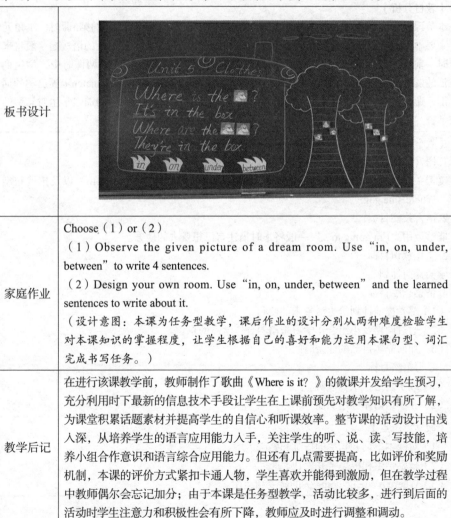
家庭作业	Choose（1）or（2） （1）Observe the given picture of a dream room. Use "in, on, under, between" to write 4 sentences. （2）Design your own room. Use "in, on, under, between" and the learned sentences to write about it. （设计意图：本课为任务型教学，课后作业的设计分别从两种难度检验学生对本课知识的掌握程度，让学生根据自己的喜好和能力运用本课句型、词汇完成书写任务。）
教学后记	在进行该课教学前，教师制作了歌曲《Where is it？》的微课并发给学生预习，充分利用时下最新的信息技术手段让学生在上课前预先对教学知识有所了解，为课堂积累话题素材并提高学生的自信心和听课效率。整节课的活动设计由浅入深，从培养学生的语言应用能力入手，关注学生的听、说、读、写技能，培养小组合作意识和语言综合应用能力。但还有几点需要提高，比如评价和奖励机制，本课的评价方式紧扣卡通人物，学生喜欢并能得到激励，但在教学过程中教师偶尔会忘记加分；由于本课是任务型教学，活动比较多，进行到后面的活动时学生注意力和积极性会有所下降，教师应及时进行调整和调动。

Unit 3 Bank or beach（Review）

广东省珠海市香洲区第十五小学　安添湘

教材版本	新版《开心学英语》四年级下册	课型	复习课	授课时间	40分钟
主题			Make a plan		

【学生分析】

四年级小学生经过了一年多的英语学习，已经有了一定的词汇量和句子量，但还不能在对话当中能熟练地运用句型。这个年龄段的学生上课喜欢表现，乐于表达自我。本节课将利用学生的这些特点，加强学生对句型的掌握。

【教材分析】

本节课教学内容为《开心学英语》四年级下册Unit 3 Bank or beach的第3课时。本单元主要学习内容是几个地点的单词和表达想要去哪里的句型，主要涉及的语法是一般将来时。前面两个单元已经对本单元的句型和单词学习做了铺垫。在前两课时中，学生词汇的发音已经标准和流畅。本课时通过设计guessing game 和phonics match巩固已学的词汇，通过网络收集的图片进行对话的情境创设，通过大量的对话活动加强学生对句型的掌握。

【教学目标】

1. 语言知识目标

复习关于地点的8个单词，渗透"sh"的发音以及句型"I'm going to"以及拓展句型"Where's he going？"。

2. 语言技能目标

能够运用"I'm going to ..."一般将来时描述自己想要去的地方。

3. 文化意识目标

学会提前计划。

4. 情感态度目标

（1）感受提前计划给生活带来的便利。

（2）通过同伴及小组合作学习来培养合作学习的意识。

（3）如何充实自己的业余时间。

5. 学习策略目标

（1）敢于表达，认真倾听。

（2）在小组内体会组织能力

【教学重难点】

（1）对课本单词和句型的操练和熟练运用。

（2）鼓励学生积极思考并表达。

（3）Where is she/he going？ 的转变和运用。

教材版本	新版《开心学英语》四年级下册	课型	复习课	授课时间	40分钟
主题	Make a plan				

【教学准备】

网络图片、PPT、动画卡片和多媒体音乐。

【教学过程】

Step 1 lead-in

（1）Free talk: Good morning! This week, I'm going to many places. Are you going to stay at home or going to some places?

（2）Share with partner：Places you are going.

（3）Circle the places you are going to.

（设计意图：将贴近生活的问题导入课堂，让学生自然地进入语境。通过基本的看图和对话来巩固基本词汇。）

Step 2 Practice 1

A guessing game to review all the words of places.

Take a look at these sentences. What place is it?

（1）It's a place you can watch a movie!

（2）It's a place you can swim.

（3）It's a place you can have some food.

（4）It's a place you can see the doctor.

（5）It's a place you can jog and do exercises.

（6）It's a place you can save and withdraw money.

（7）It's a place you can buy fruits.

（8）It's a place you can shop for clothes.

（设计意图：学生通过熟悉的词汇组成的句子来猜测刚学的词汇，通过网络图片来展示答案，让词汇更加生动形象。通过猜测来巩固对词汇的深层理解。）

Step 3 Phonics teach: talk about the sounding pattern of /sh/

（1）Speaking of shopping mall, let's try pronounce these words that starts with sh.

shopping

ship

shoes

she

shorts

shirt

（2）Find out more words that have the /sh/sound, circle it out and sound it out.

（设计意图：学生通过一个字母在不同单词中的发音来掌握规律，通过举一反三加深印象，通过跟读进行实践练习。）

Step 4 Sentence pattern: Guess the information on the pictures.

① Show a picture and ask students to guess where the boy is going.

教材版本	新版《开心学英语》四年级下册	课型	复习课	授课时间	40分钟
主题	Make a plan				

② Giving an example as he is going to the bank.

③ Practice the dialogue together.

④ Ask all the boys to practice asking and girls answering.

⑤ Show the other pictures one by one and ask students to participate in guessing.

（设计意图：利用网络动态图增加语境的生动性，通过反复猜测和表达来加强句型的巩固。）

Step 5 Making a plan: I am going to _____.

（1）Watch a video of a student making plans for weekend.

（2）Brainstorm and list out the places you want to go.

（3）Write and Share!

This weekend I am going to be busy. I am going to _____.

（4）Have some students work together to act out where they are going. Ask other students to guess.

（设计意图：通过对比视频中没有做计划和做了计划的差别，让学生意识到高效工作和生活的好处。通过游戏猜测的方式让学生展示自己的计划，以活跃课堂气氛，让学生更加快乐地练习和记忆对话。）

Step 6 Interview

Instruct students to ask 3 friends about their plans of this weekend

板书设计	Where are you going? I am going to _____. Where is he going? He is going to _____. Where is she going? She is going to _____. Where are they going? They are going to _____
家庭作业	An assistant （1）Ask parents about their weekend plans. （2）Help your parents to make a weekend plan. （设计意图：通过真实的问题和环境来思考和写作，让学生更加有兴趣完成作业。）
教学后记	本节课通过利用网络静态图、网络动态图、网络视频，来丰富课堂的语境，巩固课堂词汇，拓展课堂词汇和句型。在播放的视频中，学生可以在学习句型的同时，体会语调和感叹词 Oh, Opps 的使用。通过视频的情境对比，学生对做计划的重要性感受更高效和直接。 以下几个方面可以做得更好： 课堂中还可以再加入两个反馈环节，让学生通过举二维码的方式展示对单词的理解，方便教师更高效地统计学生的词汇掌握情况。另外，课堂结束可以加入一个句型和练习熟练反馈环节，让学生举二维码来选择课堂关键句型学习程度，以学生角度来反应课堂教学情况，个性化地对教学进行反馈。

教之乐，研之果——小学英语教学的思考与实践

Unit 2 A magic day（Review）

广东省珠海市香洲区广生小学　李丽丽

教材版本	新版《开心学英语》六年级下册	课型	复习课	授课时间	40分钟
主题	A magic day				

【学生分析】
六年级学生具有一定的英语知识储备，能够用英语比较流畅地表达自己的想法，对新鲜事物有好奇心。本课为复习拓展课，通过本节课的复习，学生能够把已经学过的单词和句型整合成一篇文章，对过去时间里发生的事情进行描述和记录。

【教材分析】
本单元选自六年级下册 Unit 2 A magic day，本单元的语言功能是描述自己和询问别人过去某个时间做了什么事情，并能记录自己的一天，主要练习使用过去时态的动词。本节课为本单元的最后一个课时，在前面几个课时中，学生进行了重点词汇和句型的学习。本课时的语音学习为ew字母组合的发音规律。

【教学目标】

1. 语言知识目标
学生能掌握字母组合ew在单词中的发音，能熟练运用一般过去时态对过去发生的事情进行询问和表述，并能描述自己的一天。本节课词汇和句型如下：What did you do yesterday？ I... What did she/he do...？ She/he...；went to..., ate..., wrote a letter，read a book，made models，rode a bike，sang songs，drank juice。

2. 语言技能目标
（1）听：能够听懂相关话题的语段和简单故事。
（2）说：能够利用核心句型和词汇就过去发生的事情进行交流。
（3）读：能够读懂有过去时态的文章，并了解中国的"新四大发明"。
（4）写：能够用一般过去时态记录自己的一天。

3. 学习策略目标
（1）基本策略：能够在特定的环境中表达自己并与人沟通。在调查环节能够询问和记录他人所做的事情，在汇报环节能同组员合作共同完成任务。
（2）认知策略：在调查活动环节，学生能把收集来的信息进行加工和整理，并能进行语言表述。读写环节，能够按照自己的思路，进行书面表达。
（3）调控策略：在自学环节，能够根据自己的接受能力，进行学习进度的把控。在用平板电脑学习时，能正确快速地使用终端，并把结果传给老师。
（4）交际策略：能够在小组交流、讨论和展示环节积极参与活动。
（5）资源策略：学生能够通过老师提供的资源进行学习，并能借助信息化的手段，进行自学和延学。

教材版本	新版《开心学英语》六年级下册	课型	复习课	授课时间	40分钟
主题	A magic day				

4. 情感态度目标

（1）了解中国的"新四大发明"，对中国的崛起和强大深感自豪。

（2）12岁以下的孩子不能使用共享单车。

5. 文化意识目标

感受中国作为文明古国，不但有举世闻名的四大发明，在科技迅猛发展的今天，依然能创造出深受大众喜欢的"新四大发明"，潜移默化地增强了学生的民族自豪感。

【教学重难点】

1. 教学重点

（1）字母组合ew的发音规律以及有关一般过去时态的动词短语和句型。

（2）理解和掌握句型，询问和回答假期计划。

What did you do yesterday?   I...

What did she/he do ...?   She/he ...

2. 教学难点

（1）学生能举一反三地使用一些动词短语。

（2）对过去的某个时段进行描述，描述要有逻辑性。

【教学准备】

PPT、forclass平台、学生平板电脑和多媒体等。

【教学过程】

Step 1 Free talk

老师同学生进行简单对话，引出Wechat：

（1）How are you today?

（2）What's the date today?

（3）What was the date yesterday?

（4）Where were you yesterday?

（5）What did you do yesterday?

（6）Can you spell the word?

What can we do on Wechat?   We can be friends, talk and see the moments（朋友圈）.

学生回答老师的问题，通过老师的引导读出单词Wechat。

（1）I'm fine.

（2）It's ...

（3）It was ...

（4）I was ...

（5）I ...

（6）Yes, I can.

教材版本	新版《开心学英语》六年级下册	课型	复习课	授课时间	40分钟
主题	A magic day				

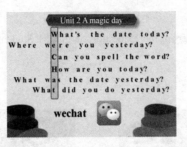

图1 热身环节教师通过提问巧妙引出主题Wechat

（设计意图：通过学生回答有关过去时的问题，引出今天课程的主线——Wechat和朋友圈。）

Step 2 lead-in

Look, these are my moments. Do you want to see my moments? Today you'll see four of my moments.

（1）March 29th Magic dance.

（2）March 25th Magic bubbles.

（3）February 18th Magic movie.

（4）February 9th Magic inventions.

图2 出示教师朋友圈图片

图3 展示朋友圈信息列表

Step 3 Magic dance

（朋友圈1）

（1）Watch the video.

（2）Write down some questions about the video in groups using the word "they". Here are some hints:

① What was ...?

② What did ...?

③ Where were ...?

教材版本	新版《开心学英语》六年级下册	课型	复习课	授课时间	40分钟
主题		A magic day			

④ How did...?

⑤ Who were...?

（3）Write down the answers of those questions in groups. Students must choose other group's questions.

（4）Dancing time.

图4　播放朋友圈舞蹈视频

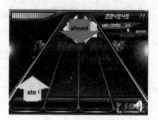
图5　跳舞毯游戏

（设计意图：学生查看第一条朋友圈，并以组为单位在有提示的卡纸上写出一个问题，然后小组之间互答这些问题，最后全班进行跳舞毯游戏，通过此游戏复习过去时态的一些单词。）

Step 4 Magic bubbles

（1）Students ask some questions about the moment using the word "you".

① What was...?

② What did...?

③ Where...?

④ How did...?

⑤ Who...?

（2）Do a survey in groups. Find out what your group mates did last Sunday.

（3）After finishing the survey, students take a photo of their paper and teacher shows their papers on the screen. Ask two groups to make a report.

图6　朋友圈1

图7　调查问卷

教材版本	新版《开心学英语》六年级下册	课型	复习课	授课时间	40分钟
主题	A magic day				

（设计意图：学生出题目，老师作答。学生以小组活动进行调查，用平板电脑把调查表上传，老师点评，小组做汇报。）

Step 5 Magic movie

（1）Students ask some questions about the moment using the word "Lily".

① What was...?

② What did...?

③ Where...?

④ How did...?

⑤ Who...?

The movie was Up. （《飞屋环游记》）

（2）Students watch the movie. After that, students use the pads to put the sentences into the right order.

Check out the answers and analyze the word "flew" and let students make their own chooses on the pads.

（3）In the movie, Carl talked to Rusell through two boxes. It was an old invention. Do you want to try?

Students try to talk through two boxes using the sentences "I...yesterday."

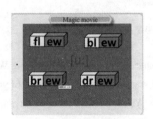

图8　朋友圈2　　　　图9　ew的发音规律　　　　图10　古老发明展示

（设计意图：学生观看短片后，用平板电脑进行句子排序。学生可根据自己的情况进行反复学习，然后用forclass平台即时互动的功能，对单词flew进行词义判断，并学习ew的发音规律）

Step 6 Magic inventions

（1）Students know the four new inventions in China.

（2）Read the passage about Chinese new inventions and fill in the blanks on the pads.

（3）Which is your favorite?　Use the pads to vote.

If you are under 12 years old, you cannot ride ofo bikes.

教材版本	新版《开心学英语》六年级下册	课型	复习课	授课时间	40分钟
主题	A magic day				

图11　朋友圈3

图12　中国"新四大发明"

图13　朋友圈4

图14　共享单车

（设计意图：介绍中国"新四大发明"，并进行情感教育。）

Step 7 Writing

Now, I want to share my day on my moments.

A magic and happy day

I had a magic and happy day. I shared my moments with you. We danced in the class. We used the pads in class. It was magic. I was so happy, just because of you, my friends!

Can you write about your days?　You may have a happy day, a sad day, a magic day or a tired day. You can write on your moments.

图15　朋友圈5

图16　学生的写作练习

（设计意图：学生写一写自己的一天，并用平板电脑上传。学生分享自己的一天，教师进行点评。）

教材版本	新版《开心学英语》六年级下册	课型	复习课	授课时间	40分钟
主题	A magic day				
板书设计	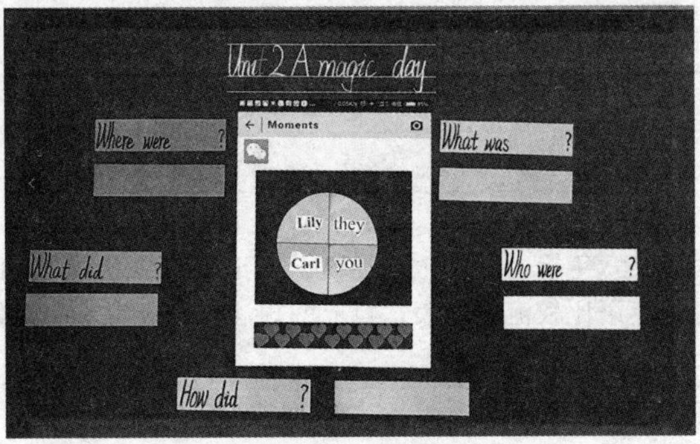 　图17　教学板书				
家庭作业	（1）Share your days with your parents. （2）Add me on your Wechat and see more moments.  　图18　课后作业 （设计意图：让学生同父母分享一天的经历，养成和家长倾诉的好习惯。）				
教学后记	本节课情境的创设成功地激起了学生的好奇心。学生带着愉悦的心情进入到课程的学习中，整节课多次运用平板电脑进行学习，凭借数据的分析对学生进行评价。学生采用自学和小组学等方式，完全体现了以学生为主体的教育理念。跳舞毯、纸杯电话体验和朋友圈分享让学生在玩中学、学中乐，大大提高了课堂效率。				

Unit 2 A magic day（Story）

广东省珠海市香洲区第十二小学　伍晓琴

教材版本	新版《开心学英语》六年级下册	课型	新授课	授课时间	40分钟
主题		A magic day			

【学生分析】

本课教学对象是六年级的小学生。经过了三年多的学习，他们已有了一定的英语知识储备，能够用英语比较流畅地表达自己的想法，对新鲜事物有好奇心，具有一定的自学能力。

【教材分析】

本节课的教学内容选自《开心学英语》六年级下册第二单元A magic day的Story部分。故事情节充满魔幻，激发了学生的思维想象；插图设计清晰，更好地帮助学生理解故事大意；对话通俗易懂，有助于提高学生的语言综合运用能力。

【教学目标】

1. 语言知识目标

（1）能熟练掌握并运用动词原形和不规则变化形式的过去式。

（2）能掌握字母组合er的发音。

（3）能掌握并正确使用过去式描述已经发生的事情。

2. 语言技能目标

听懂过去式句型，理解故事大意，获取主要信息。能正确流利地使用过去式句型谈论事情，并能正确朗读故事。写出关于过去所发生事情的对话或短文。

3. 情感态度目标

鼓励学生大胆开口说英语，培养学生热爱生活的情操，与此同时，也要提醒学生注意健康的饮食习惯，并留意在外旅游的相关事项。

4. 学习策略目标

通过自主学习、小组合作学习等方式，培养学生与人沟通、合作的能力，使学生从中学会合作学习的策略；通过整理和归纳动词过去式变化的规律，使学生能举一反三，体验学习的乐趣与收获。

5. 文化意识目标

丰富学生的课外知识，开阔学生的文化视野，使其学会热爱大自然。

【教学重难点】

1. 教学重点

理解课文大意，能够准确朗读和表演课文。

2. 教学难点

借助关键信息复述故事，并运用过去时态进行简单的英文写作。

【教学准备】

板书磁铁、PPT课件、八个时间牌以及相应的练习题纸张。

教材版本	新版《开心学英语》六年级下册	课型	新授课	授课时间	40分钟
主题		A magic day			

【教学过程】

Step 1 lead-in

（1）Let's chant.

教师出示单词卡片，伴随着chant的节奏，不断替换本单元新学的词组。

（2）Free talk.

（设计意图：利用生动活泼的歌谣复习单词和句型，激发学生的学习热情。）

Step 2 Pre-reading

（1）lead-in：以"神奇校车"的图片和音频引导学生学习单词magic，并带领学生齐读标题A magic day，开始我们的神奇之旅。

（设计意图：创设情境，从模型巴士到"神奇校车"的变身，带领学生们开始一天的神奇之旅，突出主题。）

（2）以视频形式让学生了解世界上最大的沙漠——撒哈拉沙漠，引导学生学习desert及字母组合er的发音。

（设计意图：直观的微视频，丰富学生们的课外知识，开阔学生视野。而后面的歌谣部分，以押韵er的发音，帮助学生增强语感。）

Step 3 While-reading

（1）运用音频效果、课件呈现Gogo, Tony and Jenny乘着滑翔翼到沙漠游玩的图片。

（设计意图：结合story内容，合理发展情节，激发学生对故事的兴趣。）

（2）教师借用图片、音频、课件资料，让学生听故事，并与学生进行如下问答。

① What happened to Gogo?

② What did Gogo eat this morning?

（设计意图：通过听故事让学生带着问题逐步理解故事。训练学生听、说的技能。）

（3）从表格中学习短语a bottle of water的表达，并举一反三。然后引导学生观看视频揭开故事的谜底。

（设计意图：设置悬念，从视觉方面引导学生全面理解故事，并增加了学习故事的乐趣）

（4）教师再次播放故事视频，学生跟读。

（5）全班分角色朗读，教师纠正发音。

随后，小组分角色朗读并上台表演故事，选出最佳演员。

（设计意图：通过分角色朗读，让学生用自己的声音演绎角色的心理变化，感知整个故事，同时培养学生的朗读能力。）

（6）复述故事内容。教师就复述难度进行分层：

① 能力较强的学生可以自主梳理故事，并根据思维导图复述故事。

② 能力较弱的学生可以根据图片与提示语复述故事。

（设计意图：分层教学可以帮助不同层次的学生掌握所学知识，尊重个体差异，真正体现了义务教育阶段的英语课程的工具性和人文性的双重性质。）

教材版本	新版《开心学英语》六年级下册	课型	新授课	授课时间	40分钟
主题	A magic day				

Step 4 Post-reading

（1）Make a new ending.

（设计意图：续写genie话语，充分发挥学生的想象力，进一步丰富故事内容，同时渗透情感教育，引导学生学会与人为善。）

（2）Group work.

全班分成八个小组，各小组合作完成一份有信息差的表格习题。

（设计意图：以小组合作的形式完成拓展任务，培养学生的合作能力。）

Step 5 Summary and homework

1. Summary

根据板书中的思维导图复述故事，教育学生热爱大自然，总结生活经验，以及了解在外旅游的注意事项。

（设计意图：通过指导学生复述小故事，小结本节课的知识点，让学生进一步掌握学习英语的技能技巧，并将德育教育渗透其中。）

2. Homework

作业二选一。

（1）Share the story with your friends and parents.

大声朗读故事，与朋友或家人分享。

（2）Do a survey.

请调查你的爸爸或者妈妈上周七天分别做了什么事，并用表格的形式将其记录下来。

（设计意图：由于每个学生所掌握的知识程度不一，分层作业有利于他们结合自己的实际选择作业，从而达到巩固知识、提高能力的目的。）

板书设计	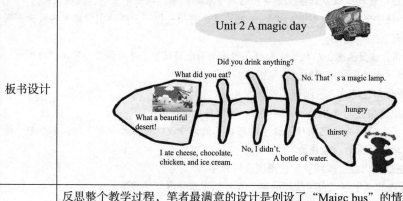
教学后记	反思整个教学过程，笔者最满意的设计是创设了"Maigc bus"的情境，让学生犹如身临其境，学习故事内容，有效地激发了学生的阅读兴趣，培养了学生的逻辑思维能力。课堂中笔者发现，学生能准确复述故事内容，语言输出流利，尤其是能力较弱的学生也踊跃举手分享自己的理解，并且成功地复述故事，较好地完成了教学目标

Unit 6 Let's sing

广东省珠海市香洲区香山学校　钟慕贞

教材版本	新版《开心学英语》三年级上册	课型	新授课	授课时间	40分钟
主题	Feelings				

【学生分析】

（1）三年级的学生8～9岁，他们活泼好动，喜欢直观形象思维，对游戏、竞赛特别感兴趣。在学习Unit 6 Let's sing之前，他们已经积累了一些日常问候语，掌握了一些常用单词，会识别一些简单的动词，如draw，sing，dance，swim，play等，能使用简单的句型进行交流。

（2）通过《小蝌蚪找妈妈》的趣味故事，教师运用多媒体教学手段，引导学生学习新授单词和句型。

（3）词—句—语篇—英语绘本创作，由浅入深、由易到难的学习过程，教师还运用学生耳熟能详的儿歌、诗歌等引导学生学习英语，让其喜欢英语。

【教材分析】

本节课教学内容为了解字母组合oo和ea在单词中的发音规律，能根据发音规律正确拼读简单的单词。学习怎样用英语表达自己动作能力的交际用语，并且掌握相关的动词，以及能综合运用新、旧知识组织对话完成一定的交际任务。

《小蝌蚪找妈妈》这是大家耳熟能详的儿童绘本，通过改编，运用已学的知识，从而让英语学习更有趣、更有童真。

【教学目标】

1. 语言知识目标

（1）巩固已学的单词和句型。

（2）学生能够在语境中认读新拓展的词汇：draw，sing，dance，swim，play以及句型：①Can you...? Yes，I can. /No，I can't.②I can...But I can't...

2. 语言技能目标

培养学生的观察力、反应力，提高学生感受美、欣赏美的水平，发展学生综合运用语言的能力，从而提高学生的听、说、读、写技能。

3. 情感态度目标

运用多媒体、英语儿歌、动画视频、改编英语歌曲等，共同协助小蝌蚪找妈妈。通过小蝌蚪不怕艰难险阻，勇敢寻找妈妈的生动故事实现有效的趣味性英语学习。

4. 文化意识目标

运用多媒体信息技术改编耳熟能详的歌曲，以及多元化教学方式，让学生在学习中学会思考、学会合作、学会学习，形成自我演绎课本剧的精彩教学，建立学生英语绘本自我创作的新思维。

5. 学习策略目标

（1）基本策略：在对任课教师个人兴趣爱好了解后，采用以"小蝌蚪找妈妈"。

教材版本	新版《开心学英语》三年级上册	课型	新授课	授课时间	40分钟
主题		Feelings			

为故事线索，共同寻找单词发音规律，认知一些动物及其行为动作等课堂教学策略，形成小组合作和两人合作的学习互助方式完成逐层的教学目标。

（2）调控策略：有明确的学习目标，课堂前后均通过"兵教兵""小组合作""互助评价"等多元方式，让学生自我查找学习的困难，相互学习和帮助。

【教学重难点】

1. 教学重点

（1）字母组合oo和ea的发音规律及复习部分动词单词：sing，fly，read，draw，swim。

（2）用于描述"我能行"的句型和运用提问：

① Can you...? Yes, I can. /No, I can't.

② I can...But I can't...

（3）用教师制作好的英语绘本引导学生自我创新"小蝌蚪找妈妈"的故事。

2. 教学难点

句型的表达和运用：

（1）Can you...? Yes, I can. /No, I can't.

（2）I can...But I can't...

【教学准备】

表情图片、PPT、动画和多媒体等。

【教学过程】

Step 1 Warming up

（1）Greetings.

（2）Sing a song and do TPR together: Walking, walking.

（3）Through the information guess, let the students know the teacher.

Step 2 Read and review the phonics

（1）Through the baby frog finds her mother, we learn the words:

ea—read   oo—cook

（2）Play the work game: The yes and no game.

Step 3 Presentation A

（1）Learn new sentences:

Can you...? Yes, I can.No, I can't.

I can....But I can't...

（2）Sing a song: Can you...?

Step 4 Presentation B: Learn the dialogue of Unit 6

（1）Listen to the tape of Unit 6 and answer the question.

Can Gogo sing? （Answer:No, he can't. ）

（2）Read the sentences one by one.

教材版本	新版《开心学英语》三年级上册	课型	新授课	授课时间	40分钟
主题	Feelings				

（3）Play a game: Do the group work.

Step 5 Consolidation

（1）Do a piece of paper：I can do.

（2）Watch some pictures and know: What we can do or what we can't do.

Step 6 After the class: Encourage Game

Play the "paper game".

板书设计	

Unit 6　Let's sing.

Can you ...?

Yes, I can.

No, I can't.

家庭作业	（1）Listen to the tape and read the story. （2）Draw and write. Choose 1 or 2 to do. No.1 Fill into the blank. 图1　课后作业"我是小小作家"

I can write (我是小小作家！)

Hello! My name is _____. I have two pets(宠物). The fish can _____. The bird can _____. My father and mother can _____. I can_____. I love my father and mother.

互评: ☆☆☆☆☆

教材版本	新版《开心学英语》三年级上册	课型	新授课	授课时间	40分钟
主题	Feelings				

家庭作业	No.2 Write and draw a story book. 图2　课后作业"小蝌蚪找妈妈"
教学后记	本节课创设以小蝌蚪找妈妈的情境贯穿本节课，激起学生求知的欲望，调动学生主动参与教学活动的积极性。整节课学生在小蝌蚪的带领下，主动积极地去探究"小蝌蚪是否能找到自己的妈妈"，由浅入深完成本节课的教学任务。 1. 递进式愉快教学 教学设计逐层递进，让学生在乐中学，在轻松中学。 2. 全面关注学生的求知过程 对知识技能、教学能力、师生评价多个方面有较准确地把握。使学生动手实践，进行小组合作交流，丰富了三年级学生对动词的认识，发展了英语词汇和语音的构建理念，真正体现了《新课标》提倡的让学生亲身经历，合作交流将抽象的单词发音融入自然拼读过程中

◆ 工作室学员教学论文 ◆

"粤教云"环境下学生自主完成作业的探究

广东省珠海市香洲区第七小学　汪文华

一、实施学生自主完成作业的可行性论证

小学《义务教育英语课程标准（2011年版）》指出，在小学英语教学中，作业是英语教学不可缺少的一个环节，作业的呈现形式多样，不仅强调

自主能力，更看重学生完成作业的创新能力。对于小学生而言，兴趣是学生做作业的内驱力。缺乏兴趣、单调乏味的作业不仅效果甚微，还容易让学生疲劳，从而对英语学习产生厌倦情绪。多年来，学生完成的作业都是老师布置的，是被动完成的，很多学生对作业明显是应付了事。如何让学生自觉地、自愿地、快乐地在有视频、声音的辅助下进行口语、听力读写的云环境下自主设计作业，并乐于完成英语作业呢？由此，我校开展了"基于校园云环境下小学英语作业的自主设计探究"的课题研究。在课题开展的过程中我们尝试对学生作业进行自主设计与创新。

二、学生自主完成作业的研究思路

新课程改革倡导"以学生为本"的教学理念，强调开放式教学，学生作业从"要我做"向"我要做"转变，在"粤教云"环境下学生自觉自愿完成作业远比被动地完成作业效率高、更有趣，并更能促进学生英语课堂学习的效率，提高学习兴趣。

三、简析传统作业的完成存在的不足

多年来，教师在批改作业上花费的时间非常多，以我校的英语教师为例，平均每个人每天要进行2～3个班的作业批改，占用了教师相当多的时间，学生完成作业也需要一定的时间，因而，学生形成了应付了事的学习态度，产生了对英语学习的厌倦情绪，师生间逐渐陷入一种恶性循环的状态。

另外，传统作业学生作业本出现的错误不能够及时进行一对一、面对面地纠正和辅导，失去了信息反馈的最佳时机，不能让学生及时进行消化和纠错巩固，遗留了很多问题，作业的功能大大降低。

四、构建"粤教云"平台，学生甘当学习的主人

"粤教云"平台是一个学生、教师、家长之间进行信息的传递与交换的桥梁，该平台能够将学生包括习题结果、成绩、速度、错题等的学习数据进行统计，并反馈给教师、学生和家长。

本次课题的实验在五年级开展，将完成为期两年的课题实验。课题研究初我们发放了调查问卷表，做好了课题前期的数据储备。内容如下：

表1 学生英语作业完成情况调查表

班级	姓名	英语作业调查内容	你的回答
五年级（1） 五年级（2） 五年级（3） 五年级（4） （在所在的班级处打"√"）		1. 你喜欢英语吗？	
		2. 你喜欢目前的英语作业模式吗？	
		3. 你完成作业的时间大约是多少？	
		4. 你了解在"粤教云"平台上完成作业的方法吗？你喜欢的作业形式是什么样的？	
		5. 你想尝试在"粤教云"平台上自主完成作业吗？	
		6. 你想看到自己对英语学习态度、兴趣的改变吗？	
		7. 你想完成什么类型的英语作业？	
		8. 你想以单元主题完成还是以每节课内容完成？	

（温馨提示：不够写可以在背面增加内容）

实验初期我们一共发放了200份问卷调查表，收回197份，从问卷调查表回收的情况来看，根据学生填写的内容，统计如下。

表2 学生英语作业完成情况调查反馈统计表（1）

学生作业调查内容	喜欢	不喜欢	平均完成作业所需时间	是否了解"粤教云"		是否想尝试"粤教云"平台		是否想看到对英语学习态度的改变		备注
				了解	不了解	想尝试	不想尝试	想看到	没兴趣	
1. 你喜欢英语吗？	87%	13%								
2. 你喜欢目前的英语作业模式吗？	44%	56%								
3. 你完成英语作业的时间大约是多少？			30分钟左右							
4. 你了解在"粤教云"平台上完成作业的方法吗？					100%					

学生作业调查内容	喜欢	不喜欢	平均完成作业所需时间	是否了解"粤教云"		是否想尝试"粤教云"平台		是否想看到对英语学习态度的改变		备注
				了解	不了解	想尝试	不想尝试	想看到	没兴趣	
5. 你想尝试在"粤教云"平台上自主完成作业的模式吗？						100%				
6. 你想看到自己对英语学习态度、兴趣的改变吗？								98.4%	1.6%	
7. 你想完成什么类型的英语作业？	动画配音	唱英文歌	对话表演	英语书写描红	图文小阅读					
8. 你想以单元主题完成还是以每节课内容完成？	单元完成	90%					每节课完成	10%		

从调查结果来看，这次实验是非常有必要的。以下是我们课题的研究过程：

第一阶段：课题酝酿准备阶段（2014年11—1月）

成立课题组，确定课题研究的对象，形成并确立课题内容及课题方案。构思、规划、制订出本课题研究的总体方案及各阶段的实施要点，组织参与本研究的教师加强相关理论的学习，落实分工和研究内容。

第二阶段：课题实施、研究（2015年2—9月）

逐步开展课题的研究；加强实验教师的总结和交流研讨。根据"粤教云"平台目前的技术支持特点，我们实验组教师开发了如下学习资源：①看图填空；②口语练习（听读、录音、原音对照练习跟读、配音）；③单项选择（根据单元重点内容）；④多项选择（阅读与理解）；⑤问答、答写题；⑥涂色画画；⑦在课堂上的演示资源；⑧以短文判断正误为主的随机练习题……通过平台分发给学生，让学生根据自己的兴趣、接受知识的能力及难易程度自主选择，开始了"粤教云"环境下作业的实验探索。

1. 充分利用"粤教云"平台，精心储备作业资源，使学生作业多元化、自主化

以口语练习为例，学生每次学习新的story环节，老师就把相关的story声音资料整理出来放在文件夹里，让大家共享。学生选择此文件，可以根据自己实际朗读水平多次练习，可以听读、跟读，可以与录音对比，上传自己满意的朗读声音，教师可以随时监控上传的声音，进行试听，及时对上传口语作业的学生进行一对一的评价反馈，使学生在第一时间就能知道自己的对错，引起学生的注意，进而查找错题原因并及时进行改正。学生对英语这门学科产生浓厚的兴趣，自主完成作业形成常规。

2. 合理利用"粤教云"平台，有效帮助学生选取适合自己的学习资源

以往我们传统的作业是配套手册，没有根据学生的水平分级，学生没有自主选择权，但是在"粤教云"平台上，学生就能实现自主自愿有效地选择适合自己的练习资源进行练习。例如，笔者在设置五年级学生的阅读题时，学生上线选择适合自己的题目，系统自动出现不同等级学生的比例，这样就帮助教师进一步确认有多少学生的阅读能力达标，有多少学生阅读能力还有待进一步提高。

五、"粤教云"平台上学生自主完成作业的意义

学生只要登录平台，选择适合自己的资源就可以不限地点、不限时间，只要可以上网，就可以自由应用。"粤教云"平台也可以实现全体教师间的资源共享。以下是参加实验的班级学生经过半年多的实验再次问卷调查的数据。从数据来看，学生对英语学习的兴趣、完成作业所花费的时间和完成作业的方式有了明显的变化。

表3　学生英语作业完成情况调查反馈统计表（2）

学生作业调查内容	喜欢	不喜欢	平均完成作业所需时间	是否了解"粤教云"		是否想尝试"粤教云"平台		是否想看到对英语学习态度的改变		备注
				了解	不了解	想尝试	不想尝试	想看到	没兴趣	
1. 你喜欢英语?	93.5%	6.5%								
2. 你喜欢目前的英语作业模式吗?	95%	5%								

学生作业调查内容	喜欢	不喜欢	平均完成作业所需时间	是否了解"粤教云"		是否想尝试"粤教云"平台		是否想看到对英语学习态度的改变		备注
				了解	不了解	想尝试	不想尝试	想看到	没兴趣	
3. 你完成英语作业的时间大约是多少?			12分钟左右							
4. 你了解在"粤教云"平台上完成作业的方法吗?				100%						
5. 你想尝试在"粤教云"平台上自主完成作业的模式吗?						100%				
6. 你想看到自己对英语学习态度、兴趣的改变吗?								100%		
7. 你想完成什么类型的英语作业?	动画配音	唱英文歌	对话表演	英语书写描红	图文小阅读					都喜欢
8. 你想以单元主题完成还是以每节课内容完成?	单元完成	99%（单元主题作业里包括多种类型的作业可供学生参考学习、选择完成）每节课完成				每节课完成	1%（每节课完成的作业类型较少，供学生参考选择的作业少）			

　　在"粤教云"环境下学生自主完成作业不仅改变了传统的作业批改方式，而且实现了课堂教学与作业批改的良性循环。同时我们还设计了学生在"粤教云"环境下自主作业完成评价表，进行自我或他人的评价，无须老师催促，化被动为主动。同时，"粤教云"平台为每位学生提供了个性化的学习空间，我们欣喜地看到，学生在"粤教云"环境下选择适合自己个性的网络作业，逐步实现了名师授课视频在线观看、创建作业相册、上传作业，学生在展示自己的同时，去了解别人，在自己的空间发布完成作业的笔记、撰写自己的博客等，可以在这里与其他学生成为朋友，一起交流和学习。"粤教云"平台也为同行教师在作业的布置或学生完成作业方面的态度和方法等起到一个抛砖引玉的作用。

表4　作业完成评价表（3）

内容	自评	小组评	老师评	家长评
我能积极主动完成作业				
我能认真完成作业				
我学会与同伴合作分享				

评价等次如下：

Good 　Very good 　Great

参考文献

［1］靳玉乐，艾兴.新课程改革的理论基础是什么［J］.基础教育外语教学研究，2005（9）.

［2］刘春生.作业的革命［M］.北京:世界图书出版公司，2007.

任务型教学模式与小学英语网络课堂的结合

广东省珠海市香洲区第一小学　吴欣曈

一、问题的提出

多媒体网络在教学中具有其他媒体所不可比拟的优势，但由于该媒体缺乏面对面的人际交流这一固有弱点，特别是对于以促进语言实际运用能力为主要目标的英语课，如何使信息技术与英语学科做到融合，英语教师将面临极大的挑战。

二、任务型教学模式是使媒体与英语学科融合的关键

多媒体网络教学更多地强调学生的学而忽视了教师的主导作用，其结果往往导致"放羊式"的网络教学，学生敲了半天电脑，什么也没学到；而多媒体网络教学缺乏教师针对性的授课，学生有些问题教师不能及时发现并给予解决，同时由于缺乏面对面的沟通，会误上成"课本搬家""人机共灌"的英语课。如果教师还是从旧的角度考虑问题，不能使多媒体教学促进学生

思考，引起学生提问，那么与传统的英语教学相比，多媒体教学表现的就不是优势而是劣势。

笔者自2000年以来担任"在网络环境下小学英语课堂教学研究"课题的两个实验班的英语教学。经过三年的探索与研究，发现任务型教学模式是解决以上矛盾的有效途径。因为给学生设定了明确的目标，学生只能按照任务的要求在网上搜寻有关资料，避免了放任自流的教学；正因为需要学生自主地在网络信息中进行选择、处理并加以利用，避免了"人机共灌"的教学局面。以下是笔者在网络环境下如何实施任务型教学的一些认识，希望与同行交流。

三、在网络环境下设计任务的要点

1. 从"兴趣"出发

为了使学生对英语学习有持续的兴趣和爱好，教师应选取网上能激发学生兴趣的内容来设计任务，促使学生获取、分析、加工和利用信息，用英语与他人交流。教师要利用网络资源，突破陈旧的固有模式，创造条件让学生能够探究他们感兴趣的问题。

例如，在学习《新交际英语》Book 6 Unit 6 Friends and people时，笔者围绕这个话题，让学生在网络上寻找他们最喜欢的sport star，film star，singer，artist 等的资料，让学生完成以下任务：

找出他/她的相关资料

What's his/her name?

How old is he/she?

Where does he/she live?

What does he/she do every day?

What does he/she look like?

Why do you like him/her?

明星是学生最喜欢谈论的话题之一，每个学生都有各自喜欢的明星，大家都围绕着这个任务，积极地在网上查找资料。接着笔者又给学生下一个任务：

Download one of his/her photo, fill in the form and introduce him/her to your partner.

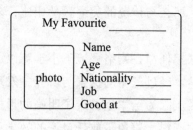

图1 任务截图

在老师的指导下，学生整理自己的成果，并在网上与其他同学共享。他们在交流中，不仅学习他人的成果，而且对自己的成果有成就感，同时感到与他人讨论、探究的乐趣。

2. 做到"真实"

教师所设计的任务必须以学生的生活经验为出发点，贴近日常生活，能引导学生利用网络的信息自主解决实际问题。例如，教学《新交际英语》Book 6 Unit 2 Weekend and holiday 时，围绕这一主题，笔者为学生设计了下列任务：

Make a plan for this summer holiday.

（1）What do you want to learn in this summer holiday?

（2）Choose a training center or find someone help you.

（3）How much will you spend?

（4）How long will it take?

大家都盼望着暑假的来临，纷纷设计他们丰富多彩的暑假计划，积极地在网上浏览本市的一些广告网站和教育类的网站，搜寻可以帮他们计划暑假生活的相关资料。接下来，笔者让学生扮演父母和孩子，生动地把他们的暑假计划描绘出来。

Father: Summer holiday is coming. Have you any plan, son?

Son: Sure. I want to learn swimming in Children's Park.

Mother: Will your friends join you?

Son: Yes. Ben and Jim will join me.

Father: How much do you need?

Son: About four hundred yuan.

学生兴致勃勃地介绍自己的计划，有的想学画画，有的想学电脑。接着我们还模拟网上报名的方式，让学生学习网上报名。一方面，学生学会了运用英语解决生活中的实际问题；另一方面，学生学会了网上办事的方法。

这样，通过有声语言及时把学生的学习结果反馈回来，做到有效把握，并有针对性地进行指导。

3. 适度"扩展"

网络为我们提供了全方位的、多维的信息，我们要尽量利用媒体的长处，不局限于课堂教学，延伸到课堂之外的学习和生活之中。例如，在学习了《新交际英语》Book 6 Unit 4 Travel 之后，笔者给学生设计了这样的任务：Choose a country to visit, and find some information about the country from the internet.

学生在各网站搜索、查询、下载、存贮、修改资料，不仅在网上找到了课本介绍过的某国相关资料，还找到了大量课本上没有介绍的该国的地理环境、建筑物、动植物、风土人情等非常有价值的资料。例如，学生在一个介绍澳大利亚的网站上找到了很多介绍Coral Reef, Ayers Rock, Gold Coast, The Opera House等漂亮的图片和丰富的音像资料。

接着，笔者根据学生想去的国家把他们分成不同的小组，然后不失时机地给学生下一个任务：Attract the tourists to your country as an ambassador by a presentation. 学生争着给大家展示自己找到的内容并与同组的其他同学分享，且主动向老师提问有关的资料，如"大堡礁""红石"用英语怎么说。最后让大家投票，选自己最想去的国家。学生在展示中，虽然语言很稚嫩，还有很多不尽如人意的地方，但我们成功地达到了学习英语知识、发展语言技能、提高实际语言运用能力的教学目的，而且促使学生把英语当成一种娱乐和交流的工具来掌握。学生像出国旅游一样，大大地开阔了视野。

4. 学科融合

任务型教学模式使各个学科在网络课堂中得到融合，学生不但利用网络学习了英语，而且提高了对美术、音乐等的审美能力。任务的设计应立足于多种能力的培养。例如，笔者让学生学习了"画图"软件的基本使用方法后，在一次英语活动课中设计了以下任务：Design a slogan and a flag for the school sports meeting. 笔者鼓励学生大胆地想象、创造性地思维。学生发挥了他们在美术、操作电脑方面的潜力，制作出一个个精美的、激动人心的作品。以下是一个六年级学生的作品：

图2　六年级学生作品展示

学生不仅轻松地完成了本节课的教学任务，而且成功地接受了一次爱国主义教育。

四、存在的问题与反思

由于小学生的英语水平很有限，大多数的英文网站他们都看不懂，需要老师加以辅导。学生经常是看着中文的资料，用英文来交流。这就不利于学生全方位亲身体验英语。因此，我们在设计任务时必须提前做好准备，看网上此类资料是否充分。

小学生的自控能力还不够，老师需要经常监督，防止信息污染与保证网络安全，而且这种实验班要求学生有较熟练的操作电脑的能力，这就需要学生平时不断地积累经验并多加操练。否则，全班的步伐就会很不一致：有些学生已完成老师所给的任务，而有些学生还没有找到相应的网站，使辅助教学遇到障碍。

虽然每位学生都有一台电脑作为工具，但也不能忽视传统的英语教学方法。检验任务是否完成，成果不应局限于电脑上。小组讨论、对话表演等热闹的场面必不可少。这种新型的课更需要学生合作学习，互相交流在网上所得到的信息，在完成任务时，便能做到事半功倍。

由以上分析可见，任务型教学模式使传统教学与多媒体网络教学彼此取长补短、相辅相成，它向教师和学生提出了更高的要求，把双方的主动性、积极性都调动起来。这种新的教学模式必能优化学习过程和学习效果，提高课堂教学容量和学生的动手能力，培养出具有良好的信息素养和英语交际能力的新型人才。

参考文献

［1］方芳.对多媒体网络教学及传统教学的再认识［J］.中国电化教育，

2001（7）.

［2］何安平.外语教学大纲·教材·课堂教学设计与评估［M］.广州：广
东教育出版社，2014.

［3］丁丽.任务型教学模式在高中英语教学中的应用［J］.中小学外语教
学，2003（5）.

［4］施文雪.任务型教学在初中英语课堂的实施［J］.中小学外语教学
（小学），2003（6）.

［5］周巧玲.利用网络资源辅助中学英语课堂教学［J］.中小学外语教学
2003（3）.

"互联网+"背景下提升小学英语课堂核心素养
渗透力的实践研究

——《开心学英语》四年级下册Unit 4 Free time为例

广东省珠海市香洲区景园小学　简臻红

《义务教育英语课程标准（2011年版）》明确指出，英语课程资源包括英语教材以及有利于发展学生综合语言运用能力的其他教学材料、支持系统和教学环境等，如音像资料、多媒体软件、广播影视节目，网络资源和教学环境创设等。在"互联网+教育"的背景下，大量丰富的教学资源为充实教学活动，保障核心素养落地，提供了条件和可能。同时又对教师的信息技术运用能力提出了新的要求。

本文以《开心学英语》四年级下册Unit 4 Free time为例，笔者对教学内容进行整合，并将以一节复习课的形式呈现，精心合理设计每一个教学活动，利用信息技术，开发课程资源，不断提升小学英语课堂中核心素养的渗透力并取得了良好的实效。

一、利用信息技术，创设真实场景，提升语言能力

外语教学的重要目的之一就是培养学生综合运用语言的能力。以学生为中心的教学，强调通过对语言学习材料内容的探究性理解，在真实的情境中运用语言来完成真实任务，最终掌握语言技能。

1. 引入场景，温故知新

兴趣是学生进行有效学习的催化剂。在课堂第一部分的热身复习环节，笔者使用绘声绘影软件，截取网络上的卡通电影《疯狂外星人》的几个片段，以小外星人来到地球的短视频引入，使学生产生强烈的兴趣。笔者与学生探讨小外星人并不懂地球上人类的生活，为后面小外星人提出一系列"May I..."的问题做好了情境铺垫。在这个视频创设的情境中设计头脑风暴环节，引导学生使用本单元的陈述句型They may go to...给小外星人提议去哪里玩比较好，让学生除了复习本单元的句型外还充分回忆和复习之前学过的地点名词。

图1　外星人询问电影院公共规则情景

2. 融入场景，体验语言

接受学生提的建议，小外星人去了电影院看电影，他提出了"I'm hungry. May I eat？"这样一个问题。教师为学生播放了网络上一段电影开播前的温馨提示视频。由于视频资源的旁白为中文，笔者使用视频编辑软件把该视频的音频完全去掉，再使用录音功能和配置背景音乐功能，重新打造一段英文版的温馨提示视频。

视频直观地向学生展示了电影院的公共规则和公共标志，学生在观看视频的同时锻炼了听、读能力，对公共场合的标识产生了强烈的意识。在观看后学生需要回答小外星人提出的问题，如May I run in the theater？ May I eat the pop corns？ May I take a picture of the movie？ 等等。这些提问先以音频的形式呈现，继续锻炼学生的听力。在完成这个判断任务的过程中，学生复习了本课句型，从而更深层次地理解了句型结构和语用功能。

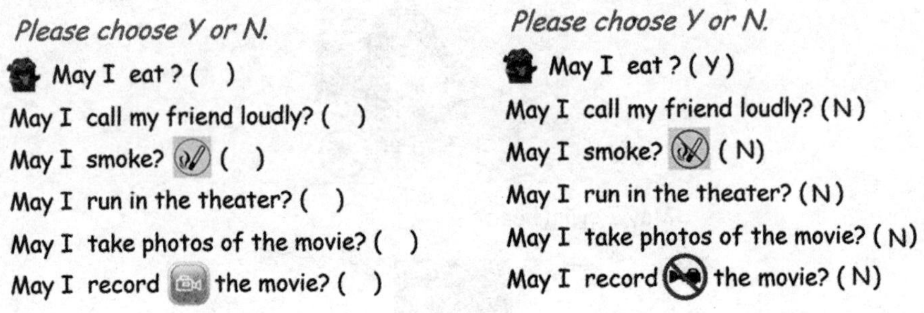

Please choose Y or N.

🐦 May I eat？（ ）

May I call my friend loudly？（ ）

May I smoke? ✓ （ ）

May I run in the theater？（ ）

May I take photos of the movie？（ ）

May I record 📷 the movie？（ ）

Please choose Y or N.

🐦 May I eat？（ Y ）

May I call my friend loudly？（ N ）

May I smoke? ✓ （ N ）

May I run in the theater？（ N ）

May I take photos of the movie？（ N ）

May I record 🚭 the movie？（ N ）

图2 判断任务

为了制作出小外星人声音的音频，笔者选用了Wechat Voice软件录制语音旁白。该软件有不同的音频变声功能，以此录制的音频材料更符合课堂场景，提高了学习情境的真实感。如果换成学生在这些熟悉的生活场景中提问这些人之常情的问题，就会显得明知故问，不符合语言学习规律。本课中，学生用学到的语言知识帮助小外星人了解人类生活，遵守人类公共场合的秩序，实现了在语境中体验和掌握语言功能。

二、活用信息技术，设置开放性任务，提高思维品质

思维品质是指学生的思考辨析能力，包括分析、推理、判断、理性表达、用英语进行多元思维等活动。小学英语教师应该在英语教学中有针对性地对学生的逻辑思维能力、批判性思维能力和个性化的创新能力进行培养。

1. 联系生活，培养科学思维

教师通过下载相关的网络图片整合出小外星人去动物园游玩的场景，学生在平板电脑上选择自己感兴趣的场景切入观看。学生将会听到他在动物园提出的不同问题，如见到了在池塘里游泳的天鹅、付费拍照的小熊猫、花果山上的小猴子……小外星人会问May I swim here? May I take a photo with it? May I feed the monkeys? 学生在平板电脑上选择Yes, you may.或者No, you may not. 教师通过 "For Class课堂教学系统" 进行数据分析和查看学生的选择，有针对性地对持不同意见的学生进行提问，倾听学生的想法，表扬敢于质疑的学生。

图3　外星人询问动物园公共规则情境

2. 任务驱动，培养批判性思维

课堂任务引领着学生。当学生看到小外星人坐上了野生动物园的观光车，几只大老虎扒在观光车外面时，教师问："你猜小外星人在车里会提些什么问题呢？"此时同桌之间展开讨论，然后分享学生提出的问题，引导全班学生做正确的判断和回答。与前面的任务比较起来，此项任务难度有所增加，学生由开始的被动回答，变成主动提问。开放性的任务使学生更能发挥学习和思考的主观能动性，能避免学生的思维停留于表层。学生甚至以反常规的方法、视角去思考问题，提出独特的解决方案，从而产生新颖的、独到的思维成果，有效发展和提高学生的批判性思维，培养学生良好的思维品质。

: May I get out off the bus?

: No, you may not.

图4　学生猜测外星人询问了什么

教师主张学生课后使用搜索引擎搜索各大动物园动物伤人事件，通过观看视频短片，教育学生在生活中需要理性地分析事情，切不可盲从于人，进一步激发学生的规则意识与批判性思维。

三、巧用信息技术，比较文化异同，塑造文化品格

语言与文化是密切相关的。文化品格指的是在英语学习中了解中外文化的异同，对国际先进的文化的认知，形成自己的文化立场与态度、文化认同感和文化鉴别能力。要了解大千世界、博大精深的文化，除了始于足下，还可以引导学生在网络上漫游世界，了解不同文化的细节。

游学和网上冲浪都是学生感兴趣的话题。小外星人来到了学生所在的城市，学生作为小主人带着他去游学，参观当地的图书馆、名人蜡像馆、博物馆、教堂或者歌剧院等地方。由于小外星人不懂地球人类的公共规矩，教师在平板电脑上选择了其中一个地点作为例子，使用PPT为他制作关于该地方公共规则的海报（选择正确的公共标识粘贴在海报上），并投屏于白板上。

（学生海报展示）

图5　学生海报制作情境与示范

这五个公共场所既有本土特色，又能反映中西方文化的差异。教师给学生发送一个标识包，内有几十个标识的图样供学生选择粘贴。学生自行选择一个地点，以小组为单位在平板电脑上进行海报制作。学生对西方教堂和歌剧院的公共规则应该了解甚少，对本土的蜡像馆、博物院等的公共规则也不是完全熟知。

要给小外星人做出正确的指引，学生需要上网搜集一些资料，如学生能在网上了解到，在西方国家You may not wear the short skirt or the slippers to the church. And you may not have a phone call or talk loudly in the church. 也有学生搜到以下例证：歌剧院正在上演歌剧。演出已经开始了，一位男士才匆匆而来。他要进门，却被守门人拦住。那男士面露难色："I have the ticket. May I come in？"守门人彬彬有礼地告诉他："歌剧院规定，迟到者要等到幕间休息才能进场。"

巧用信息技术，合理高效地利用网络资源，使学生自主地了解国外文化，开阔国际视野。而富有当地文化特色的名人蜡像馆和博物馆也让学生感受浓郁的爱国主义情怀。在比较文化异同的同时，更加激发了学生对本土文化的热爱。

四、运用信息技术，引导主动实践，培养学习能力

学习能力不局限于学习方法和策略，也包括对英语学习有正确的认识和持续的兴趣，有积极、主动的学习态度和成就动机，能够确立明确的学习目标，有主动参与语言实践的意识和习惯。

本节课依托电影院、动物园等场景，通过图片创设留白，激发了学生的学习兴趣，有效启发学生主动思考、积极发言，培养了学生的思维能力；让学生在有意义的情境中，巩固运用本单元的重点语言知识。

利用网络资源了解各公共场合的规则，自主制作海报，培养学生的动手能力，体现了学生合作学习的教学理念，突出了学生的主体地位，体现了让学生用英语做事情的重要理念。学生在课堂上有充分展示自我的机会：海报展示活动中每位学生都能锻炼口头表达的能力。学生思维活跃积极，踊跃参与学习活动，整节课气氛轻松、快乐。苏霍姆林斯基说过，当知识与活动紧密联系在一起的时候，学习才能成为孩子精神生活的一部分。

本课开发了丰富的声音和图像资源，给学生提供了地道的语言输入，体现了现代教育技术与课堂教学的整合，提升了英语核心素养的渗透力。本课呈现的内容较多，难度略大，课堂中未必所有学生都能理解呈现的信息。为

了解决这个问题，教师可以在下一个课时再次利用上述资源进行巩固、拓展和提升。此外，教师还可以以微课的形式让学生进行课后学习，提高学生学习英语的兴趣，保障学生的核心素养得到长足发展。

参考文献

［1］中华人民共和国教育部.义务教育英语课程标准（2011年版）［M］.北京：北京师范大学出版社，2012.

［2］郄利芹.从同课异构看主题意义探究与语言能力培养［J］.中小学外语教学（小学篇），2017（8）：49-52.

［3］张琦.一节以核心素养为向导的小学英语单元复习课［J］.中小学外语教学（小学篇），2017（12）：48-53.

浅谈云服务课堂

——以主题阅读课Amazing hotel rooms 为例

广东省珠海市香洲区第四小学　颜雁翔

随着"互联网+"在各行各业的推进，大数据在工作、生活中无孔不入的应用，云服务课堂不再是神坛上的传奇，而是落到地上，在课堂上践行着。

一、何为云

"粤教云"计划是《广东省教育信息化发展"十二五"规划》中五大行动计划之一，也是广东省《关于加快推进我省云计算发展的意见》确定的七大重点示范应用项目之一。2014年5月，珠海市被广东省确定为首批"粤教云"示范应用试验区，截至目前，全部中小学教师已入驻"粤教云"，使用该平台的资源开展教学活动。

"粤教云"智慧课堂建设。以云服务促进优质教育资源班班通，推进教学资源应用的普及化和常态化；融合云终端、云服务、数字教材、数字内容超市等构建新型教学环境，探索有效提高教学质量的信息化教学模式与方法。简单地说，云课室就是将云计算平台与移动互联技术运用于基础教育，用信息化科技关联教室、学生、家长，用大数据服务于课前、课中和课后。

二、"粤教云"如何服务小学英语课堂及其案例分析

信息技术与小学英语课堂的结合能极大地提高课堂的教学效率及拓宽学生的视野，现在以笔者参加2018全国一师一优课的参赛课为例，谈谈"粤教云"如何为小学英语课堂服务。参赛课课型为主题阅读课——Amazing hotel rooms，主要是教给学生阅读的方法——"小偷阅读法"，通过老师示范如何用"小偷阅读法"去阅读、分析Giraffe Manor这篇文章，然后以"小偷阅读法"的微课进行阅读法的总结、提炼，再让学生在老师提供的4篇文章中自选一篇文章用"小偷阅读法"去阅读。这节参赛课是在云课室上的，云课室为本节课的实施提供了数字课堂的支持。

1. 反馈及时

有了云课室的支持，课堂上老师可以马上看到学生的答题情况及选择比例。

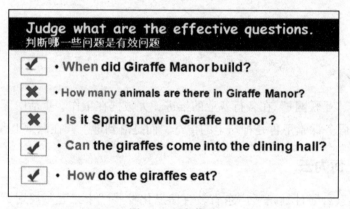

图1　云课堂截图

这个环节的活动通过判断哪些是有效问题，从而让老师知道学生对文章的理解程度。如果没有ForClass平台，那么想要知道结果，老师可能要逐一批改后才知道，但是有了ForClass平台，学生勾选后统计马上就显示在屏幕上，老师能得到及时地反馈，从而调整教学的进度及方向。

2. 旁征博引，拓宽眼界

有了ForClass平台及智慧课堂，课堂上旁征博引，海量输入信息，拓宽眼界不再是难事。

Q2: What is Giraffe Manor famous for?

It's famous for its giraffes.

Giraffe Manor

Giraffe Manor is a small hotel built in the early 1930s . It is in Nairobi, Kenya.

The hotel has over 140 acres of forest .It is famous for its giraffes. Guests always say the Giraffe Manor's two-story building makes them feel like in the set of the film Out of Africa（非洲之外）.

The giraffes live on the grounds . They sometimes put their long necks inside the windows. They hope for a treat.

It gets even better.Every morning and evening the Manor opens the large doors and windows to its dining hall. Giraffes will go into the dining hall and eat with the guests.

图2　ForClass 平台及智慧课堂截图

为了更好地说明Giraffe Manor为何因长颈鹿和宾客共同进食、游玩而著名，在这里，链接了一段长颈鹿庄园的高清视频，让学生身临其境，加深理解。

图3　长颈鹿庄园的高清视频截图

在导入环节，通过Free talk引入假期外出旅游住酒店的话题，然后欣赏世界十大惊奇酒店的短视频，让学生眼前一亮，主动投入课堂中，为接下来的主题阅读做好铺垫。同时，通过欣赏世界十大惊奇酒店，让学生了解到不同文化背景下的生活方式、行为习惯和建筑风格。

3. 自主学习，分享交流

（1）基于ForClass 平台及智慧课堂用信息化科技关联教室、学生、家长，用大数据服务贯穿课前、课中和课后。在课中示范完"小偷阅读法"后，用微课进行了一个提炼及总结，帮学生梳理了"小偷阅读法"。

图4　梳理"小偷阅读法"

（2）有了智慧课堂，我们可以让学生有更多选择的空间。

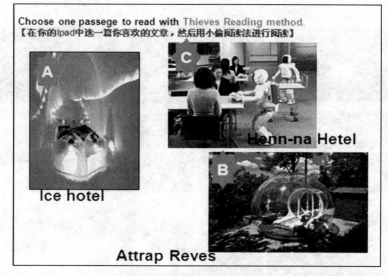

图5　智慧课堂展示

学生可以根据自己的喜好，选择自己喜欢的文章进行阅读，然后分享。

三、存在的问题

ForClass 平台及智慧课堂如果硬件过关，那么会让小学英语课堂如虎添翼，但是，现在一些学校的平台在使用时会出现不稳定的情况，如前一天试过，完全没问题，第二天使用时就会出现统计出不来、课件打不开、触屏不灵敏的情况。ForClass 平台和智慧课堂的培训及后期服务不是很到位。虽然随时可以预约工作人员到校指导，但很多时候工作人员未能及时解决使用过程中遇到的问题。

新生事物从开始到全面铺开，有个磨合的过程，"粤教云"的确为小学英语课堂教学打开了另一扇门，让学生和老师能接触到海量的信息，通过信息技术，让课堂立体、丰富了起来，并学会了如何提炼信息、如何自主学习。

远程互动协同课在小学英语课堂教学中的应用

广东省珠海市香洲区甄贤小学　魏　莉

随着小学英语新课程改革的深入，教师合理利用各种教学资源，对发展学生的综合语用能力，提高自身专业水平有着十分重要的推动作用。远程互动协同课中两位教师充分教研，配合默契，通过情境式、互动式的课堂教学，实现教育资源共享，为学生提供丰富的学习资源，灵活多样的学习方式，缩小了城乡学生的差距，教师的教学水平和专业能力也得到了提高。

一、远程互动协同教学的概念和意义

远程互动协同教学，首先是远程。这里的远程指在异地两个或多个班级间通过互联网同上一堂课。其次是互动。互动是指这些异地班级的师生通过互联网开展互动交流。这种互动不仅是老师与异地学生的互动，更重要的是通过老师与老师的互动带动和促进异地学生间的互动交流、合作探究。最后是协同。协同是多名教师默契配合、共同协调完成教学。协同教学需要教师课前共同备课，尤其要充分考虑教学过程中可能出现的各种情况并做好预案。远程互动协同教学能最大限度地促进教师间的教学交流与研究，提高教师的教学艺术和能力；能有效实现优势教师资源共享，尤其对促进边远地区、水平较低学校的教育有着十分重要的作用；能极大地激发学生的学习兴趣，开阔学生视野，促进异地学生间的相互了解，尤其能使发达地区优良的学习氛围感染、推动边远地区学生，并逐渐使边远地区学生形成良好的学习习惯、方法等，对促进教育均衡发展有十分积极的作用。

二、英语远程互动协同教学的理论基础与依据

《义务教育英语课程标准（2011年版）》提出，教师要面向全体学生，关注学生的个体差异，通过创设接近实际生活的各种语境，合理利用各种教学资源（包括数字资源和环境资源），不断提高专业水平，努力适应课程的要求。

粤人民版英语教材中的Story以英语对话的形式展开，它以学生生活为背景，选取学生和英语课程紧密联系的交际活动为内容。英语对话至少需要两个人分角色表演或者声情并茂地朗读。

教育部颁发的《未来学校研究与实验计划》也强调，运用互联网技术为学习创设"新场景"。普通班级教学模式下，教师与学生、学生与学生的语言环境只能通过"创设"来完成，是虚拟环境。而远程互动协同课堂上，两地的教师与学生、学生与学生间之前并未形成习惯性的语言环境，让他们从第一句就用英语沟通，比创设的环境要真实。此外，优质的教师资源也能为异地师生构建更优良的会话环境。

三、远程互动协同教学的优势与应用

（一）远程互动协同课可以有效提高学生学习兴趣

1. 远程互动协同课能吸引学生的注意力，提高学生的参与度和积极性

远程互动协同课主要是运用智慧校园平台，通过双屏展示教学内容和视频列表。在笔者和同校黎老师的一节互动协同课《Colors》上，黎老师拿出课前准备好的调色板示范调色实验，我班学生本来是看不见黎老师如何实验的，但是通过在线互动课堂平台，实验过程聚焦在屏幕上，两个班的学生通过视频观看到老师和对方同学的实验，在亲身体验中学会颜色混合知识。因此，远程互动协同课即使远距离两个学校的学生也能积极参与到课堂活动中。

2. 远程互动协同课可以拓展学生知识面，开阔学生视野

远程互动协同课是由两位教师互为协同完成的，因此两位教师都要查找课程资料以拓展学生的知识。笔者与湾小郭老师一起上远程互动协同课《Helen Keller》，书本上枯燥的叙述很难让学生对这个历史人物形成深层的认识，我们分别准备海伦·凯勒生平的微课以及她和莎莉文老师对话的音频对教学内容进行扩充。音视频技术的运用，让学生快速直观地了解了海伦·凯勒的事迹，同时也拓展了学生的知识，有利于他们树立正确的人生观和价值观。

3. 远程互动协同课把课堂还给学生，以学生为中心

远程互动协同课上老师打开视频课堂，学生通过视频看到对方同学的表演，两班学生互为对方注意的中心，这样的教学方式真正以学生为中心。在笔者和金钟石老师共上的一节互动协同课《A boy who shouted the wolf is coming》上，这个故事学生很熟悉，因此，我们采用学生主讲的方式。以往课堂中学生表演都是挤在讲台上，现在运用在线互动课堂平台，学生通过视频观看到对方同学表演，两班学生互为对方的讲台，这是真正的由学生主导的课堂，效果非常好。

4. 远程互动协同课促进学生间的学习交流

远程互动协同课最主要的特点就是互动，这不仅是本校师生的互动，更精彩的是参与协同课两校或者多校学生间的互动。在笔者和吉莲小学林老师的一节协同课《Feeling sick》上，学生通过视频和对方学校的同学进行对话交流，一个是医生，一个是病人，询问病情，给出建议，学生增强了自信，练习了口语表达，学习了对方同学的优点。

（二）远程互动协同课可以有效提升教学效率

1. 远程互动协同课促进教师间的协作与交流

在互动协同教学的模式下，两位教师需要进行充分的课前教研，即教学目标的设定，教学环节的优化，教具的制作，作业的设置，设备的测试等，从而互相学习，取长补短。笔者和十二小李老师一起上协同课《My classroom》，笔者和李老师分别制作了Bobo，Table，Desk和Chair的头饰，在拓展环节学生分角色扮演，效果很好。远程互动协同课需要经过上课教师反复研讨、频繁交流，不断磨合和优化，把所有可能出现的问题敲定，才能使整节课完整流畅，顺利进行。

2. 远程互动协同课提升教师的教学专业水平

远程互动协同课因教学环境改变，空间延伸，逼着教师去适应新的技术：游戏、歌曲、竞赛何时加入；音视频运用哪些软件从网上下载；在线课堂平台的操作，视频课堂开启，屏幕共享，微信扫码上传作业等。笔者和侨光敖老师一起上协同课《Months》，歌曲从教学光盘里运用Camtasia Studio录频软件截取，Phonics语音视频从优酷网下载后在格式工厂里转换成WMV格式，澳大利亚四季的视频用爱剪辑加入配音和背景音乐进行后期制作，课堂上两校学生互动交流要打开视频，作业产出环节要扫描在线白板的二维码，这些都需要我们努力提升专业水平，以适应新时代的教学要求。

3. 远程互动协同课促进老教师不断学习，青年教师不断成长

老教师经验丰富，工作踏实，接受新事物慢；青年教师紧跟形势，缺乏教学经验。因此，新老教师搭档上协同课，以老带新，以新促老，是传统教育优势与先进教育理念的交会。笔者和广生的陈老师上了一节协同课《Clothes》。虽然她是青年教师，但在教学设计上很有想法，课前我们进行了多次在线教研，她学会了操作平台，笔者也学习到她的很多金点子，通过远程互动协同课，在老教师的引领下，新教师迅速成长；在新教师的帮助下，老教师学习到新技术，与时代接轨。

（三）远程互动协同课能促进地区间的教育均衡

远程互动协同课具有教学资源共享的功能，使好的教师和课程能为更多的学生所享用。桂山小学地处海岛，学生少，教师也很少参与教研，教学效果不理想。笔者和桂山小学张老师一起上了远程互动协同课《Animals》。笔者提供课件和教学设计，帮助她明白协同课的操作和意义。海岛和城区师师互动，师生互动，生生互动，城区学生自信大胆的表达带动了海岛学生，海岛学生认真端正的态度感染了城区学生，海岛学校无法完成的操作，城区学校来完成，大家深入学习，交流互动。正如德国哲学家雅斯贝尔斯所说，教育意味着用一棵树摇动另一棵树，一朵云推动另一朵云，一个灵魂唤醒另一个灵魂。

四、结　语

总之，远程互动协同课教学模式是一种改变学生学习方式，实现教师优势互补，促进教育均衡发展的教学模式。相信经过不断探索和常态开展，它一定能在小学英语教学之路上结出累累硕果。

参考文献

［1］陈琳、王蔷、程晓堂.义务教育英语课程标准（2011年版）解读［M］.北京：北京师范大学出版社，2012.

［2］王沛贵.双师教学模式的探索与思考［J］.甘肃教育，2005（7）.

浅谈信息技术与小学英语教学的有效融合

广东省珠海市香洲区凤凰小学　张亚东

当今社会，随着信息技术的快速发展，越来越多的多媒体设备出现在了小学英语课堂上。ForClass、科大讯飞、醍魔豆、一起作业的出现更是打破了传统的教学模式和作业模式。合理地运用信息技术教学，不仅能使课堂变得丰富有趣，更能调动学生的学习兴趣，提高学生自主学习及合作学习的能力，从而提高教学效率。笔者从本校及本人的经验出发，浅谈信息技术与小学英语教学的有效融合。

一、运用信息化技术手段，做好课堂内容前置

在当今的大班英语教学环境下，将课堂内容前置，课堂上就有更多的时间开展活动，让更多的学生开口参与，有更多的时间来做巩固练习和做拓展训练。而语言的学习，需要真实的语言环境，需要大量的听说练习，如何在家做好预习就显得非常重要。

反思小学英语中传统的预习作业，往往存在形式单一、任务单一、目标单一的问题。新授课开始前，老师通常要求学生听读英语几遍。很多学生不重视听读作业，或者只听不读。老师不仅无法了解学生听读的效果，也无法及时掌握学生完成的情况。学生喜欢有特色的，有吸引力的，能发挥自己创造力的课外作业。正是因为这些目前还存在的弊端严重地抑制了学生的学习兴趣，极大地限制了学生学习活动的空间和英语素养的提高。所以，要采用新颖的课堂前置作业方式改变学生对作业的态度。

平板电脑、智能手机等将更多知识与信息化手段带入各个家庭，学生有条件借助网络完成作业。学生可以在家长的陪同或指导下，完成老师布置的预习任务。如教师可以在作业网上布置跟读、听音选读、单词拼写等游戏闯关活动，让学生自主学习；教师还可以做好微课，让学生在家观看和学习；教师还可以建立微信打卡群，将学生分好组，让学生在微信群里大声朗读或对话，教师本人或选个组长进行监督和指导。借助信息化手段，提高预习的效果和效率，将有助于英语的学习。

二、运用信息化技术手段，提高学生学习兴趣

信息技术的优势在于将英语学习内容通过图片、声音、影像等形式呈现出来，改变传统枯燥的课堂教学模式，将学习内容更加形象、生动、立体地展示出来，提高学生的学习兴趣。例如，讲《Animals》一课时可运用PPT的各种功能栩栩如生地呈现cat/elephant/monkey/tiger/polar bear/whale等动物。学生会说出动物的单词，通过生动形象的图片、声音、视频等了解动物，并运用本课的句型 What's this？ It's a...及Is this a...？ 来进行问答，使课堂情境变得真实有趣。

在ForClass及科大讯飞、班级优化大师等程序中，均有随机选人的功能。这个环节深受学生的喜爱，教师可以在练习环节加入随机选人，会大大提升学生的参与兴趣，并能直观显示学生的接受、掌握情况。另外，在"云教室"里，运用信息技术手段，更能及时掌握小组合作学习的效果并及时反馈。学生小组合作学习的兴趣和学生自主学习的驱动力会大大提高。

三、运用信息化技术手段，突破教学重难点

在英语教学中，教师自己费尽口舌讲解的一些知识或规则，学生却无法清楚地理解或吸收。因为有些知识点比较抽象，而且在讲解一些规则和方法时也是抽象的，这样不利于学生理解。而现在将信息技术与英语融合，信息系统的放映功能能够直接把那些抽象的知识点呈现在学生面前，让学生直观地看见和接受。例如，英语教师常在英语教学中运用的游戏环节，有些规则用英语描述学生无法明白，教师可以在课前拍摄好视频，这样可以加深学生的直观印象；如在写作环节，教师也可以提前做好微课，用思维导图等方式帮助学生理解；在做题或写作环节，教师可利用信息技术的拍照功能，将学生的作品投屏到大屏幕上，与学生一起进行分析和修改，做好批改，共同关注。在巩固环节，教师也可以利用醍魔豆里面的反馈器，充分利用信息技术强大的统计功能，及时了解学生的掌握情况，做到及时反馈。

四、运用信息化技术手段，培养学生的道德情感

学科教学不仅应关注知识的传授，更要注重学生道德情感的培养。传统课堂中，情感价值观的教育通常都是被告诉的，学生不能自主地去体验、去感知。充分运用信息化技术教学，可以使教育内容不再枯燥乏味，从而调动学生的积极性，有利于培养学生的美好品德。例如，《Animals》这一课，教

师可以通过幻灯片或视频的方式先播放动物的友好和可爱，再播放由于环境的破坏，人为的买卖等，动物越来越少。相信一定会激发学生爱护动物、保护环境的情感共鸣，这比简单的口号更能深入学生的内心。

总之，信息化教学已经广泛应用在教学中，信息化技术与英语教学的有效融合将丰富我们的教学，提高学生的学习兴趣，使我们的英语课堂更加高效。教师应充分利用信息技术手段，大胆探究，勇于实践。

参考文献

［1］杨勉之.浅析信息技术与小学英语课堂教学的融合［J］.发明与创新（教育信息化），2017（2）：27-29.

［2］陈俊盛、代毅."粤教云"环境下数字教材的应用研究［J］.教育信息技术，2014（9）：64-67.

［3］迈克尔·霍恩，希瑟·斯特克.混合式学习——用颠覆式创新推动教育革命［M］.聂风华，徐铁英，译.北京：机械工业出版社，2016.

信息技术与小学英语教学融合的实践与反思

广东省珠海市香洲区第十六小学　庄　萍

2019年4月，教育部印发《关于实施全国中小学教师信息技术应用能力提升工程2.0的意见》，提出全面促进信息技术与教育教学融合发展。信息技术的发展为各行业提供了有力的支撑，也为英语的教学提供了丰富的技术手段。在近年的教学实践中，笔者以校本研修为阵地，以课题研究为引领，对信息技术与英语学科融合的做法做了一些研究，深刻体会到信息技术手段改变了传统英语课堂的模式，提高了课堂教学效率，也让学生的个性化自主学习成为可能。同时，在PBL（项目式学习）教学理念的指导下，信息技术与英语教学实现深度融合。下面，笔者以Weather around the world一课为例，分享信息技术在英语课堂教学中的应用心得。

一、微课导入创情境

在英语学习的过程中，语境的创设是非常重要的环节，但很多时候我们无法给予学生一个直接的语境，信息技术的使用可协助我们创设情境，比如，Weather around the world一课的导入，笔者运用事先精心编辑的微课视频，创设了旅行的情境，将学生带入学习情境。

在使用视频的时候要注意，现代媒体融合了音、形、图多种优势，但课堂上并非什么时候使用都能收到好的效果，目标不同，选择的媒体也应不同。传统教学方式同样具备真实、方便、直观等优势，导入的环节，笔者使用Free talk的形式与学生做直观的交流，同样取得了良好的教学效果。切不可简单依靠媒体影像教授知识，否则，将导致课堂效果片面而不完整。

二、信息工具助探究

在信息技术快速发展的时代，学生获取知识的渠道已不再单一，如何满足学生日益增长的学习需求，提高他们学习的兴趣，成为英语学科教师面临的挑战。教学一线的教师要熟悉信息技术，合理利用信息技术工具辅助英语教学。信息技术使用得当能改变教学的环境，在尊重语言学习规律的情况下，改进我们的教学内容，改善我们的教学目标，改变我们学习的一些方式。

巧用信息工具可以使学生在课堂内外探究学习英语，比如，在Step 2 Before reading 环节中，笔者有如下设计：

Discuss: What do you know before travel?

Draw a mind map and complete the picture.

（设计意图：小组讨论出游前需做哪些准备，并且在平板电脑上合作完成思维导图的拼图练习。通过运用多媒体学习绘制思维导图，同时归纳知识点，进一步培养学生用英语做事情的能力。）

且看Step 3 While reading，设计如下：

（1）Read the passage（Australia）.

（2）Know more about Australia by asking questions.

（3）Group work:

① Write down your questions.

② Discuss the answer in group.

③ Surf more information on line.

（设计意图：课文文本对澳大利亚的介绍仅限于月份和天气，满足不了学生对澳大利亚更深文化了解的需求，因此，笔者引导学生借助信息技术手段深入学习和了解更多异国文化，促进学生在解决问题的项目学习中，培养语言能力和学习能力。）

教学平板电脑的使用让学生可以寻求网络资源的帮助。平板电脑上的思维导图软件可以促进学生的协同合作，把本组探究的知识内容快速提炼呈现。相对传统的用纸笔归纳，这种方法可以更准确、更快速地完成任务，极大地提高学生学习的积极性，也提升了课堂的效率。

在使用信息技术辅助教学的过程中，需牢记学生是学习的主体，只有在学生积极主动参与下，才能实现知识和能力的转化。因此，在设计课程的过程中需合理设计教学环节及应用的技术工具，以促进学生自主探究为目标，以培养学科思维为导向，避免"炫技"，把英语课堂变成演示现代教育技术的展厅，把课堂割裂成互不相干的小任务。记住一个原则：用了工具比不用效果好，就是有效的信息技术辅助英语教学手段；如在课堂中观察到工具是无效或者低效的，那么无论这个工具如何"高大上"都应果断放弃。

三、多维互动促交流

假如教师的课堂组织形式千篇一律，缺乏变化，学生会感到厌倦。教师采用现代化的教学手段，利用信息化教学方法、设备，可吸引学生的注意力，激发学生学习英语的兴趣，从而提升课堂实效。英语学科需要交互的教学情境非常多，使用信息技术手段创设交互情境，是对教学的有益补充，可促进交流效率、频次的提高，从而激发学生兴趣、提高课堂容量。比如，同样在前文提到的课程中的Step 4 Practice环节中，笔者做了如下设计：

（1）Let students discuss and choose one place to visit.（the North Pole, the South Pole, Kenya, Beijing）

（2）Draw a mind map and make a report.

Tips:

① Find the answer from the passage.

② Find the answer by discussing with your partner.

③ Find the answer by surfing the Internet.

（设计意图：阅读过程中老师与学生互动示范，学生初步掌握阅读时准确获取信息的学习策略。学生在小组合作中阅读剩余的3篇小短文，读后选择自己感兴趣的短文深入讨论学习，并且借助网络、论坛查询更多的信息与同伴交流，引导学生步步深入阅读，很好地激发学生阅读的兴趣。网络学习可使各个层次的学生都能通过学习软件和信息资源库进行预习、听课、练习，并通过人机交互检测和反馈，通过生生交互、师生交互的手段，达到互相协作、取长补短的目的，改变了学生参与度低的情况。）

在小组合作探究中，使用信息技术手段辅助互动，让学生学习的效率更高，信息更加准确，而又不会影响学生对语言学习情境的感悟，切忌形式大于内容，让互动的过程变为一场秀。此外，在技术上，教学课件应尽可能做到界面友好，即有交互性，为教学创设最优环境。这要求我们钻研一些较适合交互的课件设计软件，只是使用传统的PPT交互效果不理想。目前，市面上出现了一大批交互教学软件，比如电子白板、各种云课堂的平板电脑交互软件，相信教师只要肯用心学习，必能合理使用信息技术辅助课堂互动。

四、评价反馈效率高

学生在学习中的进步是一个前后对比的过程，而这个过程是学生在学习中的表现发生有益变化所产生的结果。如何评价一名学生在某段时间内的学习效果呢？传统的教学评价往往是以两次或几次考试的分数或排名作为衡量标准。这样的评价对学生是片面的，因为只评价了结果，没有评价过程。信息技术可从多个方面辅助英语课堂评价，其评价反馈的准确性及效率相对传统的评价方式，都有较大的提升。比如在本课中，最后的评价环节是这样设计的：

Step 5 After reading.

Let students draw a mind map and write a passage to introduce their own hometown.

（设计意图：学生根据思维导图提示介绍自己的家乡，运用多媒体设计思维导图搭建写作框架，利用网络平台分享自己的成果。思维导图式的写作有利于拓展学生的思路，利用信息技术辅助平台，可以快速准确地把探究成果发布出去，使评价更加有效率。）

笔者在教学中常设计一些有趣的任务，让学生利用相关的数字化产品创作出相关的录音或视频，以此作为作业上交，从而扩大教学评价范围，有效地评价学生听、说、读、写各方面的综合能力。

总之，在"互联网+"时代，英语教师如能熟练掌握信息技术，就可打造出学生参与度高、发挥学生主体作用、多维度互动且评价反馈准确及时的课堂。当然，我们在使用信息技术手段的时候也要根据具体的教学内容及学生情况，选用合适的工具及方法，切不可喧宾夺主。

参考文献

［1］杨勉之.浅析信息技术与小学英语课堂教学的融合［J］.发明与创新：教育信息化，2017（2）：27-29.

［2］王晶晶、李蓓.合理应用 促信息技术与课堂教学融合——应用交互
式电子白板构建小学英语学科高效课堂的策略［J］.成才，2015
（4）.

［3］陈珊.现代信息技术与小学英语教学评价机制的有效整合［J］.读写
算：教师版，2015（38）：69-70.

信息化时代，如何提高小学英语课堂效率

广东省珠海市香洲区第二十三小学　郝月月

随着我国经济及科技的飞速发展，信息技术已经渗入小学课堂，各学
科、各种形式的信息化教学成了热门的教学模式。小学英语课堂变得现代且
鲜活，学生可利用平板电脑进行听、说、读、写各项训练，形式多样，学生
学习兴趣颇浓。但老师需要做大量的前期准备工作，对信息设备及网络也有
很高的要求。

笔者听课时，多次接触过以信息技术为主体的英语课堂，整节课都以平
板电脑为学习主体，每个环节几乎都与平板电脑为伴，课堂气氛热烈，参与
度高，学生积极响应，但往往热闹过后，语言的输出及交际性的目标并未达
到理想效果，同时在与信息技术互动的时候也淡化了语言实际交际的技能。
这不得不让我们思考，如何提高信息化课堂的效率？如何让信息化成为英语
课堂的点睛之笔？

信息技术推进、普及到课堂已经是不可阻挡的趋势。如何利用信息技术
提高课堂的教学效率，而不是成为老师们的思想负担和提高教学质量的阻碍
呢？在信息技术环境下，对如何提高小学英语课堂的有效性，笔者在实践过
程中做了如下一些思考。

一、加强信息化技术的培训与实践演练

信息设备基本都需要专业的人员进行安装、维护及跟进，如果将信息技
术纳入课堂常规，技术人员不可能堂堂跟，节节课都在，如果对授课教师进
行专业的培训，解决常见问题并进行演练实践，教师就能满怀信心地完成一
节完整的课，不然教师精心准备的一节课，因为技术原因戛然而止，教师又
不会修理，又没有专业人员跟进，既影响教师的积极性，又影响学生学习的

兴趣。教师只有全面掌握基本维护技能，才能保证日常教学的顺利开展，信息化技术的教学才能稳定且有效。

二、教师要不断学习、适时地运用并使用信息化技术

教师是实现信息化技术与课堂整合的关键主导者。在日新月异的信息时代，教师必须不断地学习、总结、反思，只有经历磨炼、实践、反思，教师才能顺应科技的进步和社会的发展，优化信息化课堂的模式。现代教育理论认为，教师不再是传统意义上的课堂教学的主宰，而应该是教学的组织者、学生的引导者及合作者，学生学习的助力者。因此，教师与技术的整合是教学中的首要问题。首先教师要勇于超越自己，勤于学习现代化的理论和教育技术，熟练并合理地运用各种教学所需的软件与多媒体技术，获取最新的资源和信息，追踪英语教育的理论与实践的前沿研究成果，不断提高自己的理论研究水平，丰富自己的教学资源，并将这些资源有效地运用到课堂教学当中去。只有这样，信息技术的教学才能不断进步和优化。

三、资源的合理利用和有效整合

信息技术在教学中的应用重在信息的获得、筛选与应用，其中的关键是更新教育观念。如果还停留在传统的教育理念里，就会觉得所有的信息技术的运用都是附加的，甚至是影响教学的。信息技术就像一把双刃剑。用好了，就是利剑，教师和学生都如鱼得水、相得益彰；如果用不好，就成为教学上的一把可以伤人的剑，既给教师增加了心理负担，又让学生不知所措。信息技术为认真备课的教师带来了丰富的资料，无论是资源还是形式，都让备课的老师得心应手，学生学有所得。另外，教师也不能完全迷信信息技术：无论什么内容都用电脑做几张PPT来展示，用平板电脑进行听、说、读、写等。对于一些单词，我们用实物直接教授，会更直观，也会给学生留下深刻的印象。听写用笔写会更贴近测试时的感觉，也会看清学生书写的工整程度，并及时进行纠正、反馈。说英语，建议还是以交际为目的，让学生感受语言的实际功能——交际。所以，信息技术只是一种教学的手段，教师在备课时还要考虑选用哪种教学手段才是最好最有效的。所以，老师也要有筛选及优化的本领，才能用好信息化技术，并让信息技术在课堂上生根发芽。

综上所述，信息技术为小学英语教学提供了便利、多样的条件。对于教育的主导者，我们如何把它用得更有实效性，实实在在地提高课堂效率，做

到锦上添花？这些问题值得我们一线工作者不断去学习、探讨和反思，并跟进实践。作为小学英语教师，我们要善于提高自己的信息化技术专业水平、善于引导学生合理利用信息技术，最大限度地促进它在课堂上的积极作用，促进英语教学的长足发展，培养学生的信息化素养，开阔学生视野，激发学生创新和实践的能力，最终实现教师与学生共同成长，让信息化技术在我们的小学英语课堂上开花、结果，收获成长的喜悦！让我们一起成长！

试论信息技术在小学英语教学中的整合应用

广东省珠海市香洲区第十一小学　叶远聪

当前，人类正步入一个网络化、信息化的时代，信息已成为社会发展至关重要的资源，成为推动社会进步、经济和科技变革的重要动力。信息化已经成为当代世界经济和社会发展的大趋势。21世纪，信息化科学技术的不断突破，对现代教育将产生更加深刻的影响。社会的高度信息化对我们的教育有了更高的、新的要求，而信息技术的日新月异为教育改革提供了更稳定的技术平台和支持，因此，信息技术广泛应用于学科教学成为必然趋势。

小学开设英语课程是国家进一步落实"教育要面向现代化、面向世界、面向未来"的战略指导思想，成为新一轮基础教育课程改革的重要内容。《义务教育英语课程标准（2011年版）》指出，英语课程要力求合理利用和积极开发课程资源，充分利用现代教育技术，拓展学生学习和运用英语的渠道，改进学生学习方式，提高教学效果。

随着新一轮课程改革的推进和信息技术的飞速发展，开展信息技术环境下的课堂教学模式研究，将信息技术与学科教学有效整合研究，真正地把信息技术融合到学科课堂教学之中，是非常必要而及时的。

一、信息技术运用于小学英语教学的理论基础

建构主义学习理论、教学设计理论、"主导—主体"教学模式理论是进行学科"四结合"教改实验的重要理论基础。所谓"四结合"，即在教学中要结合先进的教育理论改革教学方法，要充分结合对学生创新精神和能力的培养，要充分结合训练学生的实践能力，要充分结合现代信息技术的运用。各学科教学与信息技术的运用是中国教育的主攻方向，它可以培养大批具有

将自然科学、社会科学与信息技术三者相融为一体的科学素养的人才，它甚至可以促进教育跨越式的发展。

运用现代信息技术能使学生由外部刺激的被动接受者和知识的灌输对象转变为信息加工的主体、知识意识的主动构建者，通过学生对学习过程的主动参与，培养他们的自主意识、自主能力和自主习惯。

二、信息技术在小学英语课程中的功能

信息技术具体在小学英语课程中有哪些功能呢？

1. 信息技术的应用有利于激发学生学习英语的兴趣，为学生提供标准的语音示范

小学生对一切新鲜事物都感兴趣，同时，他们对所学知识又具有选择性记忆，而这种选择性记忆的内容往往是学生最感兴趣的部分。根据心理学理论，色彩、形象、动作、声音等是最容易激起学生本能的兴趣的。另外，从记忆的角度看，人们对动画的记忆最强，图片次之，文字最弱。以多媒体和网络技术为主的现代信息技术集声音、图像、动画、文字于一体，可以化静为动、化抽象为具体，将静止的图片设计成色彩明快、形象活泼、动作有趣、声音优美的动画，吸引学生的注意力，很容易让学生参与到教学中来，达到"课伊始，趣亦生"的境界。

多媒体计算机的语音功能可以为学生提供标准的英语语音语调；而且，有相当一部分网站可以提供所谓的示范朗读，甚至可以利用TTS技术实现实时跟读，并满足学生无限次的重复需求；网上的语音聊天功能可让学生与说英语国家的人士真正用英语进行交流。这一切充分弥补了传统英语教学中教师无法为学生提供标准的语音模仿范例的缺陷，有利于学生形成标准的语音语调，培养学生的听说和交流能力。

2. 信息技术的应用有利于创设情境

更好地进行情境教学设置是语言教学的生命，只有情境中的语言才充满生机与活力。《小学英语课程教学基本要求》指出，小学英语教学要充分利用现代化教学手段，创设良好的语言环境和充分的语言实践机会，鼓励学生积极参与，大胆表达。一些传统的教学媒体虽能形成刺激，但功能单一、操作复杂，常常是几种媒体的拼凑，没有整体感；而且无论是图片还是简笔画，都是平面的，缺乏立体感。以多媒体和网络技术为主的现代信息技术则可将二维图像转变为三维，产生视听结合、声像并茂的情境。通过真实的情境、动感的画面、富于情感的对话交流，创设视听一体的教学环境，缩短了

学生与陌生事物间的距离，增强了形象的真实感，引起了学生的注意，激发了他们的好奇心和表演欲，从而吸引学生积极、主动地参与到语言实践活动中来。

三、信息技术与小学英语课程整合的方法

1. 信息技术与小学英语听说教学的整合

通过创设丰富的情境，学生在视觉、听觉的综合刺激下调动起学习积极性，并在老师暗示性的引导和要求下产生"说"的欲望。考虑到小学生的年龄特点，师生之间的交流是必不可少的，为此，教师要示范朗读、带读，学生一个个地模仿、跟读。在此基础上充分发挥多媒体网络技术的特性，利用网站提供的示范朗读，学生进行实时跟读。值得注意的一点是，我们要避免追求学生单音的准确性，要让学生在句子、语流中去培养良好的语音语调，要让学生大量说句子、练对话。在此阶段，可以充分利用网络资源的交互性和丰富性，激发学生开口说的兴趣，增加学生操练对话的密度和广度。根据网络课件交互性强的优点，设计一些游戏让学生大量开口说。

例如，在小学四年级英语What do you like? 一课中，设计一个"幸运大转盘"的游戏——教师把学生每8人分成一组，每组的成员标号为Number 1，Number 2，Number 3...Number 8。每组固定一人操作课件的游戏，点击"开始"按钮后，学生拍手有节奏地念：A, Rice, rice，I like rice.B, Beef, beef, I like beef. C. Pork, pork, I like pork.D. Chicken, chicken，I like chicken.当点击"结束"按钮时，转盘中间显示一个数字，如果显示的数字是1时，那么标号为Number 1的学生要回答本组其他组员的问题：What do you like？/I like rice.学生在游戏中不断地说单词、说句子，从而提高了辨别和识记单词的能力，达到巩固单词读音的目的。

2. 信息技术与小学英语阅读教学的整合

小学生的特点是喜新好奇，爱听故事。传统的课文教学仅限于课本、故事书等提供的文字材料，而且出现很多超出学生掌握范围的单词、语法，学生感觉枯燥、乏味，难以激发兴趣，老师也感觉课文教学费力但效果不佳。为改变这一现象，我们可以利用多媒体计算机呈现该课内容所反映的特定情景画面，同时用正常语速示范会话。学生边看边听，结合画面所提示的情景和刚学过的单词，努力揣摩课文含义。这时，学生的注意力已完全被吸引到课文中来了。接着，运用跟读方式逐句教授句子，学生自然而然产生了想知道句子内容的欲望。此时，可显示课文内容和每句话的中文意思。然后朗读

全文，给学生一个整体印象。在此基础上进行角色扮演，并利用多媒体系统将扮演者的读音录下来，再放给全体学生，大家共同分析评价。这种方法可以充分调动每一个学生的积极性，学生争先模仿，学习气氛很活跃。最后，教师总结课文，强调重难点，轻松地完成本课的教学。

四、总结

信息技术应与小学英语教学有效整合。教学模式和教学方法的改进能够提高学生的学习积极性，改变传统教学枯燥乏味的状况。信息技术与小学英语的整合要根据学校的实际教学进行，要以学生为中心，精心设计教学内容，要根据教学目标，有效地将多媒体和信息技术应用到教学中，帮助小学生在英语学习中积极主动地学习。利用现代教学媒体辅助教学，能激发学生的学习兴趣、热情和学习欲望，提高课堂教学效果，提高学生的学习效率。教师要充分利用信息技术的优势，为学生创设更多、更丰富多彩的学习情境，带动学生学习，培养学生的创新能力和自主学习的能力。

参考文献

［1］郭绍青.信息技术教育的理论与实践［M］.北京：中国人事出版社，2012.

［2］梅剑峰.信息技术与课程整合的实践探索［J］.小学教学研究，2013（4）.

［3］祝智庭.教育信息化：教育技术的新高地［J］.中国电化教育，2011（2）：5-8.

［4］何克抗.信息技术与课程整合［M］.北京：高等教育出版社，2007.

［5］中华人民共和国教育部，义务教育英语课程标准（2011年版）［M］.北京：北京师范大学出版社，2012.

对信息技术在英语教学中应用的一点儿思考

广东省珠海市香洲区景园小学　陈美枝

随着信息技术的发展，计算机应用对小学英语教学产生了越来越大的影响。信息技术以计算机为工具，以网络为资源，以活动为载体，具有数字化、网络化、智能化和多媒体化的特点，可以使教学形式更丰富，教学过程更优化。教师通过设计全新的整体教学过程和交互式、个性化的训练方式，把教师的教学过程和学生的学习过程紧密地融为一体，促使教师对教学构想产生新的创意，同时促使学生改变传统的被动学习方式，形成教师、学生、教材和教学方式的新组合。下面，笔者结合教学实践，试对信息技术在英语教学中的应用谈几点粗浅的看法。

一、应用信息技术，有助于激发学生的学习兴趣

现代信息技术集声音、图像、动画、文字于一体，教师可以应用信息技术在课堂上创设与现实生活相仿的情境，形成一个全方位、立体的信息场，多元化地调动学生的视觉、听觉、动觉，极大地激发学生的学习兴趣，将课本的内容生动地传达给学生，使成功的喜悦伴随着学生的整个学习过程。在这个过程中，学生不仅没有难以接受新知识的感觉，而且从接受、掌握到运用这些知识的全过程都是在自我兴趣的促进中进行的，这使他们对语言的学习拥有更持久的兴趣。这一点在低年级的小学生中体现得尤为明显。低年级的学生年龄小，注意力的可持续时间短，因此，培养学生对学习英语的兴趣和良好的学习习惯是关键。信息技术在课堂中的应用能够更有效、更多元地激发学生的学习兴趣。

二、应用信息技术，有利于培养学生的英语语感

对于语言的学习来说，听、说技能是基础，也是关键。要提高学生的听说能力，首先要多听这种语言的纯正发音。在语音训练阶段，笔者要求学生首先要学会听——听光碟，听原音。听清楚、听准确录音，正确感知标准的发音。由于语言会话是由单词组合而成的，要想把句子读准确，说起来好听，必须要想办法。为此，笔者在课堂上借助多媒体等信息技术手段创设图文并茂、声色俱全、生动逼真的教学环境，让学生进入角色，感受语言，并在感知的基础上进行模仿。这样，不但可以给学生留下准确、清晰、深刻的印象，同时也纠正了学生发音上存在的偏差，为其流利地运用语言打下坚实的基础。然后通过"模仿秀""趣配音""角色扮演"等活动，利用多媒体的声音和影像，创设情境，要求学生对感知到的信息，模仿说出相应的语句，用听到、学到的知识去探索、表演。这不仅使得课堂教学过程变得形象化、趣味化，而且使学生在听、说、读三方面得到高效的综合训练，最终培养学生的良好语感。

三、应用信息技术，有利于激发学生的创新思维

《义务教育英语课程标准（2011年版）》指出，教师要拓展教学资源，为学生提供充足的、尽量真实的语言素材，真正满足学生语言学习的需求。教师在遵循"源于教材，尊重教材"理念的同时，也可以利用信息技术，结合学生实际生活，拓展教材内容，丰富语言材料，站在更高层面上运用教材上的知识，使学生将学习到的内容转化为综合运用语言的能力，多层次地启发、引导学生思考，拓宽其思维境界，激发其发散性思维，使学生的思维在广阔性、深刻性、独立性、敏捷性等方面得到训练，有助于发展学生的创造能力，培养良好的学习素质。例如，在六年级下册Unit 4 Feeling excited 这一课的复习课中，笔者对在网络上收集的课外视频进行话题的拓展，在课堂中渗透"人有各种情绪是非常正常的，关键在于如何处理不良情绪"的情感教育。由于学生对视频和歌曲的喜欢，情感教育自然而然深入学生内心。因此，在本课最后的分享和输出中，学生敞开心扉，提出了更好更实用的建议。

随着素质教育和课程改革的逐步加深，信息技术在课堂教学中充当的角色越来越重要，其地位和效果日益彰显。它能优化教学过程，激发学生的学习兴趣，有效突破重难点，拓展学习资源，从而提高课堂效率，打造高效课堂。随着我们这些教育工作者不断地探讨、研究和发掘，信息技术必将在教学中发挥越来越全面、深刻且有益的作用。

参考文献

赵春生.英语课程标准［M］.北京：北京师范大学出版社，2011.

浅析信息技术与小学英语教学评价的整合

广东省珠海市香洲区第十二小学　林佩珊

教学是一项互动性很强的活动，教与学是相互联系、密不可分的。如何评价教学活动中的学，对教师来说，是一件极其重要的事情。随着信息时代的到来，掌握先进的信息技术，并用以服务教学，是教师必备的一种能力。因此，本文将浅析如何利用信息技术优化小学英语教学评价机制。

一、利用信息技术优化英语教学评价机制的重要性和必要性

随着科学技术的进步，教育信息化的时代已经到来，《义务教育英语课程标准（2011年版）》（以下简称《课程标准》）指出，在有条件的地方，教师要利用现代化教育技术，拓宽学生学习和运用英语的渠道。教育信息化要求信息技术与课程有效整合，信息技术拓宽了人们获取信息的渠道和范围，极大地丰富了信息资源，为个性化、自主及交互式的学习提供了实施的舞台，使生动、活泼、主动的学习得以进行，使终身教育、学习化社会的构想得以实现。信息技术已经成为一种新的辅助教学的工具，它所提供的自主探索、多重交互、合作学习、资源共享等学习环境能够促进学生自主学习、合作学习，把学生的主动性、积极性充分调动起来。

另外，《课程标准》指出，科学的评价体系是新课程理念和新培养模式有效实施的重要保证，它强调评价应采用形成性与终结性评价结合的方式，增加评价的维度，既关注学习过程，又关注学习结果，力求体现课程内容"以人为本"和培养具有社会适应力和跨文化人才的核心理念。利用信息技术能够增强小学英语教学评价的合理性、科学性，使小学英语教学评价朝着多样性、多元化的教学评价方向发展。

二、传统的小学英语教学评价机制的不足之处

1. 评价内容单调机械，忽视实际语言运用

无论是课后的家庭作业，还是单元测试、期中测试和期末测试，都是传统小学英语教学评价中不可少的内容。传统的作业大多为"听磁带、抄单词、背课文"等，测试又以做试卷为主，评价的内容紧紧围绕着教材，主要进行单词的抄写记忆、句型的机械操练，评价的内容缺乏创新，忽略语言的实用性。

2. 评价范围狭窄，重"写"轻"说"

在传统的小学英语教学评价当中，学生对知识的掌握程度通常是以书面作业和试卷的方式呈现给教师的，教师只能检测出学生"写"的能力。这种以抄写为主的作业和以做题为主的测试只能培养出"哑巴英语"的学生，对学生听、说、读、写的综合能力培养没有多大益处。

3. 评价方式单一，以师评为主

教师给的"A""B"等级或考试的具体分数通常作为学生英语学习水平的体现，这种评价方式以师评为主。师评是一项重要的评价方式，可仅以师

评这一方式来评价学生，评价结果不够客观、全面。

4. 只评价结果，不评价过程

学生的进步是一个前后对比的过程，而这个过程是学生在学习中的表现发生有益变化所产生的结果。传统的教学评价多以考试的分数作为衡量标准。这样的做法只评价了结果，没有评价过程。学生的学习态度、能力、方法和情感思想的变化很难在分数中体现出来。教师应该关注学生在学习过程中的表现，以学生的行为作为评价对象。

三、如何利用信息技术优化小学英语教学评价机制

1. 利用网络资源丰富小学英语教学评价内容

传统的英语教学评价内容仅围绕教材，缺乏发展延伸。随着网络的普及和应用，许多小学生也会通过网络搜索各种资源辅助自己的学习。在网上，有许多相关的英语学习资源，教师在课堂上教授了书本的知识后，可以布置这样的作业来延伸课堂的学习以及丰富教学评价的内容。

案例1：

《开心学英语》第一册第6单元教学重点主要是询问人的名字。学完这课之后，笔者要求学生上网搜索有关人名的资料，从中选择自己的英文名字，制作成姓名卡放在教室的桌面上。然后笔者组织了以下教学活动：①Teamwork：以四人小组为单位进行问答，并展示给全班同学。②Game time：所有人把姓名卡藏起来，然后笔者随意询问某一学生的姓名，看哪些学生能够回答出来。在这一过程中，学生不仅积累了更多英文名，还有个别学生会把自己名字的含义和故事介绍给大家，增加了学习的深度和广度，让评价内容更丰富。

2. 利用音像媒体扩大小学英语教学评价范围

为了改变过去以做题为主，重"写"轻"说"的评价形式，教师可以设计出有趣的任务，让学生利用手机、电脑等进行录音或视频，以此作为作业上交，扩大教学评价范围，有效地评价学生听、说、读、写各方面的能力。

案例2：

《开心学英语》第六册第9单元的主题是天气，笔者布置了这样的课后作业：利用网络查询一些城市未来几天的天气情况，用录像的形式做一个天气预报，把录像通过微信或QQ发给老师。教师能够通过录像来全面评价学生听、说、读、写的能力，全方位了解学生对语言知识的掌握情况。

3. 利用社区网站创新小学英语教学评价方式

信息技术给教学带来的便利不仅仅在于它提供了海量的丰富资源，创造了多样化的媒体产品，还在于它提供了一个广阔的交流分享的平台。无论是QQ空间、博客还是朋友圈等，都是网络里的"社区"，给用户提供了上传文字、图片、音频和视频的空间。师生都可以利用这些"社区"分享教学成果，每个人都可以发表自己独特的看法。这样的平台非常适合创新小学英语教学评价方式，转变以师评为主的评价方式，让学生自评、互评，甚至家长和社会人士也参与到学生的学习评价中来。

案例3：

笔者的学生小乐，一年级的时候，表现一般，从没有主动举手回答过问题或者上台展示过。可是到了二年级，小乐的英语突飞猛进，他一下子成了课堂上的"小明星"。后来与小乐的家长沟通才发现，原来是小乐家长在手机APP"趣趣英语"中注册了账号，小乐每天都会在里面读英语绘本。小乐读绘本的录音受到很多人的点赞和表扬，让他信心大增。这是评价的一种新方式，同学、朋友、家长甚至陌生人都能对学生的学习进行评价，有利于增强学生学习的主动性。

4. 利用交流媒介增强小学英语教学评价作用

信息技术给我们提供了很多简便有效的交流软件，如校讯通、QQ、微信等。对教学来说，这些都是难能可贵的教学手段，通过这些不受时间和空间限制的软件，教师可以随时随地与学生、家长进行互动。通过这种实时性的过程性评价，教师能够和家长及时沟通学生在校的相关表现，从而强化学生的有益行为，减少无益行为。

案例4：

笔者在教学中经常通过校讯通及时发信息告知家长学生在校的表现。学生小维学习比较懒惰，平时上课几乎不听讲，作业也不按时完成。后来，笔者发现她很喜欢参与课堂上的游戏，只要是游戏环节，她的注意力就会非常集中。课后，笔者及时发信息给家长，表扬小维积极参与课堂活动的行为。结果接下来的几天，小维上课都特别认真。于是，笔者趁热打铁，坚持每天通过校讯通向家长反映小维的表现。这种评价与教学产生了有益循环，使评价真正发挥了促进教学的作用。

信息技术对小学英语教学评价的影响是巨大的，教师只有充分认识到信息技术的优点，并且注意在平时的教学中适当地运用相关的信息技术及其媒体设备来进行教学评价，才能够弥补传统小学英语教学评价机制中的不足之处，让教学评价更好地服务于教学，让学生在教学评价中找到方向、目标和自信心。

参考文献

中华人民共和国教育部.义务教育英语课程标准（2011年版）［M］.北京：北京师范大学出版社，2012.

构建网络课室，提高小学英语学困生的语言能力

广东省珠海市香洲区造贝学校　王　翠

面向全体学生，充分考虑语言学习者的个体差异性，是《义务教育英语课程标准（2011年版）》的基本理念之一。在我校的英语教学中，两极分化现象比较严重，虽然老师会利用课后时间辅导学困生，但是效果不佳。如何提高学困生英语综合能力，一直困扰着我校英语教师。在分析了我校学困生的成因和学习状况后，我们决定在学校进行"网络课室"的尝试，集中学校人力、物力资源，对学生实行有针对性的个性化辅导。

一、我校学困生成因以及学习的主要困难

所谓"学困生"，一般是指智力正常，但由于生理、心理、行为、环境和教育等原因，在常态学习过程中，难以或无法完成学业任务的学生。在英语学习中，主要体现在听、说、读、写能力不足。他们需要在老师的特别帮助下，花更多时间和精力才能达到掌握知识、技能的合格水平。

（一）我校英语学困生形成的主要原因

1. 家庭环境

我们学校地处城乡接合部，80%以上生源是进城务工人员子女。一是家长文化层次低，难以辅导孩子的英语学习。二是大部分家长忙于工作，无暇顾及孩子学习。三是学生的居住环境不理想，周边环境复杂，学生容易受到不良影响。四是经济能力有限，无法提供基本的语言学习工具。对学生来说，英语学习只局限在学校每周4节英语课中，没能进行课外学习拓展。

2. 转学插班

每学期都会有数量不少的学生转入我校就读，这批学生由于受当地学校

条件的限制或因学习方法不当、习惯不好等原因，没有很好地掌握英语知识与技能，转入我校后跟不上班级，学习落后。

3. 大班教学

实验表明，最佳的英语教学效果发生在25人左右的班级中。而我校班额平均50人，课堂上只能以集体操练为主，难以实现个性化的教学。随着年级的升高、知识的增多，知识的"断链"与"夹生"的现象越来越多，不自觉学习、没有良好倾听习惯的学生渐渐跟不上班级，对英语也就失去了兴趣。

4. 教学因素

我校英语教师每周课时量为14～15节课，每人要担任4～5个班的教学，在每周不到3个小时的教学时间里要让每位学生在听、说、读、写上都达到教学要求是不可能实现的，课堂上很难给学生提供更多的时间进行课外拓展训练。没有足够的听、读输入，就不可能有高质量的说、写输出。虽然老师课堂上尽量多给学生创设情境、游戏等练习，但也照顾不到每个学生。老师们课后的补习也不能完全解决我校学困生问题。

（二）我校英语学困生学习的主要困难

1. 单词记忆

单词的记忆包括音、形、意。我校教师一般都会教学生运用自然拼读法记忆单词，培养他们看字读音、听音写字的能力。掌握了单词的音和形，对词义的理解还要通过大量的阅读来掌握。在这两方面学困生都感到很困难。

2. 听力

学生因为听得少，模仿不够，所以发音不准，语感不强，导致听不准外教的发音，判断出现偏差。因为单词量小，很多内容听不懂，理解也跟不上听力材料的速度。

3. 阅读理解

小学英语阅读中因语法而影响理解的因素比较小，学生读不懂主要是不知道单词的意义，而阅读少又反过来影响词汇量的增加，这样形成恶性循环，造成学生阅读能力不强。

4. 口头表达

英语作为一门语言，主要功能是交际沟通。由于知识掌握不好，缺乏沟通训练，有的学生就无法表达自己的思想，口语交际中错误百出，甚至闹出很多笑话。例如，把I have a dog说成I am a dog.

5. 书面表达

首先，单词拼写不过关。比如我们班，从三年级开始我就带着他们用自然拼读法，但由于自然拼读法需要很好的汉语拼音基础，汉语拼音没掌握好的学生还是感到记忆单词很困难，句不离词，词不离字，单词拼写的困难就影响了写作。同时，语法知识掌握不好也是造成书写困难的原因。

二、网络课室的资源及板块设计

在分析了我校学困生的成因和学习状况后，我们决定在学校创建网络课室。这样既充分利用了学校资源，又弥补了部分学困生因家庭经济能力不足造成的暂时落后，更主要的是可以提升辅导效率。

（一）构建网络课室，实现资源共享

我校和软件公司合作，创设了需要的教学平台，实现了备课资源共享，老师在辅导中可以适时对每台学生机进行监控。学生可以任意点击听读、查询；可以进行大量的听力练习，并将自己的录音上传，与原声对比；可以大量阅读，选择自己需要的练习；还可以进行口语检测，学生的听、说、读、写情况可以反馈给任课教师。很多练习题以游戏的形式出现，让学困生感受学习的快乐，体验成功的愉悦，从而提高学习能力。

（二）齐心协力，积累实用资源

网上的资源丰富但也很杂，我校英语教师齐心协力，先设计好资源板块，然后在网上搜索资源，根据学困生的情况自己出题，创建学校的资源库。

板块一：词汇

学困生的所有困难可以说都和单词有关。根据我校学困生的学习情况，我们在这个板块里归纳了所有辅音字母、元音字母及字母组合的发音，并配备大量的拼读供学生练习，学生在反复的练习中习得规律。我们还尽可能将每个单词配上声音、图片和简单例句。

板块二：阅读

阅读内容包括绘本阅读和纯文字阅读，每篇文章后都配有习题。一方面我们从网上收集文章进行修改；另一方面，老师根据每个单元知识，将对话改写成短文，这种文章与课文结合紧密，有助于学困生阅读能力的提高。

板块三：听力

学生将自己不懂的词、句自由点读；老师从各个网站上选择的简单有趣的童话或卡通故事，让学生感受到看懂英语故事也不是他们想象中那么难；学生可以将自己的读音与原声对比，老师也可以利用其他时间听阅，了解自己学生的读音情况，及时跟进。

板块四：写作

在写作这一板块里，教师设计了各种形式的写作练习，由浅入深，分层递进；收集我校学生的优秀习作供学生参考学习；展示学困生好的习作，增强他们的成功感和自信心。

板块五：综合习题

要全面提高英语能力，听说和读写必须交替循环。听、说能力要求学生对知识掌握程度高、反应快，但在读、写过程中他们可以慢慢思考，仔细领悟，压力减小，知识掌握后再促进听、说能力的提高。因此，这个板块主要是词汇、句型、语法等知识的综合练习。题目由易到难，由少到多，大部分以游戏的形式呈现，激发起了学生的斗志，慢慢培养学生学习的兴趣。

三、网络课室的实施

随着现代化办学水平的提高，信息技术的广泛应用，教师之间的合作显得尤为重要。我们学校是一所新校，班级每年在增加，教师每年在增多。学校要提高教学质量就必须发挥教师的团队精神。新学校新风貌，学校教学设备齐全，硬件新，信息化程度高，给教师之间的合作提供了良好的条件。

（一）根据特点分班，相对集中学困生

首先，根据学生特点分班。每位教师将自己班级的学困生按照学习状况、学习习惯、性格特点、知识理解能力等进行分类，不分年级将英语学困生按A、B、C、D等编号，然后集中全校学困生。其次，根据学困生的班级特点分配教师。例如，习惯特别不好的班，派出我校课堂教学组织能力最强的老师辅导，辅导老师可以及时把学困生的学习情况汇报给其任课教师，适时对学困生进行评价。这样，一个老师可以同时辅导50名左右不同年级、班级的学生，大大提高了辅导效率。

（二）定时分班辅导，提高学困生的能力

自从建立了网络课室后，大大方便了老师对学困生的辅导。我们学校三到六年级现有21个教学班，学困生大约平均10人/班，高年级会多点。我们所分的辅导班相对固定，保证每位学困生每周至少得到一次辅导，有需要的可以增加次数，有计划又能根据需要灵活安排学习。

网络课室一开放就受到了学困生的欢迎。一是他们也有了先进的学习工具，能听、模仿纯正的读音，老师教的课文可以按时背诵了。二是他们在网络课室面对电脑心情放松，没有优秀生无形中给他们的压力，也没有教师用

眼睛盯着他们，他们可以享受老师给予他们耐心的个性化辅导。三是通过训练，他们的能力慢慢提高了，在平时课堂上也能举手回答问题了，让很多同学对他们刮目相看，大大提高了他们的自信心。

网络课室对学困生的帮助是实实在在的，看到他们的点滴进步，教师们也由衷地感到欣慰。当然，我校教师也会在尝试的过程中，不断丰富网络课室资源，完善教学模式。

重新认识信息化课堂

——中国好课堂之信息化平台上的学科生命课堂心得体会

广东省珠海容闳学校　区秋昌

本学期我校全面推进醒摩豆技术的应用，大力推行公转课、内转课，全员参与，全面推进，我很高兴自己能够见证这一阶段，一同为学校的好课堂的改革发展做出自己的一份努力。其实，刚开始作为学校新的一员，对于即将要学习的中国好课堂模式和使用醒摩豆技术，我喜忧参半。喜的是新一轮信息化教学改革是社会发展的必然趋势。改则顺应发展，会有更多的机会，能学习到一种新的课堂教学模式和技术是很难得的事。我忧的是在学校的发展新起点上，会遇到各种阻碍和挑战。但我始终认为，只要努力钻研和不断学习，我可以做到。

一、中国好课堂模式的探索

中国好课堂有很多的标准来衡量，但不管怎么评价和要求，都要以学生为依据，让他们幸福，让他们快乐，让他们发现自我，让他们成就自我，更让他们展示自我。愿中国好课堂成为学生幸福的发源地，让学生快乐成长。中国好课堂有四要素：问题、合作、展示和导学。这四要素，我的理解为：

（1）问题是教学的起点；

（2）合作是能力的平台；

（3）展示是学生的关键；

（4）导学是教师的水平。

二、中国好课堂之信息化平台上的学科生命课堂构建

好课堂的模式就是要改进传统低效模式，促进学生自主学习，营造民主平等、互动对话的氛围，引导学生独立思考、主动探究和合作交流，让学生运用知识分析和解决生活实际问题。醍摩豆智慧教室系统，是一套适合实践现代教育理念，并加快教师专业成长的支持系统，我有幸本学期在学校英语组内参加了醍摩豆专业技术培训。此次培训旨在将这种高效、先进的教学技术和理念应用于平常的教学中。同时，作为教师也要学会应用、善用技术，更重要的是将技术融入教师的教学策略之中，用技术创新教学模式，打造高效课堂，促进每个学生的成长。醍摩豆智慧课堂的功能很强大，有计时、挑人、智慧挑人、遮幕、盖章、批评、抢权、平板电脑推送、二次作答、及时的统计数据以及即时的评价……

三、智慧助教，自我增效升值

第一次接触醍摩豆的课堂是因为我校英语组教师程薇老师参加"2018年第三届两岸智慧好课堂"的比赛。在漫长的磨课过程中，程老师能熟练运用智慧软件醍摩豆进行辅助教学，从而有效提高教学效率。智慧教室的挑人、抢权和即时评量功能，很好地激发了小学生好玩、好胜的天性，让学生的学习更专注，保持思维的积极状态，有效地提高了学生的学习参与度，增添了学生的学习动力。这时候的我无比羡慕程老师如此娴熟地在课堂上运用醍摩豆技术。通过听取本学期组内教师的醍摩豆公转课和内转课和自身的学习、操作与实践，我终于也有了一点点自己的感悟。

1. 智慧技术提趣

兴趣是最好的老师。因此，在我们平日的教学里老师们常常绞尽脑汁设法让学生提高兴奋度，积极参与学习，但众口难调，常常因响应人数有限而有不同的结果。把学生引入学习是课堂教学的起始环节，也是激发学生对英语学习兴趣的关键。独具匠心的新课导入也是成功有效的英语课的开端，是激发学生的学习思维，创设愉悦的学习气氛，构建互动课堂的基础。纵观本学期公转课展示的课例，多数融入了智慧教室的挑人、抢答功能，许多课的课始都设计有梯度的诊断检测题，学生拿起IRS反馈器，或认真选择或积极抢答，学习热情高涨。特别是一年级的周莉老师执教《Zoo animals》一课时，利用智慧教室中的截图拖曳功能，把图中的小动物"移"到了屏幕中间再放大，博得学生、听课教师的阵阵赞叹，营造出浓郁的学习氛围。此外，还有

很多教师都在Hi Teach互动教学系统中实现了多向互动，如瞿丹老师以运用白板专用书写笔，选择多种色彩效果、粗细的笔，直接在已生成的白板上抓取PPT画面上给Gogo的新房子为其涂上学生喜欢的颜色。另外，智慧教室对课堂学习动态的把握由模糊推测提升为准确决策，以数据决策提高了课堂教学的科学性。以前的英语课堂教学的学情判断，主要靠讲课教师的经验，如根据个别学生的情况判断全班学生的情况，但因课堂提问的局限性，只能了解少数学生的学习状况，判断也因此时有偏颇。课后检测、课后作业虽能获取全体学生情况，但要等改完以后才能知晓结果，出现反馈滞后现象。

2. 及时的评价与反馈

在我所观摩的课堂中，几乎所有教师都用到了小组评分的方式，通过评分激励学生积极参与学习。在各个小组提交作业、作品后，以投屏显示多组作品进行对比教学。李小梅老师进行简洁的直接点评，再以记分板的积分机制，激励各组学生争当优秀的个人或小组。英语课堂总在一个又一个问题的探究中前行，教师使用小组竞赛的方式，给予评价激励。记分板方便了教师组织教学，简约而又直接，让学生的注意力集中，互动也显得积极有效。

四、实践出真知

在学习的过程中，我慢慢学会了积累和运用醍摩豆技术。我在三年级也进行了一节醍摩豆智慧课堂公转课，本课采用了好课堂和醍摩豆的教学方式，通过预学案让学生对本单元内容进行复习并对新知识提前有初步了解，在课堂上采用主动参与、互动合作的方式来引导学生进行自主探究式学习。设置情境，营造愉快学习、积极表达的英语氛围，由点到面全面渗入，让学生参与课堂教学活动，让学生动起来，开口说起来，英语用起来。公转课的内容是朗文英语教材小学三年级下册第3单元 At the weekend Practice 2部分，教学重点是用过去时态围绕学生周末的活动开展多种教学活动。通过学习重点句型和词组，让学生用英语表达出自己的思想和感受。

1. 激趣引入的环节

（1）童谣导入：学生跟着旋律一起唱，达到活跃课堂气氛的效果。

（2）通过两个有趣的小游戏复习动词过去式，调节课堂气氛，复习旧知识，让学生在轻松的活动中开始本课的学习。

2. 预习反馈，发现问题环节

通过检测学生对导学案内容的掌握程度，让学生回答问题，读单词，了解学生认读单词的情况，查缺补漏，及时反馈。

3. 梳理知识，沟通联系环节

（1）情境创设

通过学生熟悉的卡通人物——哆啦A梦和他朋友如何度过周末来创设情境，把知识点逐步呈现出来，对本节课重要词组和句子的掌握情况进行检测，并进行巩固和操练复习。其中在小班句型操练中，通过醒摩豆挑人功能随机检测学生的掌握程度。

（2）知识的运用与拓展

① 根据本节课的内容自编大雄倒霉的一天，首先通过听力训练达到不同的目的。

② 通过挑人功能，随机抽取其中一个小班并进行答案分享，再让其他小班以本班为单位共同阅读，理解意思。

③ 通过思维导图方式的板书，挑出大雄bad day中的关键词组，让学生复述故事。

④ 通过小班讨论——如果时光倒流，你将如何帮助主角，让学生想办法帮助大雄，及时进行情感教育——在正确的时间做正确的事情。

（3）成果展现

通过示范，设计大雄特别的一天。再呈现一些good day和bad day的常用词组，让学生去模仿并发挥他们的想象力来给大雄设计特别的一天。通过小班的讨论，组长负责记录信息，其他组员共同上台把设计好的一天在全班同学面前表演出来。

4. 习得习悟，拓展延伸

通过情感教育，让学生知道我们现实当中是没有时光机的，过去的时间一去不复返，所以我们要珍惜现在所拥有的一切。而在作业布置的环节，学生可以根据自身的水平结合实际，运用本节课所学的内容挑选出适合自己的作业种类。

以上就是几个月来，我对中国好课堂之信息化平台上的学科生命课堂的一些心得体会。智慧教室中的有效互动，也对我们提出了更高的要求，我们既要熟练使用软件，又要学会合理设计有效的互动课件，让智慧教室为英语教学服务，但又不能为了交互而没有把英语教学的根留住。

浅谈用信息技术创设与优化英语教学语境

广东省珠海市香洲区夏湾小学　林敏滢

简单地说，语境就是语言的运用环境，任何语言和非语言交际都是在一定的语境下进行的，语境和语言运用二者密不可分。《义务教育英语课程标准（2011年版）》指出，现代外语教育注重语言学习的过程，强调语言学习的实践性，主张学生在语境中接触、体验和理解真实语言，并在此基础上学习和运用语言。因此，教师应通过创设贴近实际生活的各种语境，使学生身临其境，在语境中感知语言的使用。

随着科技的发展，现代信息技术日新月异，教师要利用多媒体信息技术（集文字、声音、图像等于一体）尽可能地为学生创设较为真实的英语教学语境。

一、用多媒体创设英语教学语境的优势

1. 调动学生多种感官参与教学，提高学习兴趣与效率

实验心理学家赤瑞特拉做过一个著名的心理实验——关于人类获取信息的来源。实验证实，人类获取的信息83%来自视觉，11%来自听觉，这两个加起来就有94%。还有3.5%来自嗅觉，1.5%来自触觉，1%来自味觉。人类的学习是通过眼、耳、鼻、舌、口等感觉器官把外界的信息传递给大脑，经过分析综合，从而获得知识的过程。而多媒体信息技术能为学生提供大量生动有趣的材料，调动学生多种感官参与到英语学习中，提高学生的学习兴趣与效率。

2. 为学生创设较为直观真实的语境

在TEFL国家中，缺少英语语言环境是英语学习的局限，因此在课堂中为学生创设一个较为真实有效的语境尤为重要。

小学生活泼好动，思维与认知尚未全面发展，他们偏好直观形象的展示，对于非直观性的知识往往兴趣不高，在学习中注意力容易分散。信息技术能够利用图、文、声、像、影合一的形式，给学生创设一个更直观、形象、生动逼真的语言交际环境，激励与帮助小学生在自身现有的认知、理解、阅历条件下，正确地理解与运用目标语言。

3. 培养学生的跨文化意识

信息技术能打破信息传播的时空界限。网络上可供使用的英语教学资源

越来越多，在利用信息技术给学生创设的语言交际环境中，学生可以从丰富多彩的图片、视频等资源中了解英语国家的吃穿住行、风俗习惯等文化，帮助他们克服社会文化背景及思维差异，认真有效地用英语进行交际。

二、如何利用多媒体创设与优化英语教学语境

《义务教育英语课程标准（2011年版）》指出，教师要拓展教学资源，为学生提供充足的、尽量真实的语言素材，真正满足学生语言学习的需要。如何用多媒体创设与优化英语教学语境，笔者的做法如下。

1. 了解学生喜好，合理选择教学资源与题材

随着小学生的认知与阅历的增长，他们在不同的年龄阶段有着不同的审美观与喜好。教师所创设的语言环境也可能不符合学生的审美观，容易使学生感到枯燥无味，不愿意参与到语境教学中。

通过平时与学生交流，笔者发现一二年级学生比较喜欢卡通动漫，如喜羊羊；三四年级比较喜欢当前热播的电影、电视剧与综艺节目，如《奔跑吧兄弟》《爸爸去哪儿》；五六年级学生比较喜欢谈论明星、微信等。当笔者把通过在网上搜集喜羊羊精美素材所创造的情境展示给一二年级的学生时，他们都表现出极大的学习兴趣，但当把喜羊羊这个题材创设的情境用在四五六年级的课上时，学生觉得很无聊，不能主动参与到语境中。同样，当把与好友聊微信这个情境用到五六年级学生的课上时，他们很有兴趣，但把同样的情境用到三四年级的课上，大多学生会感到迷惑与枯燥，因为大多数学生在这个年龄还没接触微信，还没有这个认知。

因此，在寻找教学资源与创设语境前，教师要先了解大部分学生的喜好，充分利用网络平台进行资源与情境案例的挑选，创设贴近学生认知与生活的语境，让学生在你创设的语境中感受英语学习的乐趣。

2. 立足情境，制作与利用多媒体课件游戏

游戏教学无疑是小学英语教师增加课堂魅力、激发学生学习兴趣的不二选择。构建主义一贯强调知识的习得不能脱离相应的情境，知识的构建总是与一定的情境相关联。因此，小学英语游戏化教学应创建虚拟的语言情境，借助游戏吸引学生的注意力，激发学生的能动性，从而使他们获取新知识并巩固旧知识。

在教学中，可以立足情境，通过制作与利用多媒体课件游戏，将文字、图片、动画、音乐相结合，将学生置身于真实的交际情境中，提升他们的参与欲，让学生在游戏中理解知识、记忆知识并构建知识体系，让枯燥乏味的语言教学变得生动活泼。

例如，在《开心学英语》三年级下册Unit 2 Colors这一课中，笔者设计了一个推理游戏。通过给学生展示一组图片，依次是a brown banana，a yellow banana，a purple banana，a brown banana，a yellow banana，让学生与同桌用英语讨论推理下一幅图片应该是什么物品，它是什么颜色的。通过该课件游戏，给学生创设了一个推理情境，让学生自然地参与到交际语境中操练句型"What's this？ What color is the..."，学会询问物品与颜色。

3. 借助图片、音频创设语境

如今网络资源丰富，教师可以在课前通过搜索引擎搜索与下载需要的图片与音频，这些资源创设的语境能给学生带来全方位的感官刺激，让学生直观形象地理解语境，尽快进入设定的情境中。

例如，《开心学英语》三年级下册Unit 7 Outdoor fun这一课，主要的学习内容是让学生学会fork，glass，spoons等餐具词汇，学会用"Do you have..."询问。在课中，笔者给学生展示了一幅七个小矮人房间的图片，给学生创设了一个参观小矮人房间的情境，让学生一人当小矮人，一人当客人进行交际对话。因为这张图片，学生很快融入情境中，自然地"参观"起房间，不仅用到了这节课学的"Do you have..."句型，有的还用上了"Hello，my name is..." "What's that？ What color is this"等前几个单元学过的句型，就像在真实的情境中交际。

4. DIY制作资源，活用电脑软件

网络资源虽庞大，但有的时候当你想为学生创设某个语境时就是找不到自己所需要的资源。

例如，《开心学英语》三年级上册Unit 6 Let's sing！这一课主要学习内容是sing，read，draw等动作词汇和学会"Can you..."询问技能。笔者想以学生第三单元学过的Animals为题材，设计一个以认识动物朋友为主线的课程，打算以会各种技能的动物动画视频作为导入，但在网络上搜索不到想要的视频，于是决定自己DIY制作一个动画视频。笔者找到一些精美的动物图片，用PPT拼成在做饭的熊猫、在唱歌的猫等形象，配上英文介绍。再通过录屏软件，边录PPT边配声音，最后修剪与美化，笔者的DIY视频就做好了！当时上课，学生兴致勃勃地看着，成功地把学生带入笔者设计的情境中。

除此之外，教师还可以灵活使用各种电脑软件，为教学所用。如在学习Colors这一课时，笔者给学生创设了给动物园动物涂色的情境，通过问学生"What color do you like？"教师利用电脑自带的图片编辑软件的"填充"功能现场对图片进行涂色，以此操练目标语言。

三、结语

英语作为全球使用广泛的语言之一，已经成为国际交往和科技、文化交流的重要工具，因此，学习英语的主要目的不是单单掌握某个语言知识，而是能用英语交际、用英语做事。

现代信息技术与学科的整合提升了课堂教学效果，通过多媒体设备，教师就能够将语言环境打造得更加生动和立体。在英语课中，教师灵活、创造性地运用多媒体，尽可能为学生创设贴近生活与认知的语境，帮助学生从语境中理解与构建语言知识，培养学生用英语做事的能力。

参考文献

［1］赵春生.英语课程标准［M］.北京：北京师范大学出版社，2011.

［2］陈圣白.小学英语游戏化教学的构建主义视角反思［J］.山东师范大学外国语学院学报（基础英语教育），2014（5）：80–83.

［3］陈冬纯.多媒体英语教学语境的匹配观［J］.广东外语外贸大学学报，2010，21（4）：83–86.

［4］钱有玉.创设仿真语境 点燃创新之火——多媒体辅助小学英语教学漫谈［J］.小学教学设计，2000（21）：60–62.

［5］刘相前、张乃华.小学英语教学中语境的激活和创设［J］.山东师范大学外国语学院学报（基础英语教育），2009（1）：13–15.

移动互联网端的小学英语作业初探

广东省珠海市香洲区广生小学　周　雪

随着科技的发展，智能手机的普及，移动互联网端的学习变得越来越普遍，无论是5~8分钟的微课，还是精简提炼的文字资料，手机可以让人们随时随地学习，让学习变得更加容易。现今，大部分学生家长都有智能手机，这为学生使用移动端学习创造了条件。依托手机海量的互联网资源，学生可以将英语学习活动延伸到课后。内容丰富、形式多样的英语学习活动，会提升学生对英语的学习热情，同时也会促进他们在校英语学习的积极性。将如此便利的学习带到小学英语教学中会有什么样的效果呢？为此，笔者选用

"一起作业"APP给学生布置线上的英语作业，家长监督，老师及时提供学习反馈。现将使用过程中的经验从学习内容、师生交互方式以及学生学习积极性的提升三个方面进行总结。

一、学习内容

1. 互联网提供丰富的资源，拓展英语学习内容

比起传统作业，移动互联网端的作业资源更加丰富，形式更加多样。在学校的英语课时有限，教授的内容也有限，而依托于互联网的移动端拥有海量的资源，这为学生提供了更多的选择，让学生徜徉在知识的海洋中。比如，平日老师在课堂教授Fruit单元的内容时，课堂上的实践只够完成教材要求的句型、单词、课文的学习，学生可以利用移动互联网端学到更多水果单词、和水果相关的绘本、水果涉及的颜色单词等。教师可以根据当前的教学内容给学生布置课外延伸的内容，拓宽学生的眼界，提升他们的学习兴趣。另外，线上作业的新形式有助于拓展学生作业的自主性和多样性，改变传统家庭作业单一固定的听、跟读、抄写形式，学生可以进行听音选图片、阅读绘本、模仿录音等有趣的学习活动，这样才能将英语语言知识的训练与多元智能的开发有效地结合起来，既培养学生学习语言的知识技能，又培养学生的学习兴趣，从而提高学习效率。图1展示了"一起作业"APP中丰富的学习资源和多彩的知识展现方式。

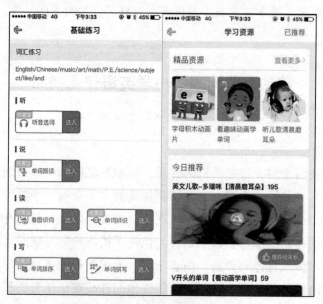

图1 "一起作业"APP精彩内容截图

2. 跟读纠音，开口学英语

开口说对于语言学习十分重要。但是由于课堂时间有限，教师难以仔细把控每个学生的发音细节，容易漏掉部分学生的发音困难问题。同时，由于有的学生性格内向，课堂上不敢大声发音，这更是让教师对于学生的发音准确性难以把握。

"一起作业"APP的跟读任务就很好地解决了这个问题。智能手机自带麦克风，为跟读、背诵任务提供了良好条件，学生跟读后还可以和原音进行对比，并进行自我纠正，这个自我修正的过程是老师在课堂上给不了学生的，这对学生提升口语水平极有帮助。"一起作业"中既有课文、单词的跟读，也有背诵的作业，学生跟读或背诵后，自己的语音音频自动生成，系统自动评分给予学生鼓励，并且系统会选优秀录音推荐给老师，老师可以点评给以鼓励。经过一段时间的实践，老师惊喜地发现，平常在课堂几乎不举手的学生，在录音里听起来自信大方，发音标准，如果长期坚持下去定会帮助大部分学生提升英语的口语水平，大大地提高学生学习的热情。图2展示了"一起作业"APP中语音交互部分内容。

图2 "一起作业"APP中语音交互部分内容

二、师生交互方式

学生发生在移动设备端的学习行为可以实时地传输到老师和家长的远程设备上，让老师和家长更好地监督学生的学习。同时，在学生完成学习任务后，家长或软件也可以第一时间通过"一起作业"家长端或教师端查看学生课后学习情况。与此同时，软件会依托大数据，根据学生的完成质量，在后台生成统计结果，这样教师可以轻松掌握整个班学生的学习任务完成情况，降低了传统教学过程中教师沉重重复的作业批改任务，让教师有更多的精力投入更多其他更细致的查漏补缺工作中。另外，"一起作业"APP还会对易错题目进行统计并通知教师，教师就可以根据这个针对易错题的统计结果，制订后续的复习和强化知识内容。图3展示了"一起作业"APP易错题目教师端反馈。

图3 "一起作业"APP易错题目教师端反馈

因为此平台的便捷沟通功能以及强大的后台计算统计能力，教师可以更及时精准地掌握学生的学习情况，并有针对性地进行点评或辅导，大大地提高了学生的英语学习效率。这样老师教得更轻松，学生学得更高效。

三、学生学习积极性的提升

依赖于海量的互联网资源和有趣的人机交互方式，移动互联网端的英语学习告别了传统课后作业的枯燥和无聊，成功地激起了学生的学习积极性。总结起来，移动互联网端的以下两个特性能够很好地吸引学生。

1. 高科技属性

移动互联网端的英语学习一般依赖于时尚和科技结合的手机、平板电脑一类的高科技产品，这类产品对于天生充满好奇心的小学生而言具有莫大的吸引力。而依赖于这类产品的学习软件更将课上的内容以更高效、更生动的方式展现给学生，极大地吸引学生对于英语学习的关注。

2. 社交属性

移动互联网端的学习软件，如"一起作业"APP，一般会将学生、家长、教师三类主体联系在一起，学生完成作业，家长对完成情况进行检查，教师对学生作业进行查看和纠正。同时，同学之间也会对各自相互作业的完成情况进行比较（比如自学得分、作业得分、发音得分等，如图4所示），这样通过身边小伙伴之间的竞争，班级形成"你追我赶"的氛围，促使学生更加自觉地完成作业。

图4 "一起作业"APP作业积分及分享界面

总结起来，通过这段时间"一起作业"APP的试用，笔者发现其能够极大地丰富英语教学内容，拓展学生课后的学习活动形式，促进学生读英语的自信，提升学习热情。这个具有高科技属性的平台可以增强教师、家长、学生三方互动，弥补课堂上教师关注不到每个学生的不足，大大地提升知识传授效率，这是传统的作业方式无法达到的。同时，其移动互联网端英语学习所具有的高科技属性和社交属性能极大地提升学生对于英语学习的积极性，使学生真正地做到自发自主的个性化英语学习。

信息化技术助力小学高效英语课堂

——"积木式"教学法在小学语音课堂中的应用

广东省珠海市香洲区第十九小学 盖天书

《义务教育英语课程标准（2011年版）》特别注重学生综合运用语言的能力，所以如何培养学生对英语语音的识别能力是非常重要的。比如，学生是否能够根据已有的语音知识尝试读出生词，是否能够在听到他人读出的生词后尝试拼读出该词，这些都是学生语音知识多少和语音技能优劣的具体体现。因此，要想在小学阶段为学生打好扎实的语音基础，就要在语音教学内容和语音教学方法上进行大胆地尝试和创新，才能实现英语课程的总体目标。在小学语音教学中引入"积木式"教学法，就是探索小学高效语音课模式的实践。

一、小学英语语音课的现状

1. 轻视小学阶段英语语音的重要性

许多小学英语教师对语音教学比较轻视，每当进行教材中语音模块的教学时，就简简单单地一语带过或跟着教学光盘读一读就算完成，缺乏对学生发现语音现象、总结语音规律的引导，更谈不上对学生语音知识框架的建构了。由于教师的轻视，导致小学生在语音知识和技能方面的能力严重匮乏和低下。

2. 语音教学方法单调，学生的主体地位难以体现

近年来，很多地区、省份乃至全国的小学英语教师教学技能大赛都侧重教师对话课型、阅读课型或写作课型的授课能力的提升。这些对话、阅读或写作标杆课的课堂模式新颖，活动精彩纷呈，热闹非凡，学生主体地位充分体现。但很少有优秀的语音课作为课例展示，语音内容单调的教学模式导致学生处于被动学习的状态，课堂参与度低，甚至课后学生对语音模块的教学不知所谓或毫无印象。

3. 盲目、过早地引入英语音标教学

有一些小学英语教师通过各种途径，比如家长的反映、社会上某些培训机构的宣传等了解到小学英语教学在语音教学方面的缺失，积极主动地进行教学改革。但是盲目、过早地引入英语音标的教学还是不可取的，这样不能

很好地把《义务教育英语课程标准（2011年版）》在实践中贯彻。

二、"积木式"教学法的模式与特点

"积木式"英语语言教学模式是黄艾红老师组织一线教师开发的根植于珠海的本土化教学研究课题。"积木式"教学法的特点是活化语言，突出重点：只给原材料（以"积木块状"呈现词、短语、图片）和句子结构，任何一种设计都会给学生留下思考的空间，为不同层次的学生提供认知环境，难度不大，但总有变化。为具有不同知识储备的学生提供选择，为组织语言、迅速内化做准备。在特定的语境下，可生成许多新的句子。学生能有效地、灵活地、有所侧重地反复训练目标语言，但每次都有新的含义、新的意境。在有限的课堂时间内保证核心知识的落实，牢固地树立"举一反三"中"一"的概念，培养学生"反三"的能力，使教师成为新角色——指挥者、评判者、组织者有了可靠的保证。这样才能把课堂还给学生，体现学生的主体性。

三、小学四年级语音教学课例设计

发现字母a在重读开音节词中的发音规律语音教学。

（一）教学背景

《孙子·谋攻》中说"知彼知己，百战不殆"，充分地了解教学背景，就如同作战前对敌我双方情况的透彻了解，是把课上好的根本。本节课所选的教学内容是字母a在重读开音节词中的发音规律。本节课的教学目标包括以下几点。第一，学生能运用本单元重点句型听、说、读以下单词：cake，plate，grape，plane，game，name，cat，hat，bag，map，can等。第二，能够发现字母a在重读开音节词中的发音规律与字母a在重读闭音节词中的发音规律不同，并能利用自然拼读法拼读出生词。第三，运用"积木"课件"难度不大，但总有变化"的特点，培养学生善于观察的能力和总结规律的思维。本节课的教学重点是让学生掌握字母a在重读开音节词中的发音规律。教学难点是对比字母a在重读开音节词中与字母a在重读闭音节词中的不同发音规律。

（二）教学过程

1. 热身

唱一首简单可爱的英文歌曲：《Do you want a toy bear？》

2. 呈现和操练

（1）创设哈利·波特来中国旅游的情境，引出他想学习汉语的愿望，让学生来当他的老师教他读出拼音及英文字母或字母组合。

（2）创设哈利·波特的好朋友赫敏也与他一同来到中国的情境，引入本课语音单词cake，grape，plate，plane，game。

（3）发现字母a在重读开音节词中的发音规则。

3. 拓展巩固

（1）创设哈利·波特回英国前想去超市学习汉语词汇的情境，拓展字母a在重读闭音节词中的发音规则。

（2）通过两组"积木"模块的对比，让学生发现字母a在重读开音节词中的发音规律与其在重读闭音节词中的发音规律的不同。

（3）设置PK游戏，巩固操练。

（4）让学生在二人小组内，根据赫敏的派对和哈利·波特在超市"想要的东西"，运用本课重点句型进行语言实践交流。

（5）通过听、读赫敏和哈利·波特用第一人称总结学习汉语的经历，利用本课的重点句型，转换成第三人称改编小短文。

4. 课后作业

（1）写一写你学习英语的小故事，看谁用到含有字母a的单词最多。

（2）查字典或电脑搜索，查出更多含有a_e或a的单词。

四、课例解读

（一）"积木式"教学法实现了高效语音课模式的目标

鲜明生动的"积木块"将语音的重点清晰呈现，使学生一目了然，并能当堂及时做大量的替换练习，加深学生对语音知识的理解及对语音规律的总结。其运用如下。

1. "积木块"在呈现新词时突出重点的运用

如图1所示。

图1

2. "积木块"在引导学生发现语音规律时的运用

如图2至图7所示。

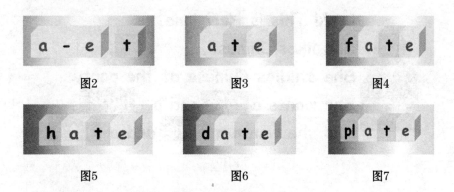

图2   图3   图4

图5   图6   图7

3. "积木块"在总结语音规律时的运用

如图8所示。

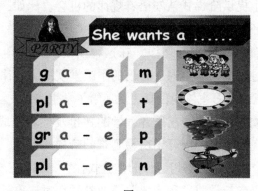

图8

4. "积木块"在对比语音规律时的运用

如图9所示。

图9

5.“积木块”在使用语音词汇进行短文填空中的运用

如图10所示：

Look! This is Hermione.
She likes Chinese.
She studies Chinese at the party.
She wants a cake and a plate.
And she wants a plane and a game.

图10

（二）“积木式”教学法把小学语音课堂的学习主体地位还给了学生

利用“积木”模块难度不大但总有变化的特点给学生留下思考的空间，为不同层次的学生提供阶梯式认知语音规律的机会。比如，在引导学生发现语音规律的教学环节先以旧的t带新的ate，再扩展到变换首字母的f，h，d，pl，让学生感知自然拼读法的规律。在这种由浅入深、环环相扣的“积木式”课件的呈现过程中，学生通过自己的眼睛发现语音规律，不再被动地由教师告知，把课堂的学习主体地位真正地还给了学生。

（三）“积木式”教学法在语音教学的评价及检验中成效显著

教师紧紧围绕教学目标展开了由易到难的阶梯式推进，由单一到多样的对比式训练，由个体发现到小组合作的体验式探究，取得了显著的成效。表1所呈现的是传统语音教学与“积木式”语音教学在对比班学生学习后的小测验百分比数据（每班各53人，分子表示掌握该知识点的学生人数）。

表1　传统语音教学与积木式语音教学成绩对比表

比较对象	听词判断题	听句判断题	选择题	连线题	听写题	认读题
传统语音教学班	47/53 89%	40/53 75%	43/53 81%	51/53 96%	28/53 53%	32/53 60%
积木式语音教学班	53/53 100%	49/53 92%	49/53 92%	52/53 98%	40/53 75%	45/53 85%

五、结语

本节语音课的教学设计以活动为主线、以兴趣为核心、以巧妙的“积木式"课件设计为杠杆，启发学生领悟语言规律、内化语言知识。通过"积木式"教学法创新小学语音课模式的有益实践，达到了提高学生学习主动性和学习效率的目的，证明了"积木式"英语教学法是完善小学高效语音课模式的有力推手！希望小学高效语音教学课堂模式能在珠海教育现代化、信息化的鼎力推动下更上一层楼！

参考文献

［1］中华人民共和国教育部.义务教育英语课程标准（2011年版）［M］.北京：北京师范大学出版社，2012.

［2］黄艾红.积木式语言教学模式——用多媒体构建语言学习的理想天地［J］.中小学英语活页文选，2003（20）：48-56.

［3］徐运.基于课堂观察，提高小学英语学困生课堂学习的有效性［J］.上海教育，2014（4B）：72-73.

［4］邹艳.小学英语语音教学活动探究［J］.基础教育外语教学研究，2013（8）：59-61.

云环境下小学英语互动课堂活动自主性探究

广东省珠海市香洲区第七小学　孙晓娜

针对小学生的心理、特点，在"粤教云"平台支持下，小学英语教学课堂呈现了新的特色——以学生为主体，充分发挥学生的自主性，培养学生学习兴趣，提高学生综合运用语言的能力，为他们以后的英语学习打下坚实的基础。而现在，我们可以通过云互动课堂，让培养兴趣不再是难事，真正让学生体验在学中"玩"、在"玩"中收获！

一、学生自主主宰课堂

（一）共享互动中的互动

师生之间的互动不仅仅是英语知识的交流，更是心灵和心灵的交流。建立起和谐的师生关系是师生互动的基础！课堂上，我总会抛给学生很多问题。"扔给"集体的有，"扔给"学生个体的也有，可口头表达，亦可屏幕呈现，尽量让每个学生都能够充分地展示自己，充分地调动起学生的积极性和学习兴趣。

运用教师锁屏功能操控，可以让学生无法自己单独操作平板电脑、开小差，而是统一看老师的指示屏。当老师的问题呈现时，学生可根据分组情况，进行分层讨论，得出结果并汇报。用分屏功能，对每一位学生的活动或者完成任务情况随时、充分了解。

当然每个问题都是根据学生的情况而定的，比如学生都很累了，我就会问 "How are you today? Are you busy? Do you want to play the computer game?" 等，唤起他们学习英语的热情，使学生以朝气蓬勃的精神面貌让课堂继续进行。

例如，广东版小学英语三年级下册Unit 7 Where's my book? 单元中，针对Vocabulary部分与融入句子知识点的操练，进行听说的游戏。

T：把书放在盒子里。

S：Put the book in the box.

T：把书放在盒子下面。

S：Put the book under the box.

交换角色亦然。

通过在教学中师生充分互动，提高学生学习英语的兴趣，从而对老师产生好感，融洽师生关系。

再如，在教学Body一课时，我并不是采用机械的操练来让学生学习人体各部分的名称，而是通过发指令让学生做出相应的动作：

Touch your head.

Touch your nose.

Touch your....

指令速度由慢到快，要求学生做出快速反应。学生通过观察和自身的演示来学习语言，避免了死记硬背，不但记住知识点，而且对单词的意思也有了深刻的印象。

（二）生生互动，高效课堂

1. 学生自主分工合作

让学生在生生互动中不断获得成功的体验是最重要的。我在平时教学时不断尝试分组的效果，而这确实使学生学习英语的兴趣高涨，更有信心。分组方式小建议如下：

第一种：也是较常用的一种，同桌为一个合作学习小组。其优点是随机进行，便于操作。

第二种：4～6人或6～8人小组。当组员确定后，每组选出本节课的组长，组员分工合作或整组完成讨论、发言、提问、记录等任务。也可以同时以小组整体参与课堂学习。组长领回任务以后，根据本组任务，组员集中进行活动并分工合作。这种形式同样利于操作，尤其适合连锁问答，对句式的巩固操练有实效。

第三种：以桌子的一竖行为一组。这种形式在单词复习中更具挑战性、复杂性。如拼单词student，由S1、S2、S3、S4…这种座位次序传换的形式，每人拼一个字母，并且要求不停顿、不重复、无错误，这就要求每个学生必须熟练拼单词，才会灵活顺接。这使学生的兴奋点、注意力得到极大的激发。

第四种：竞争学习也是合作互动学习的一种重要方式。无论小组、横排、竖排、同桌、四人，或随机叫排、叫组等综合形式，都会收到学生的积极参与、兴趣高涨的良好效果。

老师可将班级学生原则上根据授课内容、班级及学生实际情况以及课程进度、整合情况等灵活分组，也可以以帮带形式参与进行。

2. 汇报分享活动成果

云互动课堂实现了生生互动中最有效、直接的互动。当汇报结果出来时，每个学生都可以将自己的作品或活动结果拍照上传，老师和同学随即可以看到任何一份想欣赏的作品，并点赞、投票，活动结束后，老师通过大屏幕展示投票结果，情况一目了然。而这一过程，只需要2～3分钟，而这恰恰让学生体验到取长补短、欣赏他人——分享的快乐！

拍照前首先将摄像头与PC连接，点击"拍照"按钮 ，窗口定格，点击"确定"按钮 ，立即全屏呈现在白板上，作为白板背景使用，可点击"返回"按钮 ，重新拍照。点击"关闭"按钮 ，退出拍照窗口。

注1：在互动白板模式下，启动"实物投影"功能。

注2：教师端暂不保存图像，教师将白板背景下发给学生，图像将自动保存在学生端的"课堂资料"中。

（三）玩中学，学中玩，提升效率

爱玩是学生的天性，把要掌握的单词以图片、头饰、动作等以不同形式展现给学生，采用各种游戏形式进行渗透，例如：

（1）Do the action.（听音做动作）

（2）Draw and colour.（画一画，涂一涂）

老师可将其融合进听力环节，让这种活动融听音、辨别、选择并涂色，合"多"为一，实效性更好！

（3）Role play.（角色扮演）

在角色扮演游戏中，通过平板电脑自行操作、同伴合作，多听、反复感觉、模仿，使得课堂充满活力。

教材中的情境，我力争较真实地再现于课堂并创造新的环境，如教"What's your name？How old are you？"时，情境有"小歌手大赛报到处""迷路的小孩子与警察""结识新朋友"等语境，使学生乐于参与，到讲台上锻炼英语表达能力、胆量。在组织课堂上的语境练习时，应注意以下几点：

① 表演应在学生对话并对所学内容的意思准确理解、对语音语调及句式基本掌握后才可进行。否则大部分学生会觉得任务太难而降低参与兴趣。

② 表演每小组不宜超过四人。表演前应让各小组操练准备，鼓励其拓展创新对话内容。

③ 表演过程中，除要求学生语音、语调正确外，还要求学生注意表情、手势、姿态等。

④ 对学生语言上的错误在活动结束时提出，当然也要注意策略，尽量避免挫伤学生的积极性。

（四）互动面广，个别不忘

我把个体和集体分开是因为我觉得一个集体是由将近60个个体组成的，而且一个都不能少！我用一些简单、贴近生活实际话题的对话和学生单独用英语交流，鼓励和循循善诱是手中法宝。

二、生成评价，激励提升

德国教育家第斯多惠说过："教育的艺术不在于传授本领，而在于激励、唤醒与鼓舞。"激励是教育最基本的功能，成长在充满激励氛围中的学生会不断进取。

1. 暖心激励凝力量

我的评语有：Clever boy/girl！Very good！Well done！Pass. Wonderful！…有时，甚至亲切地对学生笑笑，摸摸他们的小脑袋，这些都是对他们的一种鼓励。学生课后会互相评比书后的贴纸，你追我赶、不甘落后的局面逐渐形成。

2. 新式点赞道"馨香"

老师通过大屏幕对学生"点赞" ，及时鼓励学生，被点赞的学生在学生端可以看到点赞标志。学生在这种形式新颖、受欢迎又一目了然的方式中收获鼓励，如沁人心脾的花朵馨香滋润学生心田。

评价的形式多样，也可采用导学案中同伴互评、课后填写量规表等形式来进行，教师可根据需要进行选择。

三、结语

融会贯通，教无定法。我认为并不是所有的任务，都必须套上云互动环节的禁锢枷锁，教师可根据教学实际随时调整自己的教学设计和操作方案，之后，在课堂上要有随机应变的能力。云互动课堂中，我们的活动形式越来越新颖、丰富，学生对可操作任务的体验机会也明显增多，这些小"主人"利用"云"多姿、多彩、多样的高效手段，尽情发挥才能、充分表达想法，恰如在云朵上尽情舞蹈！让我们向高效课堂迈进，让课堂成为知识海洋童话里的小"天堂"！

📑 参考文献

[1] 北京师范大学外语系课题组.全国首届小学英语优质课大赛课堂教学观摩分析（下）[J].中小学外语教学，2001（9）.

[2] 章兼中.小学英语教与学[M].上海：上海外语出版社，1996.

[3] 中华人民共和国教育部.英语课程标准[S].北京：北京师范大学出版社，2001.

[4] 周涛.大数据时代[M].杭州：浙江人民出版社，2014.

微课——小学英语口语教学的助力棒

广东省珠海市香洲区第十九小学　许淑玲

在"哑巴英语"的背景下，口语教学越来越成为中国英语课堂教学的侧重点，但是在传统的小学英语口语教学中，常常存在着教学内容脱离学生生活实际、教学手段单一枯燥、教学情境难以创设、缺乏教学素材羞于开口等情况。虽然，近年来小学英语教学一直强调口语交际的重要性，一线英语教师也努力通过各种方式增加学生在课堂上进行口语交流的机会，但教学效果平平，学生往往难以开口、羞于开口，或懒得开口，口语表达能力依旧无法得到锻炼。因此，我校英语科组以信息技术为突破口，在近两年的教学中对口语交际课开展了大胆的探索和有益的研究，发现当下火热的微课是一种极具针对性的信息化教学手段，这一特点注定它适用于话题性强、模块化的口语教学。于是我们将微课融入我校英语口语交际课中，结果发现，它对小学口语教学起着事半功倍的作用，同时也是学生喜闻乐见的教学方式。接下来，本文将从四个方面探讨微课对于小学英语口语教学所起的积极作用。

一、微课为学生预习提供口语教学素材

预习这一环节在英语教学中往往会被忽略，但是在日常的口语交际课堂上我们不难发现，有时老师抛出来的话题学生根本无从开口，一是由于学生缺乏相关的背景知识；二是学生的英语语言能力较差，教过的与教学话题相关的句型、词汇可能忘得一干二净了。微课教学在这时就可以作为课前学习的载体，老师可以提前录制一节5～10分钟的微课，将话题背景、相关句型等预习重点以微课的形式用QQ、微信或博客在课前发送给学生，让学生在上课前预先对教学知识有个了解，为口语交际课堂积累话题素材，同时也大大提高学生的自信心和听课效率。比如，在讨论"What kind of weather do you like and why？"这一话题时，我们可以提前将各种天气的单词、读音、符号制作成一个简短的预习视频，帮助学生做好知识积累和上课准备。

二、微课教学能快速创设口语交际情境

学习英语的最终目的在于与人交际，我们只有在真实的场景中运用英语才能发挥其价值。作为小学教师，在教学中我们应尽量帮助学生创设易于理解和能快速融入的话题背景，引导学生在符合他们生活实际的场景中感知、理解并运用语言。在近年来的教学中，一线教师经常使用图片、PPT、视频等方式为学生创设教学情境，而微课教学集合了以上几种辅助教学手段的所有优点，它形式多样，内容丰富，画面有趣，情境性强，能有效地将小学生喜闻乐见的图片、音乐、儿歌、视频等融为一体，同时老师会出现在微课中讲授或加入语音进行引导讲解，快速地将学生带入某个话题中，有效自然地创设教学所需的口语交际情境。例如，在引入Go Shopping的话题时，老师可以扮演售货员，与学生去超市录制一段购物的视频，制作成微课播放。这既能快速真实地创设购物的情境引入教学话题，又能在对话中有意融入各种食物单词和句型，使学生在观看时进行知识点复习。

三、微课教学帮助学生集中课堂注意力

传统的小学课堂一般为40分钟，学生很难在这段时间内始终保持注意力，尤其是对于活泼好动的小学生来说，一般注意力仅能保持10分钟左右。微课教学一般引入的是制作精美的小视频或课件，时间短，且内容精讲度高，能迅速抓住学生的眼球，这样就避免了学生因长时间听课而感到无趣分心，进而导致听课效率降低的问题。因此，将微课融入小学英语教学中能大大提升学生课堂的注意力，能有效提高其学习的积极性和主动性。比如，我们在教授复习单元时，可以抛弃以往枯燥的知识点讲解和题海战术，以闯关游戏的形式将复习内容制作成微课，再加入学生喜爱的故事情节，这样枯燥的复习课一下子就变得轻松好玩多了！

四、微课有助于课后反复训练及个性化学习

由于课堂教学时间短，加之我们现在的小学班额普遍较大，对于注重口语交际能力提升的英语课堂而言，其实教师无法保证每一个学生都能在课堂上充分地说，加上每个学生英语基础和领悟能力存在差距，在口语交际课堂上常常口语程度好的学生抢着发言，而能力较差的学生就算在小组活动中也不愿说，不敢说，不会说。基于微课的课后复习教学及巩固练习，则给了学生自己回家反复训练，大胆开口的机会，能更好地满足不同层次的学生，并进行个性化学习，这样既可查缺补漏，又能强化巩固知识，无疑是学校课堂教学的一个重要补充手段。同时，老师也可以通过各种信息技术途径接收学生的课后复习视频或反馈，及时了解学生是否掌握了重难点，从而适时进行个别指导，并有针对性地改进教学。这将是一个良性循环。

总之，微课作为信息技术与现代教育相结合的产物，值得我们一线教师探索其对于课堂教学的辅助功能，小学口语交际微课的设计和运用，也需要我们进一步在实践中应用推新，对其进行科学的设计和恰当地使用。虽然微课对于小学课堂教学的口语训练起着一定的作用，但我们科组在运用微课的过程中还存在一些问题，如微课录制的技术、微课与口语教学如何更好地融合等，希望我们能不断优化，更有效地运用微课来提高小学课堂学生口语学习的效果和效率，只有这样我们的学生才能切实提升自己的口语交际能力。

参考文献

［1］马九克.微课视频制作与翻转课堂教学［M］.上海：华东师范大学

出版社，2016.

[2] 赵国忠、傅一岑.微课：课堂新革命 [M].南京：南京大学出版社，2015.

移动互联网给小学英语教学带来的便利

广东省珠海市香洲区第十五小学　安添湘

纵观周围，互联网在短短几年间已经翻天覆地地改变了我们的生活。到处都渗透着互联网的影子。云音乐、短视频、线上教育、Vlog（视频日志）、智能语音、智能地图、智能翻译，这些新概念已经悄无声息地出现在世界的各个角落。互联网的发展给英语教学也带来了新的机遇。如何最大化地利用这些新事物的优势来造福英语教学，笔者就教学实践浅谈一下移动互联网给小学英语教学带来的便利。

一、移动互联网让备课更加便利

1. 不局限于课本，用互联网进行辅助

现在的世界，信息更新迅速，过去一百年更新一次的知识，如今几年甚至几个月就被颠覆。课本的内容难以做到及时更新。而移动互联网正好为课本的知识拓展提供了便利。例如，有时课本在对话情境设计上与现实脱节，教师可以借助网络寻找更加适合时代发展的视频、音频或者文字内容来作为补充和拓展。有时，课本上语音练习内容不够，可以在短视频分享网站搜一搜，精彩的语音练习视频即刻找到。

2. 开阔视野，与世界同步

互联网催生了大量知识和娱乐分享平台。而这些平台让我们和全世界所有的语言教育者能够及时分享和交流学习。比如，想看看以英语为母语的国家在教授数字时有哪些课堂活动，我会在Pinterest上键入 "activities for teaching numbers"，然后在海量醒目的图片海报中浏览，点击图片，进入链接，很快就能阅读到国外一线教师的活动策划，还可以在评论区参与互动。备课时仿佛整个世界都在指尖滑过。

图1　在Pinterest上搜索关于数字教学的活动

二、移动互联网让课堂教学更加便利

平板电脑和智能手机的发展和普及十分迅猛。我们可以将这些"新产品"整合到我们的英语教学中，不仅能拓宽小学英语的教学方式和思路，还能激发学生学习的主动性、积极性。

1. 多样的导入活动激发学生的兴趣

各种移动应用程序在移动互联网时代呈爆炸式发展。无论提到哪个话题，总有相关的应用程序或网站。比如，当学习水果时，Go Noodle网站上有大量相关话题的简单律动舞蹈可以作为热身活动。当学习天空和月亮时，打开Sky Safari，美丽的星空伴随着奇幻的音乐立刻呈现在你的面前。这些生动的场景可以让学生立刻放松下来，并迅速进入学习情境。

图2　在Go Noodle网站上有大量高清的动作歌曲

2. 多维度的课堂体验让情境更加真实，让学生更积极主动参与

《义务教育英语课程标准（2011年版）》进一步明确了英语课程的工具性和人文性的双重属性。

在英语课的工具性方面，移动互联网让听、说、读、写的练习更加真实。在平板电脑上，苹果的siri可以让学生通过智能语音直接体验英语的工具属性。比如，在学习数字时，教师问siri："What is five plus seven？"可以让学生尝试能否在siri前说出答案"twelve"。智能的siri 没有什么话题不能涉及。如果学生听到听不懂的答案，反而激发学生的求知欲，催生其自主学习的欲望。

在人文性方面，移动互联网催生的Vlog（视频日志）现象让很多人都能更快、更清楚、更方便地接触世界各地的文化。比如个人网络视频类频道"小马在纽约""信誓蛋蛋"就分享了外国人对中外文化的不同认识。这为跨文化意识的教学提供了大量的素材。

3. 创新的语言输出和检测方式挑战学生的语言应用能力

移动应用程序能让学生更加真实地看到和分享自己的学习成果。比如，学习完如何用英语表达天气后，学生可以用句子和图画描述当天的天气，然后在平板电脑上用动画类程序，如Imoive，Stopmotion Studio，拍下自己的图片并附上录音描述，制作成小视频；还可以通过Seesaw 建立班级朋友圈，让同学和家长看到、听到自己的小视频。

再比如，句子发音练习可以让学生和语音翻译类程序，如Google Translate，进行对话。学生可以通过翻译结果判断自己是否发音准确，还可以通过智能语音识别输入法，将自己的语音转换为文字来检测自己的发音。

这样的学习任务不仅能让学生认真对待自己的学习，还能促进学生自主学习能力的提高。

三、移动互联网让教师的专业发展更加便利

高速的信息爆炸在移动互联网时代愈演愈烈，也为英语教师的专业发展提供了无限的便利和机遇。

1. 学习的来源不再拘泥于书籍

移动互联网时代，会搜索成为新的学习能力。比如，我要学习微课和短视频制作，书店的书籍更新还跟不上视频软件的推出和升级速度，但如果在网上搜索，相关的教育网站会有大量的在线视频教程，这样效率更高。

2. 使英语口语的资源更加丰富

过去要听到最新的纯正的口语资料，需要收音机或者购买录音或者录

像带。电子多媒体的发展和Vlog（视频日志）的流行，让所有的人都可以成为专业视频的制作和分享者，来自英语母语国家的用户所制作的视频资料呈爆炸式增长，全球的英语视频信息仅与我们有一屏之隔。学会使用互联网搜索，各种文化、各种信息尽在指尖。

综上所述，移动互联网对于小学英语课堂中的老师和学生，意味着更丰富的教学资源，更多维的学习体验和更便利的学习机会。这是一场学习的变革。未来的世界一定更便利。

巧用"电子成长袋"开展小学英语评价活动

广东省珠海市香洲区广生小学　李丽丽

在"核心素养教育"呼声高涨的今天，评价方式如何反映学生的综合素养是所有教育界人士都在思考和急于解决的问题。小学英语教学评价应以《义务教育英语课程标准（2011年版）》和平时的教学内容为依据，以激励学生的学习兴趣和自信心为主要目的，采用符合学生认知水平、具有多样性和可选择性的评价形式。

一、"电子成长袋"的应用背景

巧用"电子成长袋"开展小学英语的评价活动，是新形势下"以评促学"的一种重要方式。"电子成长袋"顾名思义，所有资料包括评价内容、评价结果都以电子资料的形式保存，包括音频、视频、图片、文档、评价量表、大数据资料、学业报告量化值等。通过建立和完善"电子成长袋"，发挥学生的主体作用，促进学生取得更大的进步。

老师通过使用ClassDojo APP软件建立学生"电子成长袋"，评价主体不仅有老师，还有同学、家长和学生自己。本文将以《开心学英语》四年级下Hobbies一课为例，设计评价活动。

二、"电子成长袋"的理论框架

"电子成长袋"主要借助软件ClassDojo APP完成对资料的收集和统计。学生可以上传作业、作品、音频、视频等形式的内容。老师通过平台收发任务，对学生进行评价。家长也可以通过此软件评价孩子。根据以上几点，本节课评价活动的理论框架见表1。

表1　评价活动的理论框架

评价主题	Hobbies		
评价对象	Grade 4 学生		
评价时间	课前预习、课中学习、课后巩固		
评价工具	ClassDojo、课堂自评量表、学业评价图表		
评价机制	自我评价、学生相互评价、教师评价、家长评价		
评价目标	核心素养	课标五维	具体内容
	文化基础	语言知识	What's your hobby? What's his/her hobby?
		语言技能	Listening, speaking, reading and writing skills
		文化意识	了解西方人的爱好倾向
	社会参与	情感态度	When we are sad or unhappy, our hobbies can refresh ourselves.
	自我发展	学习策略	交际策略、资源策略等

除了对语言知识和语言技能进行考查外，还要适当兼顾情感态度、文化意识和学习策略的评价，如图1所示。

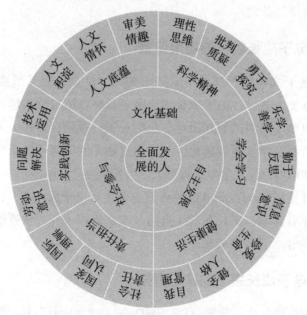

图1　21世纪核心素养

本评价活动的目标既涵盖了21世纪核心素养，又涵盖了《义务教育英语课程标准（2011年版）》中的五个维度。

三、"电子成长袋"具体操作方法

1. 课前预习——师评、互评、家长评

在课前预习环节，老师主要通过APP发送课前预习资料，用思维导图的形式让学生把关于Hobbies的单词都写出来，学生通过ClassDojo手机终端软件把完成的思维导图发送给老师。

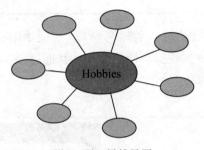

图2 预习思维导图

学生通过自学完成课前预习，登录自己的账号，通过ClassDojo发送到自己的页面，老师可以进行检查和评价。学生通过查看同伴的作业，为同学点赞。家长可以用点赞或留言的方式进行评价，如图3所示。

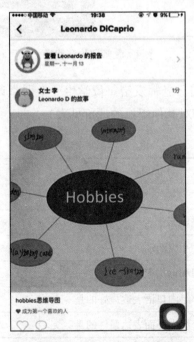

图3 利用ClassDojo软件上传作业

2. 课中活动——自评、互评

课中学习环节，老师围绕本节课的重点句型，设计一系列活动，训练学生听、说、读、写方面的技能，并给予评价。比如，请同学们在小组内完成一个有关hobbies的调查。

表2 调查问卷表

Name				
Hobbies				

当学生进行小组活动时，老师巡视每一个小组的活动，对学生的参与度、积极性、表现力等进行综合性的评价，并通过ClassDojo小组评价功能，对小组及其组员进行评价。

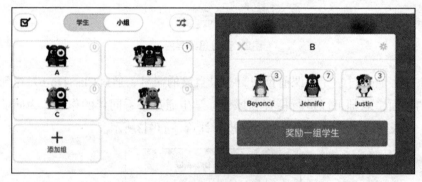

图4 教师评价和奖励

课堂活动结束之前，老师发给每位学生一个课堂评价表，里面包含对自己本节课表现的评价和对其他组员的评价见表3。

表3 课堂评价表格

评价方式	评价项目	等级			
		A	B	C	D
自评	1. 能按要求完成课堂活动				
	2. 积极参与了小组活动				
	3. 知识的掌握和运用程度				
互评	4. 今天我们小组内口语表达最好的是				
	5. 今天我们小组内书面表达最好的是				

3. 课后巩固——师评、家长评

课后巩固环节，主要通过完成作业的方式进行。例如，本节课的作业如下：

Homework A：把课堂评价表上传。

Homework B：Write down other things that can refresh you and tell them to your parents.

在Hobbies这节课，学生的"电子成长袋"中包含了思维导图、课堂活动评价、课堂自我评价、视频、表格、图片等，也有来自老师、家长、同学和自己的评价。老师对学生每一项的评价，最终会生成具体数据，不仅直观，还便于老师开展有针对性的教学和设计以后的评价活动。

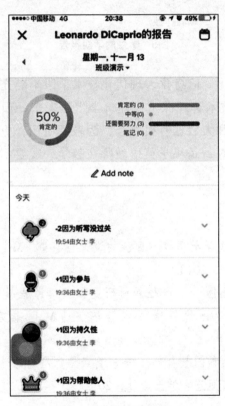

图5　学生的评价报告

四、"电子成长袋"结果的应用

在日常的教学中，教师通过"电子成长袋"收录学生多方面表现的评价。在学期学业报告中，可以用雷达图的形式把日常的过程性评价结果通过数据表现出来。

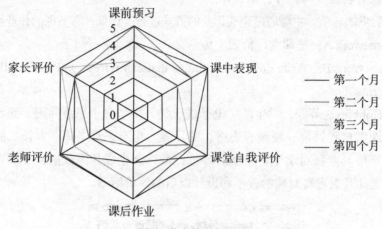

图6　学生的学期报告

这是一个数字化、信息化、现代化技术手段不断充斥课堂的时代，会用、能用互联网+技术管理课堂，评价学生是未来一项基本的教学技能。如何让互联网技术和大数据有机融合，为教师所用，更重要的是通过何种方法把这些技术用好，是小学英语教师在教学一线要不断思考、实践和总结的问题。

参考文献

［1］黄丽燕.中小学英语校本评价的设计与实施［M］.北京：外语教学与研究出版社，2013.

［2］人民教育出版社，课程教材研究，英语课程教材研究开发中心.小学英语学业评价标准（实验稿）［M］.北京：人民教育出版社，2014.

［3］中华人民共和国教育部.义务教育英语课程标准（2011年版）［M］.北京：北京师范大学出版社，2012.

多媒体教学手段在课堂教学中的有效运用

——以六年级下册Unit 2 A Magic day Story部分为例

广东省珠海市香洲区第十二小学　伍晓琴

多媒体教学手段是英语课堂教学的重要辅助手段。教师在课堂导入、新授、练习阶段应巧妙运用多媒体教学手段，引导学生在真实、有效的语境中感知、运用语言，培养学生的思维能力和综合语言运用能力，从而提高课堂教学的效率。

一、教学背景

《义务教育英语课程标准（2011年版）》指出，现代教育技术和教学资源为英语教学提供了多种媒体、多种类型的平台和多方位的空间。教师要根据教学目标、学习内容、学习条件和学生实际情况，积极学习并在课堂教学中合理利用现有的教学资源和现代教育技术，同时也要充分发挥传统的教学手段和教学资源的作用，使各种教育技术和手段都能科学、合理、恰当、简约地为提高学生英语水平服务。

笔者在日常教学中注重探索和实践多媒体教学手段，在不断反思与改进中巧用多媒体教学手段提高课堂教学效率。本文以六年级下册Unit 2 A Magic day Story部分为例，探讨多媒体教学手段在英语课堂教学中的有效运用。

二、有效运用多媒体教学手段优化课堂教学

1. 导入阶段，激发兴趣，活跃思维

课堂热身、导入环节应符合学生的生理、心理特征和认知特点，并能唤起学生的学习兴趣，充分调动学生参与课堂活动的积极性，为即将进行的教学做好词汇与句型方面的准备。适时、适量地使用多媒体教学手段，能在较短的时间内达到复习旧知的目的，同时引起师生之间的思维碰撞和情感共鸣，使学生尽快融入英语课堂学习，提高英语学习效果。

（1）播放音频，初步感知

在导入环节，笔者首先播放了第9页chant：What did you do？该音频节奏强，动感十足，符合学生的年龄特征和性格特点，调动了学生参与课堂活动

的积极性。接着，师生在原有内容的基础上创编童谣，不断替换为本单元新学的词组，激发了学生创造的潜能。多媒体教学手段的使用使学生能迅速融入英语课堂，参与课堂教学活动的积极性更高涨，也拓宽了学生学习英语的渠道。

（2）特效图片，激活思维

采用特殊软件，遮挡住图片里的人物在做什么，以信息差的方式，激活学生的思维能力，巩固旧知，也为后面的情境设计做好铺垫。

例如：

T：What did you do yesterday？/Did you ride a bike with your friends last Sunday？/Did you go to the restaurant after that？随后，出示一张自己在做模型的半遮的照片给学生看，引导学生提问。

T：Last Sunday, I didn't go to the park. I was at home. I was busy but happy. Please try to guess what I did.

Ss: Did you... last Sunday?

2. 新授阶段，获取信息，理解文本

在新授环节中，多媒体教学手段的合理运用能使教学内容、形式与过程更为直观、生动、形象，使英语学习更好地体现真实性和交际性特征，让学生能够在轻松、愉快的氛围中习得知识。

（1）播放录音，创设情境

突出主题"A Magic day"，笔者设计了"神奇校车Bobo"，带领学生到沙漠旅游，以此引入文本的学习。

（2）观看视频，学习新词

笔者根据文本内容，结合大自然常识，运用视频软件自制了有关世界上最大的沙漠——撒哈拉沙漠的风景介绍，让学生有身临其境之感，学习新词"desert"以及字母er结合的发音。

（3）运用多媒体手段，获取信息

在重点知识部分的教授中，笔者借用课件、视频、光盘影像等多媒体教学手段，通过设疑激趣的方式，帮助学生获取文本信息。如：

T: Now，let's listen to a story. Please answer the questions. What happened to Gogo？What did Gogo eat this morning？

听完故事，笔者分别以图片和表格的形式分析故事与回答问题。

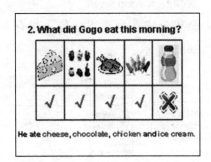

图1　分析故事与回答问题

通过表格，学习短语a bottle of water的表达，并举一反三。然后引导学生观看光盘视频揭开故事的谜底。

多媒体教学手段的运用既有利于学生在语境中感知所学语言，又有利于学生在整体上理解文本中不同人物的语音、语调及感情，培养了学生的英语语感和口语表达能力。在跟读环节，笔者首先让学生观看动画视频并跟读对话，随后让学生边看文本边听录音，同时跟读对话。

（4）借助截图，分层教学

笔者运用截图功能，以思维导图和文本插图帮助不同层次的学生掌握所学知识，尊重个体差异，真正体现了义务教育阶段的英语课程工具性和人文性的双重性质。

第一种方式：能力较强的学生可以自主厘清故事脉络，并根据思维导图复述故事。

第二种方式：能力较弱的学生可以根据图片与提示语复述故事。

以上的分层教学方式，笔者提供了相应的语言支架，有助于增强学生表达的欲望，使不同层次的学生在活动中都能得到锻炼和提高。

3. 练习阶段，重在运用，拓展思维

笔者借助多媒体教学手段围绕文本和过去时态目标语言设置相应的练习活动，引导学生通过感知和体验的方式在语境中理解、运用语言，真正达到学以致用的目的。在练习阶段，笔者设计了以下教学活动，帮助学生在相应的语境中运用语言。

活动1：Make a new ending

笔者引导学生续编genie的话语，为故事写上完整的篇章。

学生同桌讨论各自想法，充分发挥想象力续写故事情节，然后与大家共同分享。

活动2：Group work

全班分成八个小组，各小组有一个星期牌和一份存有信息差的表格习题，如图2所示。

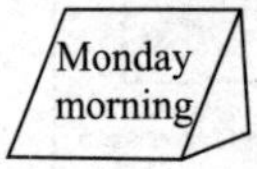

	Monday morning	Tuesday morning	Wednesday afternoon	Thursday evening	Friday afternoon	Saturday morning	Sunday afternoon	Sunday evening
Monday morning	 went to the swimming pool							

图2　各小组的任务表

学生先分析表格内容，发现信息差，再分派组员到其他七个小组询问Gogo在上周的某天做了什么，然后马上回来汇报给记录员，并在表格里填写过去式短语。要凑齐一周的活动内容。最后小组集体汇报，全班分享与评价，共同帮助Bobo了解Gogo的情况。

三、结语

在课堂教学中，有效地运用多媒体教学手段，让知识简单化、形象化、趣味化，为学生个性化学习和主动学习创造了有利条件，为教师的高效课堂创造了有利条件。但是我们不能盲目追求、使用多媒体教学手段，而是要科学、合理、恰当、简约地运用它，使它真正地为促进学生综合语言运用能力的形成与发展服务。

参考文献

［1］中华人民共和国教育部.义务教育英语课程标准（2011年版）［M］.北京：北京师范大学出版社，2012.

［2］吕慧、刘霞.例谈多媒体教学手段在课堂教学中的有效运用［J］.中小学外语教学（小学篇），2015（10）：47-51.

［3］广东人民出版社.义务教育教科书·英语（三年级起点）六年级下册［M］.广州：广东人民出版社，2013.

探讨新形势下信息化英语研究性学习

——以小学英语课程教学为例

广东省珠海市香洲区香山学校 钟慕贞

在从事小学阶段的英语教学工作中，通过一些课堂实例和课堂实践，我发现，研究性学习是以学生的自主性、探索性学习为基础，在教师的指导下，从自然、社会和生活中选择和确定专题进行研究，并在研究过程中主动地获取知识、应用知识、解决问题的学习活动。它强调对知识技能的应用，强调学生亲身参与探索实践活动并获得感悟和体验，强调学生的全员参与。这些与《义务教育英语课程标准（2011年版）》中要求突出学生的主体地位，运用活动和倡导体验参与的内容非常吻合。

从教学环节来看：研究性学习包括提出问题、分析问题、解决问题、实施方案、评价总结五个教学环节。

从教师的指导作用来看：无论在选题、分配、实施、开题报告方面，还是总结阶段的指导都要求教师始终扮演一个引导者的角色，并非充当主角，代替主体，并且要体现公平、民主和负责的态度和精神。

从评价方面来看：评价贯穿活动的全过程；评价主体多元化；评价内容丰富性，注重综合素质，关注结果也关注目标、条件和过程。

从收集信息的渠道看：教师收集学生的评价信息可以是学生的开题报告、与学生谈话、平时的观察、学生研究性学习活动记录表和中期评价结论以及学生的结题报告及论文的答辩等；而学生在研究过程中收集信息的渠道有图书馆、互联网、指导老师、专家、讲座、小组内讨论、独立搜索各种各样的方式。这充分体现了《义务教育英语课程标准（2011年版）》理念的第六点：开发课程资源，拓展学用渠道。

"Holidays Culture" 研究性学习设计方案

课题名称	Holidays culture		
设计者姓名	钟慕贞	所在学校	珠海市香山学校
所教年级	小学五年级	研究学科	信息化英语教学

一、课题背景和意义

1. 背景说明

随着社会的发展，学生与各国文化的接触越来越密切。学生可以通过网络、书籍、报刊多种渠道了解更多的知识。本课我将让学生对中西方节日文化进行研究性学习。Holidays Culture 的主要话题正是本次研究的主题。五年级的学生对英语有着浓厚的兴趣，并有积极大胆对新知识的好学追求，学生能在比较轻松愉悦的环境中学习。

2. 课题的意义

翻开《义务教育英语课程标准（2011年版）》，我们可从中看出，其强调课程的设计应从学生的学习兴趣、生活经验和认知水平出发，倡导体验、实践、参与、合作与交流的学习方式和任务型的教学途径，发展学生的综合语言运用能力，使语言学习的过程成为学生形成积极的热情态度、主动思维和大胆实践、提高跨文化意识和形成自主学习能力的过程。希望在这个单元主题的引领下，通过研究性学习活动，帮助学生对各种动物及其喜爱的食物有更深的认识，力求合理利用和积极开发课程资源，给学生提供贴近其实际、贴近生活、贴近时代、内容健康和丰富的课程资源。

二、研究性学习的教学目的和方法

按《义务教育英语课程标准（2011年版）》的一维和二维目标（或布卢姆目标分类法）进行研究性学习的教学目和方法的阐述。

1. 认知目标

掌握一些中西方节日名称，学习用英语简单地介绍自己研究的初步成果。

2. 能力目标

（1）在研究过程中彼此能积极收集资料与分享。

（2）在研究过程中彼此都能与本组同伴积极有效地互动、合作，完成相关任务。

三、研究的目标与内容

Holidays Culture节日文化的研究目标主要是为了更好地引导学生学习和了解中西方节日，开拓视野，从中通过自身多方位搜集信息，了解在地球村的文化大熔炉里，不同国度、不同肤色、不同文化的人和谐共处，树立学习的自信；激发和培养学生学习英语的兴趣爱好，提高学生的观察力，与人交际的积极生活态度。具体内容如下：

（1）能清晰地描述一些中西方节日名称，如：

Chinese festivals：Dragon Boat Festival, Mid-Autumn Festival；

western festivals：Easter Day, Christmas Day, Halloween.

（2）研究这些节日和与它们相关的风俗习惯

四、研究的预期成果及其表现形式

研究的成果以PPT、手抄报、校园专栏等形式——展现出来。

课题名称	Holidays culture		
设计者姓名	钟慕贞	所在学校	珠海市香山学校
所教年级	小学五年级	研究学科	信息化英语教学

五、资源准备
教材、投影仪、多媒体电脑、网络、图片、绘画、手工制作。

六、研究性学习的阶段设计

研究性学习的阶段		学生活动	教师活动	所用时间
第一阶段：动员和培训		（1）认识研究性学习的知识。认真听取"研究性学习"主题讲座，学习掌握课题选择的技巧、科学研究的基本步骤和相关的研究方法，并预习相关材料，做好准备。 （2）学习本单元课文，复习相关的单词以及句型。 （3）就本课题提出自己的想法和观点	（1）指导教师讲解研究性学习要点。给学生做一个关于"研究性学习"的主题讲座（准备演示文稿）。 （2）指导学生学习课文，引导学生对相关的单词与句型进行回顾。 （3）提供范例，激发学生的兴趣，引导学生就此课题做深入地思考。	1课时
第二阶段：课题准备阶段	提出和选择课题	（1）讨论了解各种节日和文化应该从哪方面进行调查。 （2）师生共同讨论研究主题： ①中西方文化的差异； ②对应不同的节日种类； ③对应不同的文化种类； ④对应不同的风俗习惯。 （3）自己设计"Holidays party"活动。	（1）通过头脑风暴活动，鼓励学生大胆提出值得关注的子课题。 （2）全班学生与老师共同对每个学生提出的主题进行分析和讨论，然后选出具有可行性的研究课题。	2课时
	成立课题组	（1）学生选择自己感兴趣的课题。 （2）讨论分工。 （3）明确自己的分工内容	（1）教师通过指导提供给学生关于研究学习的课题，供学生参考选择。 （2）教师对每个小组进行分工指导，明确细则。选出相应的负责人将其落实到位。	
	形成小组实施方案	（1）根据小组分工，由组长制订计划，组员按照计划进行调查、研究，查找素材。	（1）教师提供研究方案设计表格，交给组长落实。	

课题名称	Holidays culture		
设计者姓名	钟慕贞	所在学校	珠海市香山学校
所教年级	小学五年级	研究学科	信息化英语教学

第二阶段：课题准备阶段	形成小组实施方案	（2）通过查找素材，由组长带领组员交流讨论，并完成方案设计。 （3）各小组完成方案后进行总结、交流、分享，以及探讨应对的策略。	（2）听取各组的报告、总结，并提出指导性的建议，从而完善各组方案。	
第三阶段：课题实施阶段		（1）观察、收集各方面资料，自主设计调查问卷，开展调查、整理并总结。 （2）综合整理所得相关资料，并加以分类。 （3）自主展示，可选择多种形式进行展示介绍	（1）指导、组织开展交流活动。 （2）指导制作PPT、手抄报等。 （3）当学生遇到困难时多鼓励、支持和帮助，当有疑问时，应给予及时解决。	3~4课时
第四阶段：评价、总结与反思阶段		（1）各小组汇报并分享研究的成果。 （2）各小组对自己的研究进行总结，各小组进行点评、互相交流。	（1）组织学生进行交流分享，并予以点评。 （2）组织学生写研究心得，落实到笔头。留下学习的宝贵经验，为下一次研究性学习的开展做好铺垫。	2~3课时

七、总结与反思

研究、研究、再研究，正是通过调查研究学习，学生对研究性学习从初步认识到有所了解再到深入的认识，并在老师的指引下积极研究，与团队中的成员合作交流，从而增强了互信的意识和动手操作能力，其英语口语交流能力也得到进一步的提升。同时也认识到彼此在研究性学习中所发挥的作用，将团队精神发挥得淋漓尽致，扩宽了视野，也树立了英语学习的自信心。

与此同时，困难也接踵而至。在研究前期，由于刚开始对研究内容和对象不理解，组内产生意见的情况也出现了，让学生学会在小组中解决问题，学会相互理解与包容。

课题名称	Holidays culture		
设计者姓名	钟慕贞	所在学校	珠海市香山学校
所教年级	小学五年级	研究学科	信息化英语教学

八、其他内容

1. 研究性学习设计方案评价表

课题名称			
所属年级		所属班级	
对课题方案设计的评价			
研究目标	☐清晰 ☐一般 ☐模糊	进度安排	☐合理☐一般 ☐不合理
资源准备	☐丰富 ☐一般 ☐很少资源	选题的可行性	☐好 ☐一般 ☐较差
选题是否与学生生活经验与认知水平相符合	☐相符 ☐一般 ☐不符合	活动过程是否按照研究性学习的步骤进行	☐好 ☐一般 ☐较差
研究环节	☐明确 ☐一般 ☐不明确	为学生活动提供了可行性支持与指导	☐好 ☐一般 ☐较差
学生是否能经历所有活动并有所收获	☐是 ☐一般 ☐较差	预期成果	☐合适 ☐一般 ☐不合适

2. 自制资源主页、栏目、功能说明

网站首页，明确教学主题，清晰罗列教学任务。

课题名称	Holidays culture		
设计者姓名	钟慕贞	所在学校	珠海市香山学校
所教年级	小学五年级	研究学科	信息化英语教学

过程网，指导研究进程，明确逐级推进研究性学习。

过 程

过程一：掌握知识

（1）可以跟你的学习伙伴一起通过查词典或网上查询，利用音标拼读，识记表节日的六个词组：Christmas Day，New Year's Day，April Fools'Day，Mid-Autumn Festival，Children's Day，Teacher's Day。

"有道"在线翻译：http://fanyi.youdao.com/translate

（2）表节日的词汇有很多，有兴趣的可以自己收集，增加词汇量。

小知识：

清明节 Qing Ming Festival　　　　　复活节 Easter Day

劳动节 Labor Day　　　　　　　　　端午节 Dragon Boat Festival

国庆节 National Day　　　　　　　　重阳节 Chong Yang Festival

（3）认读"What day is it today？ It's..."这一句型与小组成员互相问答。

过程二：进行操练

（1）展示图片资料，请用"What day is it today？ It's…"进行问答，并替换关键词进行操练。

图片资料除了老师所提供的，还可以通过网上查找或向他人请教收集。

（2）谈论的节日和风俗。

参考资料，回答以下问题。

（1）Happy New Year!

How do you say？

Answer: Thank you. The same to you.

评价网，尊重教与学，形成民主性的自我和小组评价。

评 价

星级要求	一星级	二星级	三星级	星级
参与合作精神	小组成员参与活动不够认真、合作	小组成员能够积极参与活动，合作较默契	小组成员都能发挥自己的长处，同心协力完成任务	
英语交流表达	语音不清晰，用英语表达不流畅	语音清晰，能使用学过的词语	语音清晰，乐于用英语进行表达，表达比较流畅	
展示汇报情况	基本能完成任务，并简单汇报	能够完成任务，并展示小组成果	能够完成任务，汇报内容精彩，并展示小组成果	

参考文献

［1］袁振国.教育新理念［M］.北京：教育科学出版社,2002.

［2］扈中平.现代教育理论［M］.北京：高等教育出版社，2005.

［3］中华人民共和国教育部.义务教育英语课程标准（2011年版）［M］.

北京：北京师范大学出版社，2012.